현정론
顯正論

유석질의론
儒釋質疑論

동국대학교 불교기록문화유산아카이브사업단(ABC)
본서는 문화체육관광부 지원으로 동국대학교 불교학술원에서 간행하였습니다.

한글본 한국불교전서 조선 63
현정론·유석질의론

2021년 3월 15일 초판 1쇄 인쇄
2021년 3월 25일 초판 1쇄 발행

지은이 득통 기화 · 미상
옮긴이 박해당
펴낸이 윤성이
펴낸곳 동국대학교출판부

주소 04620 서울시 중구 필동로 1길 30
전화 02-2260-3483~4
팩스 02-2268-7851
Homepage http://dgpress.dongguk.edu
E-mail book@dongguk.edu
출판등록 제2-163(1973. 6. 28)
편집디자인 나라연
인쇄처 네오프린텍(주)

© 2021, 동국대학교(불교학술원)

ISBN 978-89-7801-997-2 93220

값 17,000원

이 책의 무단 전재나 복제 행위는 저작권법 제98조에 따라 처벌받게 됩니다.

한글본 한국불교전서 조선 63

현정론
顯正論

득통 기화 | 박해당 옮김

유석질의론
儒釋質疑論

지은이 미상 | 박해당 옮김

동국대학교출판부

차례

현정론 顯正論

현정론 해제 / 9

현정론 23

찾아보기 / 88

유석질의론 儒釋質疑論

유석질의론 해제 / 95

유석질의론 상권 109
유석질의론 하권 187

찾아보기 / 276

현정론
| 顯正論* |

득통 기화得通己和 찬撰**
박해당 옮김

---

* ㉮ 저본은 가정嘉靖 5년(1526) 전라도 광양 백운산白雲山 초천사招川寺 간행본(동국대학교 소장)이고, 갑본은 가정 16년(1537) 전라도 흥덕현興德縣 소요산逍遙山 연기사緣起寺 중간본重刊本(간송미술박물관 소장 『附東吳沙門隱夫顯正論』), 을본은 가정 23년(1544) 황해도 토산兎山 학봉산鶴鳳山 석두사石頭寺 간행본(고려대학교 소장), 병본은 연대 미상 간행본(국립중앙도서관 소장), 정본은 오대산 상원사上院寺 간행 연인본鉛印本이다. '顯' 위에 있는 '涵虛堂得通和尙' 일곱 자는 편자가 제외하였다.
** ㉮ 찬자撰者의 이름은 「涵虛得通和尙行狀」에 의거하여 편자가 보입하였다.

현정론顯正論 해제

박 해 당
구화불교한문연구소 소장

1. 개요

『현정론』의 '현정顯正'은 '잘못된 것을 없애고 바른 것을 드러냄'을 뜻하는 불교 용어인 '파사현정破邪顯正'에서 따온 말이다. 이 말 속에는 득통 기화得通己和(1376~1433)가 글을 쓴 의도와 목적이 고스란히 드러나 있다. 그것은 바로 당시의 유교 지식인들이 지니고 있던 불교에 대한 '잘못된 견해'를 없애고, '올바른 이해'를 드러내 보여 주는 것이다. 기화가 이런 의도로 글을 쓰게 된 배경에는 절실한 시대적 문제가 놓여 있었는데, 그것은 바로 조선을 건국한 신진 유교 지식인들에 의해 주도적으로 실행된 불교 탄압 또는 불교 말살 정책이었다. 그가 승려로서 살았던 시대가 바로 한국 불교 사상 일찍이 없었던 세속 권력에 의한 혹심한 불교 탄압의 시대였기 때문이다. 그는 유교 지식인들의 불교 배척과 탄압이 본질적으로 불교에 대한 잘못된 이해나 무지에서 나온 것이기 때문에 그들에게 불교에 대한 올바른 이해를 심어 주는 것이야말로 근본적인 문제 해결의 길이라고 판단하였다. 따라서 『현정론』은 불교에 적대적이던 당시의 유교 지식인들에게 불교에 대한 올바른 이해를 심어 주기 위하여 저술된 것이다.

2. 저자

기화의 전 생애를 전해 주는 자료로는 그의 문인 야부埜(野)夫가 쓴 「함허당득통화상행장涵虛堂得通和尙行狀」이 유일하며, 『현정론』과 전여필全汝弼이 지은 「함허당득통화상어록서涵虛堂得通和尙語錄序」에도 「행장」을 보완해 줄 수 있는 몇 가지 일화가 실려 있다. 이에 따르면 기화의 속성은 유劉씨이고 본향은 중원中原이며, 1376년(고려 우왕 2)에 태어나서 1396년(조선 태조 5)에 출가하고 1433년(세종 15)에 세상을 떠났다. 처음에는 법명을 수이守伊, 법호를 무준無準이라 하였지만 1420년에 각각 기화己和와 득통得通으로 바꾸었다. 이처럼 바뀐 법호와 법명에 당호인 함허당涵虛堂을 더하여 흔히 '함허당 득통 기화'라 부른다.

그는 어려서부터 유학을 공부하고 장성해서는 성균관에 들어가 새로 도입된 성리학을 배우고 있던 유교 지식인이었다. 불교에 대해서는 '죽이지 말라'는 계율이 있다는 것조차 모를 정도로 무지하였으나, 출가하던 무렵 삼각산 승가사에서 한 승려와 대화하면서 불교에 대해 비로소 제대로 알기 시작하였으며, 마침내 불교에 귀의하게 되었다. 그리고 성균관에서 함께 공부하던 동무의 죽음을 계기로 삶이 덧없음을 절실하게 깨닫고, 21세 되던 1396년 관악산 의상암에서 출가하였다. 다음 해 봄 양주의 회암사로 가서 무학 자초無學自超(1327~1405)의 가르침을 받았으며, 이후 한동안 회암사를 떠나 있다가 1404년 봄에 다시 돌아와 약 3년 동안 머무르면서 선 수행에 힘썼다. 하루는 뒷간에 다녀와 손을 씻고 물통을 내려놓으며 "오직 이 하나의 일만이 참될 뿐 나머지 다른 것은 참되지 않다."라고 하였는데, 이것은 선적 깨달음의 일단을 드러낸 것으로 평가된다.

스승 무학이 세상을 떠난 뒤 회암사를 떠난 기화는 1406년(태종 6, 31세) 여름 이후 4년 동안 공덕산 대승사에 머물면서 반야강석般若講席을 세 차례 열었다. 1410년(태종 10, 35세) 여름부터는 천마산 관음굴에 머물다가 1411년(태종 11, 36세) 가을부터는 불희사에서 3년 동안 결제하였다. 1414년(태종 14, 39세) 봄부터는 자모산 연봉사에 머무르며 쉼 없이 정진하였는데 이때 당호를 함허당이라 하였다. 1417년(태종 17, 42세)부터 2년 동안 세 번에 걸쳐 『금강경오가해金剛經五家解』를 강의한 이후로는 구애됨이 없이 떠돌아다니다가 1420년(세종 2, 45세) 가을에 오대산에서 여러 성인들과 나옹懶翁 화상의 진영眞影에 공양하였다. 그날 저녁 꿈속에서 어느 신승神僧으로부터 기화라는 법명과 득통이라는 법호를 받아 이것으로 바꾸었다. 그 후 어명으로 1421년(세종 3, 46세) 가을부터 어찰御刹 대자사에 머무르게 되었으며, 그곳에서 왕실 영가 추천법회와 강설 등을 행하였다. 1424년(세종 6, 49세) 가을 대자사를 떠난 기화는 길상산과 공덕산, 운악산 등을 떠돌아다녔으며, 1431년(세종 13, 56세) 가을 희양산 봉암사를 중건하고 불교의 부흥을 위하여 노력하다가 1433년(세종 15, 58세) 4월 1일 그곳에서 병으로 세상을 떠났다. 「임종게臨終偈」는 두 편을 남겼는데 다음과 같다.

    맑게 텅 비어 본래 아무것도 없는데
    영명靈明한 빛 밝게 빛나 온 누리 환히 꿰뚫어 비추니
    나고 죽음을 받는 몸과 마음 다시 없어
    가고 오는 데 걸림이 없네

    가려 하며 눈 들어 보니 온 누리 푸르른데
    아무것도 없는 가운데 길이 있어 서방극락으로 가네

기화는 나옹에서 무학으로 이어지는 법맥을 이어받은 선승이면서도

『금강경』과 『원각경』을 주석하고 반야강석을 비롯한 강경법회를 여러 차례 여는 등 교학의 영역에서도 뚜렷한 자취를 남겼지만, 사승 관계에 대해서는 분명하게 알 수 없다. 제자로는 세조 대의 불경 언해 사업에 주도적으로 참여한 홍준弘濬·신미信眉·학미學眉 등이 있다.

저술로는 『금강반야바라밀경오가해설의金剛般若波羅蜜經五家解說誼』 2권, 『금강반야바라밀경윤관金剛般若波羅蜜經綸貫』 1권, 『대방광원각수다라요의경설의大方廣圓覺修多羅了義經說誼』 3권, 『선종영가집과주설의禪宗永嘉集科註說誼』 2권, 『현정론』 1권이 있으며, 제자들이 그의 시문詩文과 설법 등을 모아 펴낸 『함허당득통화상어록涵虛堂得通和尙語錄』 1권이 남아 있는데, 모두 『한국불교전서』 제7권에 실려 있다.

3. 서지 사항

현재 전해지는 『현정론』의 판본은 가정嘉靖 5년(1526, 중종 21) 전라도 광양 백운산白雲山 초천사招川寺 간행본, 가정 16년(1537, 중종 32) 전라도 흥덕현興德縣 소요산逍遙山 연기사緣起寺 중간본重刊本, 가정 23년(1544, 중종 39) 황해도 토산兎山 학봉산鶴鳳山 석두사石頭寺 간행본, 연대 미상의 간행본, 오대산 상원사上院寺에서 간행한 연인본鉛印本이 남아 있다. 이 가운데 초천사 간행본은 동국대학교에, 연기사 간행본은 간송미술관에, 석두사 간행본은 고려대학교에, 연대 미상의 간행본은 국립중앙도서관에 각각 소장되어 있다. 『한국불교전서』에서는 백운산 초천사 간행본을 저본으로 삼고 나머지 판본들을 대조하여 교감하고 있으며, 번역은 『한국불교전서』 수록본을 저본으로 삼고 교감 내용과 문맥을 참고하여 다시 교감하며 진행하였다.

4. 내용과 성격

『현정론』은 서문과 질의응답의 두 부분으로 이루어져 있다. 서문에서는 불교의 요체, 불교가 존재하는 이유, 불교와 유교의 관계 등에 대하여 논하고 있는데, 『현정론』의 전체적인 요지가 담겨 있다. 질의응답에서는 불교와 관련된 구체적인 사항들에 대한 유교 측의 비판과 기화의 반론이 14항목에 걸쳐 전개되고 있다. 그런데 마지막 14번째 항목은 불교와 유교 및 노장사상의 우열에 대한 질문과 답변이기 때문에 실질적으로 불교에 대한 비판과 반론은 13항목에 걸쳐 진행되고 있는 셈이다.

이것을 순서대로 열거해 보면 다음과 같다. ① 출가는 불효이다. ② 출가는 불충이다. ③ 육식을 금하는 것과 불살생은 불효이며 예가 아니다. ④ 술 마시지 않는 것은 예가 아니다. ⑤ 재물을 보시하면 보응을 받는다는 주장은 재물을 탕진하게 한다. ⑥ 영혼은 없어지지 않으며 죽은 뒤에 과보를 받는다는 주장은 망령되다. ⑦ 화장은 예가 아니다. ⑧ 전생·현생·내생이 있다는 주장은 공자의 가르침에 어긋난다. ⑨ 오랑캐에게는 도가 없다. ⑩ 불교는 재앙을 가져온다. ⑪ 승려들은 출가하여 하는 일 없이 놀고먹으니 사회의 해악이다. ⑫ 승려들이 타락해 있다. ⑬ 불경은 유교 경전보다 힘만 들 뿐 효용이 없다.

이를 주제별로 다시 분류해 보면, 첫째는 전생·현생·내생에 걸친 인과응보설과 같은 불교적 가르침의 진리성에 관한 것, 둘째는 계율을 비롯한 불교의 실천적 측면에 관한 것, 셋째는 왕조의 흥망성쇠와 불교의 관계 같은 역사적 사실에 관한 것 등으로 나눌 수 있다.

그런데 이를 자세히 살펴보면 이론적으로 불교를 깊이 연구하여 나온 것들이라기보다는, 유교인의 시각에서 유교와 다른 불교의 몇 가지 측면에 대해 실제적으로 제기할 수 있는 질문들이라는 것을 쉽게 알 수 있다. 그러므로 전체적으로 볼 때 『현정론』은 기화가 유교인들과 주고받은 대화를 질의응답 형식으로 정리하면서 대답의 내용을 보완하고, 서문을 덧붙여 완성한 것으로 추정된다.

『현정론』의 제목과 구성에서 알 수 있는 것처럼 이 글은 기본적으로 유교인들의 불교 비판에 맞서 불교를 옹호하기 위해 저술된 것이다. 따라서 불교의 존재 당위성 확보가 이 글의 일차적인 목표라고 할 수 있는데, 기화는 불교의 세속적 유용성과 초세속적인 종교적 가르침이라는 두 가지 측면에서 이를 다루고 있다.

먼저 불교는 유교가 지향하는 이상적인 정치를 실현하는 데 도움이 된다. 유교에서는 덕과 예로써 다스리는 것 외에 형벌로써 다스리는 것이 있을 뿐인 데 비하여 불교에는 이에 더하여 인과의 법칙으로 교화하는 수단이 있다. 그리고 이는 상벌로써 다스리는 것보다 훨씬 효용이 크다. 왜냐하면 형벌로 다스릴 경우에는 단지 겉으로만 선을 행하고 악을 멀리할 뿐 마음으로 감복한 것은 아니지만, 인과의 법칙을 받아들일 경우 진심으로 따르게 되기 때문이다. 따라서 불교는 단지 유교적 이상을 실현하는 데 도움이 되는 것에서 그치는 것이 아니라, 유교보다 훨씬 뛰어난 현실적인 수단을 갖추고 있다고 주장한다.

나아가 기화는 불교가 세속의 통치에 도움을 주는 것은 단지 세속적 가치를 실현하기 위한 것에서 그치는 것이 아니라 궁극적으로 불교가 지향하는 가치인 해탈의 길로 나아가기 위한 것임을 분명히 밝힘으로써, 초세속적인 종교적 가르침이라는 측면에서 불교의 존재 당위성을 주장하고 있다.

부처님께서 열반에 들어가려고 하면서 그 가르침을 임금에게 맡기고 신하에게 맡긴 것은 모두 그 도道로써 천하를 이끌어 세상을 다스리는 데 큰 도움이 되고자 하였기 때문이고, 모두 함께 진리를 닦는 길을 밟도록 하기 위함이었다.

기화가 말하는 불교의 궁극적인 지향점은 정情을 없애고 성性을 드러내는 것이다. 왜냐하면 정으로 인하여 중생들의 윤회가 이루어지기 때문이다. 본래 '있음'과 '없음'이라는 분별을 떠나 있으며 어떠한 변화도 없는 근본으로서의 도道가 가려진 채 분별되고 변화하는 현상계가 전개되며, 중생들이 그 속에서 윤회의 고통을 당하는 것은 오로지 정 때문이다. 그렇기 때문에 중생들이 해탈에 이르기 위해서는 정을 없애야만 한다. 그런데 중생들로 하여금 정을 없애 해탈하게 하는 유일한 가르침이 바로 불교이고, 이것이야말로 불교가 존재하지 않으면 안 되는 근본적인 이유이다. 이처럼 기화는 세속의 이상적인 통치에 도움이 된다는 것과 해탈이라는 최고의 가치를 실현할 수 있게 해 주는 유일한 가르침이라는 두 가지 관점에서 불교의 존재 당위성을 역설하고 있다. 그리고 그 과정에서 불교와 유교의 관계에 대한 논의 또한 자연스럽게 이루어지고 있다.

기화는 원리적 차원과 현실적 차원이라는 두 가지 관점에서 불교와 유교의 관계에 접근하고 있다. 먼저 원리적 차원에서 보자면 불교와 유교는 다르지 않다.

> 그대는 듣지 못하였는가, 세상에는 두 가지 도道가 없고 성인에게는 두 가지 마음이 없다는 것을! 성인이란 비록 천 리를 떨어져 있고 만 세나 되는 세월을 멀리 떨어져 있어도 그 마음이 일찍이 다른 적이 없다.……성인은 세상을 달리하지만 그 마음을 같이한다고 하는 까닭이 바로 이것이다.

세상에 두 가지 도가 없다는 것은 진리의 보편성과 유일성을 말한다. 성인에게 두 가지 마음이 없다는 것은 진리를 체득한 경지의 보편성을 말한다. 따라서 성인이면서 다른 진리 인식을 가질 수는 없다. 그렇기 때문에 진리와 진리의 인식이라는 측면에서 볼 때 불교와 유교는 원리적으로 동일하다.

그러나 기화가 불교와 유교의 원리적인 동일성을 강조한다고 하여 이들의 현상적인 차별성까지 무시해 버리는 입장인 것은 아니다. 원리적으로 불교나 유교는 모두 동일한 진리에 근거한 가르침이지만, 현실적으로 중생들을 진리의 세계로 이끄는 능력에는 차이가 있으며, 이 차이에 의하여 우열이 나타난다. 그리고 불교가 유교보다 뛰어난 점은 바로 여기에 있다고 본다.

사람들로 하여금 벼슬이나 상으로 권하는 것을 기다리지 않고도 쓸리듯 좇아 교화되게 하는 것은 삼교三敎 가운데 불교만이 그럴 수 있는데, 이는 우리 부처님 큰 성인의 큰 자비가 감응하는 바이기 때문이다. 순임금은 물어보기를 좋아하였고, 가까운 데에 있는 말을 살펴 악을 감추고 선을 드러내기를 좋아하였으며, 우임금은 뛰어난 말을 들으면 절을 하였다. 만일 순임금이나 우임금으로 하여금 부처님의 교화를 만나게 하였다면 어찌 아름답게 여겨 돌아가 의지하지 않았겠는가?

불교가 유교보다 우월하다는 기화의 관점은 불교의 오승五乘과 유교의 관계에 대한 논의에서 좀 더 구체적으로 나타난다. 오승은 중국 불교인들이 인도 대승불교의 삼승(성문승·연각승·보살승) 교판에 인승人乘·천승天乘의 이승二乘을 더하여 만든 교판 이론이다. 이 가운데 삼승은 해탈의 가르침이기 때문에 출세간승出世間乘이라 하고, 인승과 천승은 각각 사람이나 하늘에 태어날 수 있게 해 줄 뿐 해탈의 가르침은 아니기 때문에 세간승世間乘이라고 한다. 기화는 이를 받아들여 인승은 오계五戒의 가르침이고, 천승은 십선十善의 가르침이고, 성문승은 사제四諦의 가르침이고, 연각승은 연기緣起의 가르침이고, 보살승은 육바라밀六波羅蜜의 가르침이라고 규정하면서 유교는 인승이나 천승과 같은 수준이라고 보고 있다.

만일 그 자취를 구하지 않고 행한 도를 구한다면 다만 오계와 십선의 도만으로도 오제삼왕五帝三王의 도에 부끄럽지 않을 수 있는데 하물며 사제, 인연, 육도 등의 가르침이겠는가? 만일 오제삼왕으로 하여금 이 가르침을 만나게 하였다면 반드시 손 모으고 무릎 꿇어 듣고 받아들였을 것이다.

나아가 오계나 십선의 가르침만으로도 '스스로 닦아 다른 사람을 다스린다.(修己治人)'는 유교적 이상까지도 충분히 이룰 수 있다고 하였다.

오계와 십선은 가르침 가운데서도 가장 낮은 수준의 것으로서 본래 근기가 가장 낮은 이를 위하여 시설한 것이다. 그러나 진실로 이를 행하면 스스로 성실하게 되고 남에게 이익을 준다. 하물며 사제, 십이인연이겠는가? 하물며 육도이겠는가?

이렇듯 기화는 현상적으로 나타나는 가르침의 차이라는 측면에서 볼 때 불교와 유교는 다르다는 것과 불교가 우월하다는 것을 강조하면서 유교를 불교의 하위 체계로 포섭하고 있다.
이처럼 불교와 유교의 관계에 대한 기화의 견해는 원리적 동일성과 현실적 차별성, 불교의 우월성이라는 이중적인 구조로 이루어져 있다. 그런데 이 가운데 기화가 중점을 두고 있는 측면은 불교의 현실적인 우월성이다.
기화는 불교와 유교가 진리의 측면에서 동일한 진리를 공유하고 있다는 것을 밝히면서도, 불교가 가지는 방편적인 우월성에 대한 언급을 빠뜨리지 않는다. 기화에 따르면 불교나 유교는 모두 중생을 교화하기 위한 방편으로서 시설된 것이다. 그런데 방편은 효용성을 전제로 성립한다. 따라서 불교나 유교의 존재를 정당화하는 관건은 이들이 얼마만큼의 효용을 가지고 있는가 하는 것이다. 그런데 불교는 그 효용 면에서 유교보다 월등하다. 무엇보다도 현실적으로 중생들을 해탈로 이끄는 가르침은 불교밖에 없기 때문이다. 바로 이 방편적인 우월성, 현실적인 실천 방법의 우월성이야말로 기화가 제시하는 불교의 존재 이유이다.

기화가 불교의 우월성을 내세우는 또 다른 이유는, 그것이야말로 불교가 지닌 독자적인 요소이기 때문이다. 만일 불교와 유교가 다르지 않다는 것에 중심을 두게 된다면, 이미 유교가 존재하고 있는 마당에 굳이 불교까지 존재할 필요가 없다는 주장에 대해 반박할 수 있는 근거가 마땅하지 않다. 따라서 유교가 있음에도 불구하고 불교가 존재해야 하는 이유는 동일성이 아니라 불교만의 독자성에서 찾지 않으면 안 되는데, 이 경우 불교와 유교의 차별성 및 불교의 우월성에 중심을 두지 않을 수 없다. 유교보다 열등한 전통이 굳이 존재할 필요는 없기 때문이다.

기화의 시대에는 유교가 이미 국가 이념으로 지배적인 위치에 놓여 있었기 때문에 이 문제는 불교의 존망과 관련된 매우 중요한 문제라고 할 수 있는데, 기화는 해탈의 추구라는 불교만의 독자적인 가르침과 수행 체계를 전면에 내세워 불교의 존재 당위성을 주장하고 있다. 이것이야말로 유교가 있음에도 불교가 반드시 존재하지 않으면 안 되는 근본적인 이유이기 때문이다. 따라서 형식적으로는 불교와 유교의 원리적인 동일성과 현실적인 불교 우월론을 바탕으로 하여 불교 변호론을 전개하고 있지만, 그 중점은 불교 우월론에 있음을 알 수 있다.

지금까지 『현정론』을 중심으로 한 연구에서는 대체로 기화를 유불일치론자로 규정하고, 유교와의 타협 속에서 불교의 존속을 꾀하였던 것으로 평가해 왔다. 그러나 『현정론』을 꼼꼼히 읽어 보면 그러한 평가가 잘못된 것임을 알 수 있다. 예컨대 불교는 불효를 조장하는 가르침이라는 비판에 대하여 기화는 효가 매우 중요한 세속적 가치이기는 하지만 더 중요한 것은 초세속적 가치인 해탈임을 분명하게 밝힌다. 유교의 예법에서 빠질 수 없는 술과 고기를 왜 거부하느냐는 비판에 대해서는 아무리 성인들의 가르침이라 하여도 진리에 어긋나는 것이라면 폐기하는 것이 마땅하다고 단호하게 선언한다. 화장이 사람으로서 차마 할 수 없는 짓이라는 비난에 대해서는 유교가 내세우는 매장은 과연 사람으로서 차마 할 만한 일이냐고 반문하면서, 화장이야말로 죽은 이가 이승에 대한 집착을 버리고 다음 생으로 빨리 나아갈 수 있게 해 주는 요긴한 방법이라고 말한다.

『현정론』 전체를 통하여 기화는 이처럼 불교적 관점에서 유교적 가치를 판단하여 받아들일 것은 받아들이고 거부할 것은 거부하는 자세를 견지하고 있는데, 그가 활동하였던 시기가 조선 왕조에 들어서서 불교 탄압 정책이 본격적으로 전개된 태종·세종 연간이라는 점에서 볼 때 이것은 매우 중요한 의미를 지닌다. 그것은 세속 권력의 강압적인 탄압과 지배 이념의 집요한 공격에도 끝내 굴하지 않는 불교 지식인의 당당한 모습을 온몸으로 보여 주고 있기 때문이다. 따라서 기화를 기본적으로 유불일치론자로 보고, 그가 불교적 가치를 포기하고 유교와 적당히 타협하는 선에서 불교의 존속을 꾀하려 했다고 보는 견해는 『현정론』을 제대로 이해하지 못한 주장이라 하겠다.

5. 가치

『현정론』은 한국 불교 최초의 본격적인 불교 변호론이면서, 한국 사상사에서 불교와 유교의 관계에 대한 본격적인 논의의 시작을 알리는 글이라는 중요한 의미를 지닌다. 이러한 논의는 조선 불교에서 지은이를 알 수 없는 『유석질의론儒釋質疑論』을 거쳐 휴정休靜의 『삼가귀감三家龜鑑』으로 이어지는 새로운 전통을 탄생시켰지만 유교 지식인들의 진지한 호응까지 이끌어 내지는 못하였다. 아마도 조선의 유교 지식인들에게 불교는 진지한 대화의 상대가 아니라 뿌리 뽑아야 할 이단에 지나지 않았다는 것이 가장 큰 이유일 것이다. 그렇다고 해서 『현정론』의 가치가 훼손되지는 않는다. 그것은 가장 혹심한 불교 탄압의 시대에 살면서도 불교적 가치를 지키기 위해 노력하였고, 폭력이 아닌 진지한 대화를 통해 상호 이해와 공존의 길을 열어 나아가고자 하였던 기화의 모습을 『현정론』을 통해 생생하게 엿볼 수 있으며, 종교와 이념의 차이로 인한 갈등과 다툼이 끊이지 않는 오늘의 현실에서도 이는 여전히 유효한 노력이기 때문이다.

6. 참고 문헌

박해당, 「기화의 불교사상연구」, 서울대학교대학원 박사학위논문, 1996.
함허·장상영 저, 김달진·현명곤 역, 『현정론·호법론』, 동국대학교 역경원, 1988.
김기영 역주, 『현정론·간폐석교소』, 한국불교연구원, 2003.

차례

현정론顯正論 해제 / 9
일러두기 / 22

서문 23
질의응답 31
   1. 출가는 불효이다 31
   2. 출가는 불충이다 37
   3. 육식을 금하는 것과 불살생은 불효이며 예가 아니다 39
   4. 술 마시지 않는 것은 예가 아니다 49
   5. 재물을 보시하면 보응을 받는다는 주장은 재물을 탕진하게 한다 52
   6. 영혼은 없어지지 않으며 죽은 뒤에 과보를 받는다는 주장은 망령되다 55
   7. 화장은 예가 아니다 62
   8. 전생·현생·내생이 있다는 주장은 공자의 가르침에 어긋난다 67
   9. 오랑캐에게는 도가 없다 69
   10. 불교는 재앙을 가져온다 72
   11. 승려들은 출가하여 하는 일 없이 놀고먹으니 사회의 해악이다 76
   12. 승려들이 타락해 있다 78
   13. 불경은 유교 경전보다 힘만 들 뿐 효용이 없다 81
   14. 노장사상과 유교, 불교의 우열은 어떠한가 85

간기刊記 / 87

찾아보기 / 88

일러두기

1 '한글본 한국불교전서'는 문화체육관광부의 지원을 받아 동국대학교 불교학술원에서 수행하고 있는 '불교기록문화유산아카이브(ABC)사업'의 결과물을 출간한 것이다.
2 이 책은 『한국불교전서』(동국대학교출판부 간행) 제7책에 수록된 『현정론顯正論』을 저본으로 번역하였다.
3 번역문에 이어 원문을 병기하고 간단한 표점 부호를 삽입하였다.
4 원문의 교감 사항은 번역문의 각주와 별도로 원문 아래 부분에 제시하였다.
　㉾은 『한국불교전서』 편찬자가 교감한 내용이다.
　㉡은 번역자가 교감한 내용이다.
5 약물은 다음과 같다.
　『　』: 서명
　「　」: 편명, 산문 작품

그 자체는 유有나 무無가 아니면서도 유와 무에 통하고, 본래 과거와 현재가 없으면서도 과거와 현재에 통하는 것은 도道이다. 유와 무는 성性[1]과 정情[2]으로 인하여 생겨나며, 과거와 현재는 태어남과 죽음으로 인하여 생겨난다. 성에는 본래 정이 없지만 성에 미혹됨으로 인하여 정이 생겨난다. 정이 생겨나면 지혜가 가로막히고 생각이 변하여 체體를 달리하니, 온갖 차별적인 모습들이 이로 인하여 모습을 드러내고, 태어남과 죽음이 이로 인하여 시작된다. 정에는 더러움과 깨끗함이 있고 선함과 악함이 있다. 깨끗함과 선함은 성인이 나타나는 까닭이고, 더러움과 악함은 범부가 생겨나는 까닭이다. 그러므로 만약 정이 생겨나지 않는다면 범부와 성인도 일어날 수 없음을 알아야 한다. 보살은 성을 이미 깨달았으나 정은 오히려 다하지 못한 바가 있다. 그러므로 '각유정覺有情'[3]이라 부른다. 보살도 오히려 이러하거늘 하물며 나머지 이승二乘[4]이겠는가? 삼승三乘[5]이 오히려 이러하거늘 하물며 사람이나 하늘 중생[6] 등의 다른 부류이겠는가? 부처님께서는 깨달음이 가득하고 지혜가 미치지 않음이 없으며, 깨끗함이 극에 이르러 정의 속박이 이미 다 없어졌다. 그러므로 정이라는 말은 부처님께는 쓰지 않는다. 오직 부처님 한 분을 제외하고는 모두 유정有情[7]

---

[1] 성性 : 존재의 본래적인 성질로서 부처님의 완전한 성품을 말한다.
[2] 정情 : 중생들의 마음 작용으로서, 진리를 알지 못하기 때문에 자기와 세상에 대한 잘못된 생각을 일으키는 기능을 한다.
[3] 각유정覺有情 : '깨달은 중생'이라는 뜻으로 보살을 말한다. 보살은 성문이나 연각을 뛰어넘는 깨달음을 이미 이루고 있지만 아직 완전한 깨달음에 이르지 않았기 때문에 이렇게 부른다.
[4] 이승二乘 : 소승과 대승, 또는 대승불교에서 소승으로 지칭한 성문승聲聞乘과 연각승緣覺乘을 말한다.
[5] 삼승三乘 : 성문승과 연각승에 대승인 보살승을 더한 것을 말한다.
[6] 하늘 중생 : 원문의 '天'에는 '공간으로서의 하늘'과 '하늘에 사는 존재'라는 두 가지 뜻이 있다. 여기에서는 공간은 '하늘'로, 그곳에 사는 존재는 '하늘 중생'으로 구별하여 번역한다.
[7] 유정有情 : '정을 가지고 있다'는 뜻으로서, 진리에 대해 알지 못하여 헛된 마음 작용을

이라 부르는 것은 이 때문이다.

> 體非有無。而通於有無。本無古今。而通於古今者。道也。有無因於性情也。古今因於生死也。性本無情。迷性生情。情生智隔。想變體殊。萬象[1]所以形也。生死所以始也。夫情也。有染淨焉。有善惡焉。淨[2]與善。聖之所以興也。染與惡。凡之所以作也。故知。情若不生。則凡之與聖。悉無得而興焉。菩薩。性雖已覺。而情猶有所未盡。故稱之云覺有情也。菩薩尙尒。況餘二乘乎。三乘尙尒。況餘人天異類乎。佛則覺滿而智無不周。淨極而情累已盡。故情之言。不可加於佛也。唯佛一人之外。皆稱有情者。以此。
>
> 1) ㉯ 을본에는 '象'이 '像'으로 되어 있다.　2) ㉯ 을본에는 '淨'이 '正'으로 되어 있다.

저 삼승이나 오승五乘[8]은 모두 정을 다스리기 위한 것이다. 인승人乘[9]과 천승天乘[10]은 더러운 때를 없애기 위한 것이며, 삼승은 깨끗한 때를 없애기 위한 것이다. 더럽거나 깨끗한 때가 다한 뒤에야 비로소 큰 깨달음의 경지에 몸소 나아갈 수 있다. 오계五戒는 사람으로 나게 하는 것이고, 십선十善은 하늘 중생으로 나게 하는 것이다. 사제四諦와 십이인연十二因緣의 가르침은 이승을 이루게 하는 것이며, 육도六度[11]는 보살을 이루게 하

　　일으키고 있는 중생을 가리킨다.
8　오승五乘 : 성문승·연각승·보살승의 삼승에다 사람으로 태어나게 하는 가르침인 인승人乘, 하늘 중생으로 태어나게 하는 가르침인 천승天乘을 더한 것을 말한다. 인승과 천승을 합한 인천승을 삼승에 더하여 사승四乘으로 분류하기도 한다. 그런데 '승'의 의미가 단순한 가르침이 아니라 '해탈에 이르는 가르침'이라는 점을 고려해 볼 때 여전히 윤회의 과정 속에 놓여 있는 사람이나 하늘 중생으로 태어나게 하는 가르침을 '승'이라고 부르는 것은 본래의 의미에 맞지 않다.
9　인승人乘 : 사람으로 태어나게 하는 가르침. 원래 오계五戒·십선十善을 중품으로 닦으면 인승, 상품으로 닦으면 천승이라 하는데 여기에서는 오계만을 들고 있다.
10　천승天乘 : 하늘 중생으로 태어나게 하는 가르침으로서 여기에서는 십선을 말한다.
11　육도六度 : 대승불교에서 보살이 수행하는 보시·지계·인욕·정진·선정·반야의 여섯 가지 바라밀을 말한다.

는 것이다. 삼장三藏의 요체를 살펴보건대, 다만 사람들로 하여금 정情을 없애고 성性을 드러내게 하려는 것일 따름이다. 정이 성에서 생겨나는 것은 마치 구름이 먼 허공에서 일어나는 것과 같다. 정을 없애고 성을 드러내는 것은 구름을 젖혀 훤하게 맑은 허공을 나타내는 것과 같다. 정에는 얇은 것도 있고 두터운 것도 있다. 마치 구름에 옅은 것도 있고 짙은 것도 있는 것과 같다. 구름에 옅고 짙은 차이는 있으나 하늘빛을 가리는 것은 매한가지이다. 정에 두텁고 얇은 차이는 있으나 성의 밝음을 막는 것은 같다. 구름이 일어나면 해와 달이 빛을 거두어들여 세상이 어두워지며, 구름이 개면 빛이 세계를 덮어 우주가 탁 트인다. 불교를 이에 비해 보자면 맑은 바람이 뜬구름을 걷어 내는 것과 같다. 보는 바가 분명하기를 바라면서 맑은 바람을 싫어한다면 이는 미혹된 것이다. 나와 남이 모두 맑고 태평하기를 바라면서 우리의 도道[12]를 싫어한다면 잘못된 것이다.

夫三乘五乘。皆所以治其情也。人天乘所以治其染垢。[1] 三乘所以治其淨垢也。染淨垢盡然後。方親造大覺之境矣。五戒所以生人道也。十善所以生天道也。諦緣所以成二乘也。六度所以成菩薩也。竊觀三藏指歸。只要令人去情顯性而已。情生於性。猶雲起於長空。去情顯性。猶雲開而現大淸也。情有薄者焉。有厚者焉。猶雲有淡者焉。有濃者焉。雲[2]有濃淡之異。而掩天光則一也。情有厚薄之殊。而礙性明則同也。雲起也。日月收照而天下暗然也。雲開也。光被大千而宇宙廓如也。佛敎比之。則若淸風之掃浮雲也。欲所見之廓如。而厭淸風者惑矣。欲自他之淸泰。而厭吾道者失矣。

1) ㉮갑본과 을본에는 '垢' 뒤에 '也'가 있다. ㉯갑본과 을본의 '治其染垢也'가 문장의 흐름에 좀 더 들어맞아 이에 따라 번역하였다. 2) ㉮갑본에는 (제목의) '顯正'부터 '焉雲'까지가 필사되어 있다.

---

12 우리의 도道 : 불교를 말한다.

만일 사람마다 도에 의거하여 닦게 가르친다면 마음을 바르게 할 수 있고 몸을 닦을 수 있고 집안을 다스릴 수 있고 나라를 다스릴 수 있고 천하를 태평하게 할 수 있을 것이다.[13] 근기根機가 뛰어난 이는 보살도 될 수 있고 성문聲聞도 될 수 있고 연각緣覺도 될 수 있으며, 근기가 낮은 이는 여러 하늘의 중생이 될 수도 있고 착한 사람이 될 수도 있다. 진실로 이와 같으면서도 세상이 다스려지지 않는 경우는 없다. 왜 그러한가? 죄의 과보를 싫어한다면 마땅히 여러 악한 행위를 끊을 것이니, 비록 모든 악한 행위를 다 끊어 없애지는 못할지라도 하나의 악한 행위는 충분히 없앨 수 있다. 하나의 악한 행위가 사라지면 하나의 형벌이 그칠 것이며, 하나의 형벌이 집안에서 그치면 만 가지 형벌이 나라에서 그칠 것이다. 복을 받게 되는 인연을 좋아한다면 마땅히 여러 선한 행위를 닦을 것이니, 모든 선한 행위를 다 닦지는 못할지라도 하나의 선한 행위는 충분히 행할 수 있다. 하나의 선한 행위를 행하면 하나의 경사를 얻게 된다. 하나의 경사가 집안에서 일어나면 만 가지 경사가 나라에서 일어날 것이다. 저 오계와 십선은 가르침 가운데서도 가장 낮은 수준의 것으로서 본래 근기가 가장 낮은 이를 위하여 시설한 것이다. 그러나 진실로 이를 행하면 스스로 성실하게 되고 남에게 이익을 준다. 하물며 사제, 십이인연이겠는가? 하물며 육도이겠는가?

若敎人人。依此而修之。則心可得而正矣。身可得而修矣。可以[1)]齊家。可以治國。可以平天下矣。機之利者。可以爲[2)]菩薩。可以爲聲聞。可以爲緣覺。機之劣者。可以生[3)·4)]天。可以成善人矣。苟如是而世不治。未之有也。何[5)]則。厭罪報則應斷諸惡。諸惡雖不斷盡。而足以去[6)]一惡矣。去[7)]一惡則

---

13 만일 사람마다~있을 것이다 : 이는 유교 경전인 『大學』에서 제시하는 유교의 지향점이다. 따라서 이 말은 불교의 가르침을 통해 유교적 이상을 실현할 수 있다는 뜻이다.

息一刑。一刑息於家。萬刑息於⁸⁾國矣。忻福緣則應修諸善。諸善雖未盡修。而足以⁹⁾行。一善矣。行一善則得一慶。一慶興於家。萬慶興於國矣。夫五戒十善。敎中之最淺者也。本爲機之最下者而設也。苟能行之則足以誠於身。利於人矣。況於諦緣乎。況於六度乎。

1) ㉑ 을본에는 '可以' 두 자가 필사되어 있다. 2) ㉑ 을본에는 '下矣……以爲' 아홉 자가 필사되어 있다. 3) ㉑ 을본에는 '緣覺……以生' 아홉 자가 필사되어 있다. 4) ㉑ 을본에는 '生'이 '成諸'로 되어 있다. ㉓ 문장의 전체적인 흐름으로 볼 때 을본의 '成諸天'이 더 잘 들어맞아 이에 따라 번역하였다. 여기에서 '天'은 장소적 의미가 아니라 천상에 태어나 살고 있는 중생들을 의미한다. 5) ㉑ 을본에는 '而世……也何' 아홉 자가 필사되어 있다. 6) ㉑ 을본에는 '惡雖……以去' 아홉 자가 필사되어 있다. 7) ㉑ 을본에는 '去'가 '未'로 되어 있다. 8) ㉑ 을본에는 '一刑……息於' 아홉 자가 필사되어 있다. 9) ㉑ 을본에는 '諸善……足以' 아홉 자가 필사되어 있다.

유교는 오상五常14으로써 도의 요체를 삼는데, 불교에서 말하는 오계가 곧 유교에서 말하는 오상이다. 죽이지 않음은 인仁이다. 훔치지 않음은 의義이다. 음란하지 않음은 예禮이다. 술 마시지 않음은 지智이다. 헛된 말을 하지 않음은 신信이다.15 그러나 유교가 사람을 가르치는 수단은 덕행德行으로써 하지 않고 행정적인 명령이나 형벌로 한다. 그러므로 "행정적인 명령으로써 이끌고 형벌로써 다스리면 백성들은 이를 면하고자 하지만 부끄러움을 모른다. 덕으로써 이끌고 예로써 다스리면 백성들은 부끄러움도 있게 되고 진심으로 따르게 된다."16라고 말한다. 덕으로써 이끌고

---

14 오상五常 : 유교에서 말하는 다섯 가지 영원한 덕목으로서 인仁·의義·예禮·지智·신信을 말한다.
15 오계와 오상이 같다는 주장은 격의불교格義佛敎적인 것으로, 중국 불교 초기에 불교를 쉽게 설명하기 위해 중국의 전통 사상인 도가나 유교의 주요 사상에 적용하여 설명하는 방식이다. 460년 무렵에 북위의 담정曇靖이 위작한『提謂波利經』에서부터 시작되어 지의智顗를 비롯한 불교 승려들과 안지추顔之推 같은 유학자들에 의해 계승되었다. 오계와 오상을 짝짓는 방식은 여기에서와 달리 죽이지 않음은 인仁, 훔치지 않음은 지智, 음란하지 않음은 의義, 술 마시지 않음은 예禮, 헛된 말을 하지 않음은 신信과 같다고 보는 경우도 있다.
16 『論語』「爲政」.

예로써 다스리는 것은 성인이 아니면 할 수 없다. 그러므로 "침묵하되 이루고 말하지 않아도 믿음이 있게 되는 것은 덕행에 달려 있다."[17]라고 말한다. 행정적인 명령으로써 이끌고 형벌로써 다스리면 상과 벌이 있게 되는 것을 면할 수 없다. 그러므로 "상과 벌은 나라의 크게 중요한 도구이다."[18]라고 말한다. '침묵하되 이루고 말하지 않아도 믿음이 있게 되는 것'은 진실로 우리 부처님의 교화이다. 그런데 겸하여 인과因果를 보여 준다. 상벌만 보여 주면 겉으로만 따르는 것에 지나지 않을 뿐이지만, 인과를 보여 줄 경우 복종하면 곧 마음으로 복종하는 것이다. 지금 세상에서 그러함을 볼 수 있다. 왜 그러한가? 만일 상으로써 권하고 벌로써 금한다면, 악행을 그치는 이는 그 위세를 두려워하여 그치는 것이고, 선행을 하는 이는 그 상을 이롭게 여겨 그렇게 하는 것이다. 그러므로 그들이 교화에 따르는 것은 겉으로만 따르는 것이지 마음으로 복종한 것이 아니다. 만일 사람들이 현재의 곤궁하고 영달한 까닭을 알고 싶어 할 때 전생에 뿌린 업業의 씨앗을 보여 주고, 미래의 화와 복을 알고 싶어 할 때 현재의 원인을 보여 준다면, 영달한 이는 과거에 선의 씨앗을 심은 것을 기뻐하면서 더욱 근면해질 것이고, 곤궁한 이는 과거에 닦지 않은 것을 후회하면서 스스로 노력할 것이다. 또한 미래에 복 받기를 바라는 이는 부지런히 선을 행할 것이고, 미래에 화 피하기를 바라는 이는 악행을 삼갈 것이다. 이는 복종하지 않는다면 그만이지만, 만일 복종한다면 모두 마음으로 복종하는 것이어서 겉으로만 따르는 경우는 결코 없다. 그렇지만 어찌

---

17 『周易』「繫辭 上」.
18 본래 상벌을 가장 중요한 통치 수단으로 내세운 학파는 유가가 아니라 법가이다. 그러나 덕치의 이념을 내세운 유교 통치 아래에서도 상벌은 가장 중요한 통치의 도구로 받아들여졌다. 송나라 태종 원년에 왕우칭王禹偁이 태종에게 올린 「端拱箴」에는 "상과 벌은 나라의 큰 도구이고, 기뻐하고 화냄은 사람의 일상적 감정이다.(賞罰者。國之大柄。喜怒者。人之常情。)"라고 하였다.

사람마다 모두 마음으로 복종하게 할 수 있겠는가? 마음으로 받아들이지 못하는 이에게는 짐짓 상과 벌로써 이끌어 점점 마음으로 기뻐하여 진실로 복종하게 한다. 그러므로 인과를 보여 주는 것 밖에 또한 상과 벌의 가르침이 있다. 이른바 마땅히 거두어들일 만한 이는 거두어들이고, 마땅히 꺾어 굴복시켜야 할 이는 꺾어 굴복시킨다는 것이 이것이다. 이는 유교에 가까우니, 이 때문에 유교와 불교는 모두 없애서는 안 되는 것이다.

儒以五常而爲道樞。佛之所謂正[1]戒。即儒之所謂五常也。不殺。仁也。不盜。義也。不婬。禮也。不飲酒。智也。不妄[2]語。信也。但儒之所以敎人者。不以德行。即以政刑也。故云導之以政。齊之以刑。民免而無恥。導之以德。齊之以禮。有恥且格。夫導之以德。齊之以禮。非聖人不能。故云默而成之。不言而信。存乎德行。導之以政。齊之以刑。則未免有賞罰。故云賞罰。國之大柄也。夫默而成之。不言而信。固吾佛之化也。而兼以因果示之。示之以賞罰。則或不過面從而已。示之以因果[3]則服。乃心服也。今於世上。目覩[4]其然也。何則。若[5]勸[6]之以賞。禁之以罰。則止惡者。畏其威而止之爲善[7]者。利其賞而爲之。故其從化也。面從而已。非心服也。若人欲知今之所以窮達者。則示之以宿種。欲知後之禍福者。則示之以現因。則達者忻前世之種善而益勤。窮者悔前世之不修而自勉。且邀福於後世者。則孜孜於爲善。避禍於後世者。則必愼於爲惡也。此則不服則已。服則心服。而未嘗有面從者也。雖然安得使人人。皆可以心服也。其未能心服者。則姑以賞罰而導之。使駸駸然心悅而誠服也。故示之以因果之外。亦有賞罰之訓存焉。所謂應攝受者而攝受之。應折服者而折服之是也。此則近於儒也。所以儒與釋。皆不可廢也。

1) 囹 갑본·을본·정본에는 '正'이 '五'로 되어 있다. 囧 갑본·을본·정본에 따라 '五'로 번역하였다. 2) 囹 저본과 갑본의 '妄'은 '妄'과 형태가 유사하다. 3) 囹 을본에는 '過面……因果' 열 자가 필사되어 있다. 4) 囹 을본에는 '覩'가 '睍'으로 되어 있다. 5) 囹 을본에는 '若'이 '夫'로 되어 있다. 6) 囹 을본에는 '上目……若勸' 열 자가 필

사되어 있다. 7) ㉑ 을본에는 '惡者……爲善' 열 자가 필사되어 있다.

    부처님께서 열반에 들어가려고 하면서 그 가르침을 임금에게 맡기고 신하에게 맡긴 것은 모두 그 도로써 천하를 이끌어 세상을 다스리는 데 큰 도움이 되고자 하였기 때문이고, 모두 함께 진리를 닦는 길을 밟도록 하기 위함이었다. 우리 부처님의 가르침은 세속에 남아 있는 이나 출가한 이를 막론하고 오직 사람들이 도의 작용에 어긋나지 않게 하고자 하는 것일 뿐이니, 반드시 머리를 깎고 옷을 다르게 입은 연후에야 하는 것은 아니다. 그래서 말하기를 "방편에 따라 얽매임을 푸는 것을 임시로 삼매三昧라 부른다."[19]라고 하였으며, 또한 "위없는 바른 깨달음이라고 부를 정해진 법이 없다."[20]라고 하였다. 부처님의 마음이 이와 같으니 어찌 조그맣게 통하겠는가? 그러나 만일 참을 힘이 없는 이라면 티끌 (같은 세상) 속에 있으면서 더럽혀지지 않고, 세속에 있으면서 도를 이루기가 어렵다. 그러므로 사람들에게 출가하라고 가르치며 멀리 떠나는 행위를 닦도록 하는 것이다.

> 佛之將化也。以其法。付之君。付之臣。蓋欲以其道。導天下而爲治世之大助。而令共蹈乎修眞之路也。吾佛之敎不論在家出家。只要令人不違道用而已。不必剪其髮異其服然後爲也。所以云隨方解縛假名三昧。又云無有定法名阿耨菩提。佛之心如此。豈小通哉然若無忍力者。則居塵不染。在家成道難矣。所以敎人出家。令修遠離行也。

---

19 『六祖壇經』「頓漸」.
20 『金剛經』「無得無說分」.

1. 출가는 불효이다

유학자가 말하였다. 남자에게는 아내가 있고 여자에게는 남편이 있어서 가업을 잇고 제사를 끊이지 않게 하면 효라고 할 수 있다. 지금 승려들은 혼인하는 풍속을 끊고 인륜을 없애어 멀리 산속으로 들어가 영원히 후사後嗣를 끊으니 어찌 효라고 할 수 있겠는가? 저녁에는 부모님의 잠자리를 보아 드리고 아침에는 문안 인사 드리며, 부모님의 얼굴색을 살펴서 어긋나지 않게 하며, 나갈 때에는 반드시 부모님께 알리고 들어와서는 반드시 뵈어야 한다. 지금 승려들은 부모님께 알리지도 않고 마음대로 출가하고, 한번 출가하면 죽도록 돌아오지 않아서, 부모님께서 살아 계실 때에는 맛있는 음식으로 봉양하지 않고 돌아가신 뒤에는 성대하게 장례 지낼 것을 생각하지 않으니 어찌 불효가 아니겠는가?

> 儒之言曰。男有室女有家。以嗣家業不絶厥祀。可謂孝矣。今浮圖氏。絶婚姻去人倫。長往山林。永絶後嗣。豈可謂孝乎。昏定晨省。承顔順色。出必告反必面。今浮圖氏。不告父母。自許出家。一自出家。終身不返。生不奉甘旨死不計厚葬。豈非不孝乎。

한번 논해 보겠다. 경經[21]과 권權[22]은 도를 행하는 큰 요점이다. 경이 아니면 항상된 도리를 지킬 수 없고, 권이 아니면 변화에 응할 수 없다. 경으로써 항상된 도리를 지키고 권으로써 변화에 응한 뒤에야 도가 크게 온전함을 얻을 수 있어 어디에 가든 못 할 일이 없게 된다. 항상된 도리를

---

21 경經 : 절대적으로 올바른 법도를 말한다.
22 권權 : 경에 따를 수 없는 상황에서 어쩔 수 없이 취하는 임시적인 수단을 말한다. 『孟子』「離婁 上」에는 "남자와 여자가 직접 주고받지 않는 것이 예이지만, 형수가 물에 빠졌으면 손으로 직접 건져야 하는데, 이것이 권이다."라는 내용이 있다.

지킬 줄 모르면 사람의 마음을 바르게 할 방법이 없고, 변화에 응할 줄 모르면 큰일을 이룰 방법이 없다.

사람이란 부모에 의탁하여 생명을 받고 임금의 나라에 깃들여 살아가니, 집에 들어가서는 효성스럽고 집을 나와서는 충성스러운 것은 진실로 신하와 자식 된 자가 마땅히 해야 할 바이다. 또 혼인과 제사 또한 인륜의 큰 법도이다. 혼인이 아니면 낳고 낳는 이치가 끊어지고 제사가 아니면 멀리까지 추모하는 법이 없어진다. 그러나 신하와 자식으로서 충과 효를 다하기란 어렵다. 더욱이 혼인하여 종신토록 올바름을 지키며, 제사를 모시면서 마음을 다하여 가지런히 하기란 더욱 어렵다. 충을 다하고 효를 다하여 착실하게 그 직책을 지키고, 올바름을 지키고 마음을 가지런히 하여 종신토록 그치지 않은 뒤에야 살아서는 좋은 명성을 잃지 않고 죽어서는 사람으로 태어날 수 있다. 이것이 경으로써 항상된 도리를 지켜서 얻는 효과이다.

試嘗論之曰。經權爲道之大要也。非經。無以守常。非權。無以應變。經以守常。權以應變。然後得夫道之大全。而無所往而不可也。不知守常。無以正人心不知應變。無以成大事。夫人也。托父母而受生。寄君國以得存。入孝出忠固臣子之所當爲也。又婚姻祭祀。亦人倫之大經也。非婚。生生之理絶。非祀。追遠之法廢。然爲臣子而盡忠孝者難矣。婚姻而終身守正。奉祀而盡心致齊者。又其難[1]矣。盡忠盡孝。而謹守其職。守正致齊。而終身不輟。然後生不失善名。死得生人道。此經以守常之效也。

1) ㉮ 갑본에는 '致齊……其難' 여섯 자가 협주夾註에 있다.

그러나 살아서 좋은 명성을 얻을 뿐 애욕을 끊는 일은 거의 드물며, 죽어서 사람으로 태어날 뿐 윤회를 면하기는 어렵다. 애愛는 윤회의 근본이며, 욕欲은 생을 받는 인연이다. 사람이 이미 아내와 자식이라는 굴레를 면하지 못하였는데 애욕을 끊을 수 있겠는가? 진실로 애욕을 아직 끊지 못하였는데 윤회를 면할 수 있겠는가? 윤회를 면하고자 한다면 먼저 애욕을 끊어야 하며, 애욕을 끊고자 한다면 먼저 아내와 자식을 떠나야 하고, 아내와 자식을 떠나고자 한다면 반드시 세속을 떠나야 한다. 세속을 떠나지도 않고 아내와 자식을 떠나지도 않으면서 애욕을 끊어 윤회를 면하는 것은, 큰 성인께서 자비를 내려 임시적인 수단으로써 그런 모습을 보이는 경우를 제외하고, 용렬한 범부 속인으로서 가능하겠는가? 이와 같은 이는 무한히 오랜 세월 동안에도 만나기 어려우며 무수히 많은 사람 가운데에도 얻기 어렵다. 애욕과 그 대상이란 자석과 쇠가 서로 짝하는 것과 비슷하여 참을 힘이 없는 자가 세속에 머물면 면하기가 어려운 것이다.

본사이신 석존께서는 도솔천에 머무르실 때에는 호명보살護明菩薩이라 불렸고, 왕궁으로 내려와 태어나서는 실달悉達이라 이름하였으니, 이분이 어찌 참는 힘이 없는 분이겠는가? "빛나는 해가 그 멀리 비추는 것을 보고 부끄러워하고, 상계上界[23]의 무리가 인연을 없앤 것을 보고 부끄러워하였다."[24]라고 할 만하다.

비록 애욕의 대상들 속에 들어갔더라도 애욕의 대상들에 물들지 않았다. 후세에 모범을 내려 주시고자 금륜왕의 적자의 신분으로 부모님께 알리지 않고 떠나 설산에 들어가서, 목숨을 가벼이 여기고 괴로움을 기꺼이 참아 움직이지 않았다. 마음에 쌓인 번뇌가 다 없어지고 참된 밝음이 환하게 드러나기를 기다린 뒤, 고향으로 돌아와 아버지를 뵙고 하늘에 올라 어머니를

---

23 상계上界 : 상계는 부처님이나 신선이 사는 곳을 가리키지만, 여기에서는 아직 윤회에서 벗어나지 못한 하늘 중생들이 사는 천계(색계, 무색계)를 가리키는 것으로 이해된다.
24 빛나는 해가~보고 부끄러워하였다 : 이 구절은 『禪宗永嘉集』 「三乘漸次第七」에서 따온 것으로, 행정行靖은 다음과 같이 주석하였다. "지혜의 비춤이 높고 멀어서 역량이 밝은 해를 넘어서고, 삼유三有의 인연을 없애니 공功이 상계上界를 넘어선다. 이해와 행위가 이와 같으면 다시 더할 것이 없다. 부끄럽고 부끄럽다."

찾아가 법요를 설하여 모두 해탈하게 하였다. 이것이 성인이 권으로써 변화에 응하고, 항상된 도리를 거스름으로써 오히려 도에 합하는 수단이다.

然生得善名而已。斷愛欲者幾希死生人道而已。免輪廻者難矣。愛爲輪廻之本。欲爲受生之緣。夫人者。旣未免妻子之累。愛欲其可斷乎。苟未斷於愛欲。則輪回其可乎。欲免輪回。先斷愛欲。欲斷愛欲。先去妻子。欲去妻子。須出塵寰。不出塵寰。不去妻子。斷愛欲。免輪回。大聖垂慈大權示迹之外庸人凡俗。其可得乎。夫如是者。億億世而難遇。萬萬人而難得。夫愛緣。如磁[1]石與鐵偶相似。無忍力者。居塵世而難免。如本師釋尊。居兜率[2]而稱爲護明菩薩。降王宮而名曰悉達。此豈無忍力者哉。可謂玄[3]曠慚其照遠。上界恧以緣銷[4]者也。雖涉愛緣。應不爲愛緣所染也。將欲爲後世垂範。以金輪之嫡子不告父母而辭入雪山。輕生苦節。安忍不動。待其情累蕩盡。眞明朗發然後返鄕而覲父。登天而訪母。爲說法要皆令度脫。此聖人之所以權以應變而反常合道者也。

1) ㉔ 정본에는 '磁'가 '磁'로 되어 있다. ㉡ 정본에 따라 '磁'로 번역하였다. 2) ㉔ 을본과 병본에는 '率'이 '卒'로 되어 있다. 3) ㉡ '玄'은 '炫'과 통한다. 4) ㉡ 기화의 『禪宗永嘉集科註說誼』에는 '銷'가 '消'로 되어 있는데 뜻은 같다.

또한 부처님께서는 세 가지 밝은 지혜[25]와 여섯 가지 신통력[26]을 모두 갖추고 네 가지 지혜[27]와 여덟 가지 해탈[28]을 원만히 갖추어, 그 덕이 후

---

25 세 가지 밝은 지혜(三明) : 깨달은 이가 갖추고 있는 밝은 지혜로서 ① 자신과 남이 전생에 어떻게 존재하였는지를 아는 것, ② 자신과 남이 태어나고 죽고 과보를 받는 모습을 꿰뚫어 보는 것, ③ 자신에게 번뇌가 다하였음을 아는 것을 말한다.
26 여섯 가지 신통력(六通) : 깨달은 이가 갖추는 신통한 능력으로서 앞의 세 가지 밝은 지혜에다 ① 보통 귀로 들을 수 없는 것을 듣는 능력, ② 다른 사람의 마음을 꿰뚫어 보는 능력, ③ 여러 가지 모습으로 변화하거나 어디에나 마음대로 날아다니는 능력을 더한 것이다.
27 네 가지 지혜(四智) : 깨달은 이가 갖추는 지혜로서 ① 깨끗한 거울과 같이 원만하고

대의 온 세상 사람들에게까지 퍼져서, 후대의 온 세상 사람들이 부처님의 부모를 큰 성인의 부모라고 칭송하게 하고, 부처님의 성姓으로 모든 성을 지닌 자들의 성을 삼게 하여²⁹ 출가한 자들로 하여금 모두 석가의 아들이라 하게 하니, 이 어찌 큰 효가 아니겠는가? 공자께서 말하지 않았는가, "몸을 세우고 도를 행하여 후세까지 이름을 드날리어 부모를 드러냄이 효의 마지막이다."³⁰라고! 그 도로써 후대의 온 세상 사람들까지 이끌어, 후대의 온 세상 사람들이 그 가르침을 듣고 그 교화를 느끼게 하여 근기가 크고 작음에 따라 가르침을 내려 해탈케 하니, 이 어찌 커다란 자비라 하지 않겠는가? 공자께서 말하지 않았는가, "하루만 자기를 극복하고 예로 돌아가도 온 세상이 인으로 돌아간다."³¹라고!

且佛者。三明六通而悉備。四智八解而圓具。其德播天下後世而使天下後

분명한 지혜, ② 모든 중생과 부처님께서 본래 하나의 불성으로서 차별이 없음을 아는 지혜, ③ 세상의 모든 존재를 관찰하여 정통하고 중생들의 근기를 잘 살펴 알아 그에 맞는 가르침으로써 제도하는 지혜, ④ 몸과 말과 마음으로써 여러 가지 변화를 나타내어 범부와 성문, 연각, 보살들이 깨달음을 얻고 즐거움을 얻게 하는 지혜를 말한다.

28 여덟 가지 해탈(八解) : 해탈에 들어가는 여덟 가지 마음 작용으로서 ① 대상의 부정적인 측면을 관찰하여 탐하는 마음이 일어나지 않게 하는 것, ② 대상의 부정적인 측면을 관찰하여 탐하지 않는 마음을 더욱 굳게 하는 것, ③ 대상의 깨끗한 모습을 관찰하여 탐하는 마음이 일어나지 않게 하는 것, ④ 허공이 가없는 경지에 이르는 것, ⑤ 의식이 가없는 경지에 이르는 것, ⑥ 아무것도 없는 경지에 이르는 것, ⑦ 생각하지 않는 것도 아니고, 생각하지 않는 것이 아닌 것도 아닌 경지에 이르는 것, ⑧ 감각 작용, 표상 작용 등이 일어나지 않아 무심의 경지에 이르는 것을 말한다. 이 여덟 가지를 통하여 해탈에 들어가기 때문에 이렇게 이름한다.

29 부처님의 성姓으로~삼게 하여 : 모든 불교 승려들은 '석釋'을 성으로 삼는다는 것을 말한다. 이는 인도에는 없던 관습으로 중국에서 동진 때의 고승 도안道安이 주창하여 시행되었다. 그러나 출가가 모든 혈연적 관계를 끊고 세속을 떠난다는 의미임을 생각하면 출가자가 다시 성을 갖는다는 것은 출가의 의미에 맞지 않는다. 또한 '석'은 붓다의 종족을 지칭하는 '석가'에서 나온 것이므로 굳이 붓다의 성을 성으로 삼고자 한다면 붓다의 성인 '고타마'를 음사한 '구담'으로 하는 것이 옳을 것이다.

30 『孝經』「開宗明義章 第一」.
31 『論語』「顏淵」.

世。稱其父母曰。大聖人之父母。以其姓姓一切姓。使出家者。皆稱之曰釋子。豈不謂之大孝乎。孔不云乎。立身行道。揚名於後世。以現父母孝之終也。以其道。導天下後世。而使天下後世。聞其風。感其化。隨其機之大小。稟其法而得度。豈不謂之大慈乎。孔不云乎。一日克己復禮。天下歸仁。

2. 출가는 불충이다

묻겠다.[32] 사람이 이 세상에 태어났으면 마땅히 임금에게 충성을 다하고 정성을 기울여 나라를 도와야 한다. 지금 승려들은 천자에게 조회하지 않고 왕후王侯를 섬기지 않으며, 높이 머물고 멀리 떠나 일이 이루어지고 어그러짐을 앉아서 보기만 하니 어찌 충성스럽다 할 수 있겠는가?

曰人生斯世。當盡忠於君。傾誠輔國今浮圖氏。不朝天子。不事王侯。高棲遐擧。坐觀成敗。豈可謂忠乎。

답하겠다.[33] 불교의 가르침에서는 군주가 될 이가 먼저 계율을 받아 몸과 마음을 깨끗이 하고 난 뒤에 비로소 임금의 자리에 오르게 하며, 모든 출가자가 아침저녁으로 향 피우고 등불을 밝혀 군주를 위해 축원하고 나라를 위해 축원하게 하니 충성스럽다고 하지 않을 수 있겠는가? 또한 군주가 벼슬과 녹봉으로써 선한 행위를 권하고 형벌로써 악한 행위를 금하는 외에, 우리 부처님께서 "선한 행위를 하면 경사를 부르고 악한 행위를 하면 재앙을 부른다."라는 것을 보이니, 이를 듣는 사람은 자연히 악한 마음을 거두어들이고 착한 뜻을 낸다. 이렇듯 우리 부처님의 가르침이 벼슬과 상으로 권하는 것이나 형벌로써 위압하는 것을 빌리지 않고서도 사람들이 쓸리듯 교화를 좇게 하니 어찌 군주와 나라에 도움 됨이 없겠는가?

曰教中使爲君者。先受戒品。潔淨身意然後。方登寶位。又令凡出家者。莫不朝焚夕點而祝君祝國。可不謂之忠乎。且君者。爵祿以勸善。刑罰以禁惡

---

32 묻겠다 : 원문은 '曰'이지만 문맥에 따라 이렇게 번역하였다. 뒤도 모두 같다.
33 답하겠다 : 원문은 '曰'이지만 문맥에 따라 이렇게 번역하였다. 뒤도 모두 같다.

之外。吾佛示之以爲善招慶。爲惡招殃。人之聞者。自然收其惡心。發其善意。吾佛之敎。不假爵賞之勸。刑罰之威。令人靡然趨化。豈無輔於君國乎。

3. 육식을 금하는 것과 불살생은 불효이며 예가 아니다

묻겠다. 사람이 (동)물을 먹고, 동물이 사람에게 먹을 것을 공급하는 것은 본디 자연스러운 것이며, 일흔 살이 된 사람은 고기가 아니면 배부를 수 없으므로[34] 노인을 봉양하는 이는 이를 올리지 않을 수 없다. 또 봄 사냥, 여름 사냥, 가을 사냥, 겨울 사냥은 선왕先王[35]이 백성을 위하여 해로움을 제거하기 위한 수단으로서 때에 맞추어 법도를 세운 것이니 바꿀 수 없다. 또 희생은 예부터 지금까지 제사를 모시는 예물이므로 더욱 없앨 수 없다. 지금 승려들은 부모가 늙어서 먹는 것이 입에 달지 않은데도 고기를 올리지 않고, 사람들에게 선왕의 제도와 희생의 예법을 없애라고 가르치니 어찌 잘못이 아니겠는가?

> 曰人食物物給人。固其自然也。而七十者。非肉不飽故。養老者不可不以此供之。又春蒐夏苗秋獼冬狩。乃先王之所以爲民除害。順時立法。不可易也。且犧牲。從古于今。奉祀之禮物。尤不可廢也。今浮圖。親老而食不甘。不供之以肉。教人亦廢先王之制。犧牲之禮。豈非過歟。

답하겠다. 하늘이 내린 동물을 포악하게 없애는 것은 성인이 더불어 하지 않는 바이다. 하물며 하늘의 도리는 지극히 어지니, 어찌 사람으로 하여금 생명을 죽여서 자기의 목숨을 기르게 하겠는가? 『서경』에서는 "천지는 만물의 부모이며, 사람은 만물 가운데 영장이다. 진실로 총명한 자가 우두머리가 되고, 우두머리가 백성의 부모가 된다."[36]라고 하였다. 천지가

---

34 『四書集註』의 『孟子』「盡心 上」.
35 선왕先王 : 요임금·순임금·우임금·탕임금 같은 유교의 성인 군주를 가리킨다.
36 『書經』「周書」'泰誓 上'.

이미 만물의 부모라면 천지 사이에 태어난 자는 모두 천지의 자식이다. 천지와 만물의 관계는 부모와 자식의 관계와 같으며, 자식 가운데 어리석음과 지혜로움의 차이가 있는 것은 사람과 만물에 밝음과 어두움의 차이가 있는 것과 같다. 부모는 자식에 대하여 비록 어리석고 못났을지라도 사랑하고 가엾이 여겨 오히려 잘 기르지 못할까 걱정하거늘 하물며 해치겠는가? 생명을 죽여서 자기의 목숨을 기르는 것은 같은 식구를 죽여서 자기를 기르는 것이다. 같은 식구를 죽여서 자기를 기르면 부모의 마음이 어떻겠는가? 자식들끼리 서로 죽이는 것은 부모의 마음이 아니다. 사람과 만물이 서로 죽이는 것이 어찌 천지의 뜻이겠는가? 사람과 만물이 이미 천지의 기氣를 함께 얻고 또한 천지의 이理를 함께 얻어서 함께 천지 사이에 살고 있다. 이미 하나의 기, 하나의 이를 부여받았는데 어찌 남을 죽여서 자기의 목숨을 기르는 이치가 있겠는가?

> 曰暴殄天物。聖人之所不與也。況天道至仁。豈令人殺生以養生哉。書云惟天地。萬物父母。惟人。萬物之靈。亶聰明作元后。元若作民父母。天地旣爲萬物之父母。則生乎天地之間者。皆天地之息也。天地之於物也。猶父母之於子也。子有愚智之殊。猶人與萬物之有明昧也。父母之於子也。雖愚不肖。亦愛而愍之。猶恐不得其養焉。況其如害乎。殺生養生。如殺同息以自養也。殺同息以自養。則於父母之心爲如何哉。子之相殺。非父母之心也。人物之相殘。豈天地之意乎。人與萬物。旣同得天地之氣。又同得天地之理。而同生於天地之間。旣一氣一理之所賦。焉有殺生養生之理哉。

예컨대 "천지는 나와 뿌리가 같고 만물은 나와 한 몸이다."[37]라는 말은 불교에서 하는 말이고, "인仁이란 천지와 만물을 자기와 하나로 여기는

---

37 『肇論』「涅槃無名論」'妙存'.

것이다."³⁸라는 말은 유교에서 하는 말이다. 행하는 바가 그 말과 같은 뒤에야 비로소 인의 도를 다할 수 있다.

의서醫書에서는 '손발이 마비되는 것을 불인不仁'³⁹이라 한다. 손발은 한 몸의 작은 부분이다. 비록 작은 부분이라도 병이 들면 기가 통하지 않는다. 인이란 천지 만물과 융합해서 한 몸이 되어 사이가 없음을 말한다. 이 이치를 깊이 체득한 이라면 비록 하찮은 사물이라도 해를 입히는 일이 없어야 인한 사람의 도를 얻었다 할 수 있다. 아주鵝珠비구와 초계草繫비구⁴⁰가 그런 사람이다. 이와 같지 않으면 사람과 사물 사이에 기가 끊겨서 온화하지 않게 되고, 이치가 막혀서 통하지 않게 되니 손발이 마비되는 것과 같다. 그러니 의서에서 말한 것이 '인'을 잘 표현하였다 하겠다.

『시경』에서는 "한 번 쏘아 돼지 다섯 마리를 맞힌다."⁴¹ 하고, 『논어』에서는 "낚시는 하여도 그물은 쓰지 않고 화살을 쏘아도 잠든 새는 맞히지 않는다."⁴² 하였으며, 『맹자』에서는 "그러므로 군자는 주방을 멀리하며 그 소리를 들으면 차마 그 고기를 먹지 못한다."⁴³라고 하고, 또 "촘촘한 그물을 못에 들여놓지 않으면 물고기와 자라가 다 먹을 수 없을 만큼 많게 된다."⁴⁴라고 하였는데, 이것은 모두 인을 행하되 아직 그 도를 다하지 못

---

38 『四書集註』의 『論語』 「雍也」. "子貢曰。如有博施於民而能濟衆。何如。可謂仁乎。子曰。何事於仁。必也聖乎。堯舜。其猶病諸。"에 대한 주석에 "어진 사람은 천지 만물을 자기와 한 몸으로 삼으니, 자기가 아닌 것이 없다.(仁者。以天地萬物爲一體。莫非己也。)"라는 구절이 나온다.
39 『四書集註』의 『論語』 「雍也」.
40 아주비구는 구슬을 훔쳤다는 누명을 쓰고 온갖 고초를 겪으면서도 구슬을 삼킨 거위의 목숨을 해치지 않으려 거위가 삼켰다는 사실을 말하지 않았고, 초계비구는 여러 비구들이 광야에서 도적을 만나 약탈을 당하고 초목에 묶였는데도 초목이 상할까 두려워 묶인 그대로 고통을 감내하였다는 것으로서, 징관澄觀의 『大方廣佛華嚴經隨疏演義鈔』 권59에 자세한 설명이 실려 있다.
41 『詩經』 「國風」 '召南'.
42 『論語』 「述而」.
43 『孟子』 「梁惠王 上」.

한 것이다. (이상의 말들은) 어찌하여 '(인이란 천지 만물을) 자기와 하나로 하는 것이다.'라는 말과 들어맞지 않는가?『중용』에서는 "말은 행위를 돌아보고 행위는 말을 돌아보니 군자가 어찌 근신하지 않을 수 있겠는가?"[45]라고 하였는데 이제 어찌 여기에 이르렀는가? 이것이 바로 유교인들이 인의 도는 잘 논하였지만 선을 다하지는 못하는 까닭이다. 이미 적게 죽이기를 바라면서 어찌 반드시 화살을 쏘고, 이미 그 잠자는 것을 불쌍히 여기면서 어찌 잠자지 않는 것을 맞히며, 이미 푸줏간을 멀리하면서 어찌 반드시 고기를 먹고, 이미 작은 것을 해치는 것을 불쌍히 여기면서 어찌 반드시 큰 것을 해치는가?

如云天地與我同根。萬物與我一體。此釋氏之言也。仁者以天地萬物爲一己。此儒者之言也。爲行一如其言然後。方盡仁之道矣。醫書以手足痿痺爲不仁。蓋手足一身之微者也。雖微病焉則氣不通矣。仁也者。天地萬物。融爲一體。而無所間然之謂也。深體此理者。則雖微物。未嘗有所加害也。可謂得仁人之道矣。如鵝珠草繫。蓋其人矣。不如是則人與物。氣侈[1]而不昣。理礙而不通。如手足之痱也。醫書所云可謂善狀其仁矣。詩云一發五豝。論語云。釣而不綱。[2] 不射宿。孟子云。君子遠庖厨也。聞其聲。不忍食其肉。又云數罟不入汚池。魚鱉不可勝食。此皆爲仁而未盡其道也。何不喫[3]於一己之言乎。中庸云。言顧行行顧言。君子胡不憷憷尒今何至此乎。此儒者之所以善論爲仁之道而未盡善也。既要殺少。何必發矢既憐其宿。何射不宿。既遠庖厨。何必食肉。小既傷殘。何須害大。

1) ㉭ 저본의 '侈'은 '珍'과 같다. 2) ㉾ 정본에는 '綱'이 '網'으로 되어 있다. 3) ㉾ 갑본과 정본에는 '喫'이 '契'로 되어 있다. ㉭ 갑본과 정본에 따라 '契'로 번역하였다.

---

44 『孟子』「梁惠王 上」.
45 『中庸』제13장.

부처님께서는 큰 계율(大戒)에서 '모든 살아 있는 것들을 죽이지 말라는 계율'을 맨 앞에 두셨으며, 또한 『자심인연불식육경慈心因緣不食肉經』에서 말하기를 "부처님께서 말씀하신 바와 같이, 고기를 먹는 이는 자비를 행하는 것이 가득 차지 못하므로 항상 목숨이 짧고 병이 많은 몸을 받으며, 어지럽게 나고 죽는 윤회에 빠져 부처가 되지 못할 것이다."[46]라고 하였다. 또한 불교의 가르침 가운데 항상 물 거르는 주머니(漉囊)[47]를 가지고 다니게 하는 까닭은 미물의 목숨이라도 해칠까 두려워해서이다. 옛날에 두 비구가 같이 부처님을 뵙고자 하여 광야를 지나가다가 목이 말랐는데, 벌레가 들어 있는 물을 만났다. 한 사람은 말하기를 "부처님을 뵐 수만 있으면 되니 마신들 무슨 죄가 있겠는가?" 하고는 곧바로 물을 마셨다. 다른 사람은 말하기를 "부처님께서는 산목숨 죽이는 것을 경계하셨는데, 만일 부처님의 계율을 부순다면 부처님을 뵌들 무슨 이익이 있겠는가?" 하고는 목마름을 참고 마시지 않았는데, 죽어서 천상에 올라가 먼저 부처님을 뵙고 부처님의 찬탄을 받았다.[48] 이는 어진 사람의 참된 말, 실다운 행위로서 '자기와 하나로 한다'는 말과 '근신한다'는 가르침에 은근히 들어맞는다.

佛於大戒以不殺居先。又慈心因緣不食肉。經云。如佛所說食肉者。此人行慈不滿足。常受短命多病身。迷沒生死不成佛。又教中所以教持攎¹⁾囊者。恐傷微命也。昔有二比丘。同欲見佛。行於曠野。渴遇蟲水。一人云但得見佛。飲之何罪。即飲。一人云佛戒殺生。何益。忍渴不飲。死生天上。先見於

---

46 『一切智光明仙人慈心因緣不食肉經』에는 게송으로 되어 있지만 여기서는 산문으로 풀었다.
47 물 거르는 주머니(漉囊) : 녹낭漉囊은 물속의 미세한 생물을 걸러 내는 주머니로서, 비구가 지니고 다녀야 하는 여섯 가지 물건 가운데 하나이다.
48 『法句譬喻經』「護戒品」.

佛得佛讚嘆。此乃仁人之眞語實行。而冥相契於一己之言。惔惔之訓也。

1) ㉓ 정본에는 '攈'이 '漉'으로 되어 있다. ㉠ 정본에 따라 '漉'으로 번역하였다.

내가 출가하기 전에 해월海月이라는 승려가 있었는데 나에게서 『논어』를 배웠다. "널리 베풀어 대중을 구제하는 것은 요임금이나 순임금도 힘들어하였다."라는 구절의 주석에서 "인仁이란 천지 만물을 자기와 하나로 여기는 것이다."라는 말에 이르러 책을 치워 놓고 나에게 물었다.

"맹자는 인한 사람인가?"

"그렇다."

"그렇다면 닭·돼지·개·새끼돼지는 만물인가?"

"그렇다."

"'인이란 천지 만물을 자기와 하나로 여기는 것이다.'라는 이 말은 참으로 이치에 맞는 말이다. 맹자가 진실로 인한 사람이고 닭·돼지·개·새끼돼지가 만물이라면, 어찌하여 '닭·돼지·개·새끼돼지를 기르며 (번식시킬) 알맞은 때를 놓치지 아니하면 나이 일흔 된 이도 고기를 먹을 수 있다.'[49]고 말하는 것인가?"

나는 이에 말이 궁해져서 답하지 못하였다. 여러 경전을 살펴보았으나 산목숨을 죽이는 것이 이치에 맞는다는 이론은 없었고, 선배 유학자들에게 널리 물어보았으나 시원하게 의심을 풀어 주는 이도 없어서, 늘 이 의심을 품은 채 오래도록 풀지 못하였다. 병자년 무렵에 삼각산에 놀러 갔다가 승가사僧伽寺에 이르러 한 늙은 선사와 밤에 대화를 나누었는데, 대화하던 차에 선사가 말하기를 "불교에는 열 가지 중요한 계율이 있는데 맨 처음이 '모든 살아 있는 것들을 죽이지 말라'는 것이다."라고 하였다. 내가 이에 얼음이 풀리듯 마음으로 받아들여 스스로 말하기를 "이는 참

---

49 『孟子』「梁惠王 上」.

으로 인한 사람의 행위이며 인의 도를 깊이 체득한 이의 말이다."라고 하였다. 이로부터 유교와 불교의 사이를 다시 의심하지 않았으며 이에 시를 지었다.

본디 유교 경전과 역사서, 정주학程朱學[50]에서 비판하는 것을 듣고
불교가 옳은지 그른지 알지 못한 채
반복하여 가만히 생각하기 이미 오래되었는데
이제 비로소 진실을 알고 귀의하네

余未出家。有釋曰海月者。讀論語於予。至搏[1]施濟衆。堯舜其猶病諸。註云仁者。以天地萬物。爲一己之言。置卷而問于曰。孟子仁者乎。曰然。雞豚狗彘萬物乎。曰然。曰仁者以天地萬物爲一己。此眞稱理之談也。孟子苟爲仁者。而雞豚狗彘。又爲萬物。則何以云雞豚狗彘之畜。無失其時。七十者可以食肉乎。予於是辭窮而未能答。考諸經傳。而無有殺生稱理之論。博[2]問先知。而無有釋然決疑之者。常蘊此疑。久未能決。越丙子許游三角山。到僧伽寺。與一老禪夜話話次。禪云佛有十重大戒。一不殺生予於是釋然心服。而自謂此眞仁人之行也。而深體乎仁道之語也。從此不疑於儒釋之間[3]。而遂有詩云。素[4]聞經史程朱毀。未[5]識浮圖是與非。反復潛思年已遠。始知眞實却歸依。

1) ㉮ 갑본에는 '搏'이 '博'으로 되어 있다. 정본에는 '博'으로 되어 있다. ㉯ 정본에 따라 '博'으로 번역하였다. 2) ㉮ 갑본·을본·병본·정본에는 '博'이 '搏'으로 되어 있다. 3) ㉮ 갑본·병본·정본에는 '間'이 '間'으로 되어 있다. '間' 자의 실획失劃으로 보인다. ㉯ 갑본·병본·정본에 따라 '間'으로 번역하였다. 4) ㉮『涵虛語錄』을본의 권말에 실려 있는 〈出家詩〉에는 '素'가 '但'으로 되어 있다. ㉯ 여기에서는 저본에 따라 '素'로 해석하였으나 〈出家詩〉에 따라 '但'을 '다만'으로 해석해도 된다. 5) ㉮『涵虛語錄』을본의 권말에 실려 있는 〈出家詩〉에는 '未'가 '不'로 되어 있다. ㉯ 저본의

---

50 정주학程朱學 : 정이程頤와 주희朱熹로 이어지는 성리학을 말한다.

'末'나 〈出家詩〉의 '不' 모두 같은 의미로 해석할 수 있다.

　(나무에) 둥지를 짓고 사는 것들은 바람이 불 것을 알고, (땅에) 구멍을 파고 사는 것들은 비가 올 줄을 안다. 거미는 거미줄 치는 솜씨가 있으며, 쇠똥구리는 쇠똥을 동그랗게 굴리는 능력이 있다. 사물이 모두 이와 같아서 함께 영명함을 받았으니, 살리는 것을 좋아하고 죽이는 것을 싫어하는 마음에 이르기까지 어찌 사람과 다르겠는가? 바야흐로 쓱쓱 칼을 놀리매 두려워하며, 죽으러 갈 때 흘깃흘깃 바라보고 소리 내어 우는 것이 어찌 원한을 품은 마음의 모습이 아니겠는가마는 사람이 스스로 모를 뿐이다. 이 때문에 사람과 사물이 서로 업을 지으면서도 깨닫지 못하고 서로 되갚으며 쉼이 없으니, 어찌 어진 이로서 이러한 모습을 보고서도 차마 할 수 있겠는가?
　내가 맛을 즐기는 것과 저들의 고통을 비교해 보면 괴로움과 즐거움이 뚜렷하며 가벼움과 무거움을 헤아릴 수 있다. 행위에 대한 과보라는 가르침이 망령된 것이라면 그 하는 대로 내버려 둘 것이지만, 만일 망령되지 않다면 미래의 고통을 감당하기 어려울 것이니 삼가지 않을 수 있겠는가?

> 夫巢知風穴知雨。蜘蛛有布綱之巧。蜣蜋有轉圜之能。物皆如是。同稟靈明。至於好生惡殺之情。亦何嘗異於人哉。方其耋然秦刀愍然就死之時。盼盼然視。喑喑然鳴豈非舍。怨結恨之情狀也。而人自昧耳所以人與物。相作而不覺。相償而無休安有仁人。見其如是而忍爲之哉。以我之嗜味。較彼之忍痛。苦樂皎然。而輕重可忖。報應之說。如其妄也。則一任其作。如其不妄。來苦難當。可不愼歟。

　봄 사냥, 여름 사냥, 가을 사냥, 겨울 사냥이 비록 선왕이 정한 법제라 하여도, 지금 큰 산속이나 섬 가운데는 사냥이 미치지 못하는 곳이 있어서 사람과 사물이 각자 그 삶을 이루고 각자 그 자리를 편안히 여기며 타고난 목숨을 잘 마친다. 이로써 보자면 백성들이 왜 꼭 사냥으로 그 삶을 이루어야 하겠는가? 옛사람이 "빙 둘러싸지 말고 무리를 덮치지 말라."[51] 한 것은 죽이는 것이 옳지 않음을 알지만 일이 부득이한 데에서 나온 것이다. 부득이한 일은 혹 맞더라도 반드시 이치에 들어맞는 것은 아니다. 이미 이치에 맞지 않는다면 어찌 절대적인 법도일 수 있겠는가? 『주역』에서 말하기를 "옛날 사람은 총명하고 지혜롭고 빼어나게 씩씩하였으나 죽이지 않았다."[52]라고 하였다. 네 계절의 사냥이란 성인이 이에 의탁하여 빼어나게 씩씩함을 보이고 외적의 침입을 예방하기 위한 것이니, 어찌 죽이는 것을 본래의 의도로 삼았겠는가? 이것은 천하의 임시적인 수단일 따름이다. 이로써 보자면 사냥이란 형수가 빠졌을 때 손으로 건지는 것과 같은 것[53]이니, 형수가 빠졌을 때 손으로 건지는 것은 잠시의 응용이지 어찌 사람의 항상되는 법도가 될 수 있겠는가?

    제사에 바치는 희생에 대해 말하자면, 그 사람이 살아 있을 때에 고기를 달게 여겼다면 죽고 난 다음에 그가 좋아하던 것으로 제사 지내는 것이 마땅하다. 그러나 이는 끓는 물에 얼음을 더하는 것[54]과 같아서 죄가 반드시 더해질 것이다. 옛날 양을 잡아서 그 아버지를 제사 지낸 사람이 있었는데, 그 아버지가 꿈에 나타나 못 하게 하였다. 이는 그 징험이다. 이로 보건대 희생이 비록 성대한 예라고 할지라도 폐지하는 것이 마땅하다.

---

51 『禮記』「王制」에 "천자는 빙 둘러싸지 않고 제후는 무리를 덮치지 않는다.(天子不合圍。諸侯不掩群。)"라는 구절이 있다.
52 『周易』「繫辭 上」.
53 형수가 빠졌을~같은 것 : 권權을 말한다.
54 끓는 물에~더하는 것 : 원문 '潑水添冰'은 '끓는 물에 얼음을 더한다.'와 '물을 튕겨 얼음에 더한다.' 두 가지로 해석할 수 있다.

春蒐夏苗秋獮冬狩。雖先王之法制。今有大山之中海島之間。畋所不及之處。人與物各遂其生。各安其所而善終天年者。以此觀之。則夫民也。何必因其獵而遂其生也。古人敎以不合圍不掩群。此知其殺之不可而事出乎不得已也。大抵不得已底事。或中而不必合理也。旣不合理。何以爲大經乎。易云。古之聰明睿智神武而不殺夫。蓋四時之畋。聖人托此。示之以神武。預防其外冠尒。豈以殺爲心哉。此乃爲天下者之大權者尒。以此觀之。則夫畋也。正同嫂溺。援之以手之義。嫂溺手援。暫時之用尒。何以爲人間¹⁾之常法也。至於犧牲。則人居平日。以肉爲甘旨。則其死也。以其所嗜。祭之宜也。然潑水添冰。罪必加矣。昔人有殺羊祭先。其先托夢而禁之。此其驗也。迹此觀之。則犧牲。雖曰盛禮。亦廢之可也。

1) ㉠ 갑본·을본·병본·정본에는 '間'이 '問'으로 되어 있다. '間' 자의 실획失劃으로 보인다. ㉡ 갑본·을본·병본·정본에 따라 '間'으로 번역하였다.

4. 술 마시지 않는 것은 예가 아니다

묻겠다. 술은 즐거움을 함께하는 약이다. 혈맥을 조화롭게 하여 풍랭風冷[55]을 없앤다. 또 제사에서는 뿌려서 강신케 하니 없을 수 없다. 지금 승려들은 계율을 정해 금지하여 팔지도 못하게 하고 마시지도 못하게 하니 어찌 잘못이 아니겠는가?

> 曰酒所以合歡之藥也。調和血脈。以却風冷。又於祭祀。酒[1]令降神。不可無也。今浮圖。設戒以禁。不酤不飮。豈非過歟。
>
> 1) ㉾ 을본과 정본에는 '酒'가 '洒'로 되어 있다. ㉠ 여기에서는 저본에 따라 '酒'로 해석하였으나, 을본과 정본에 따라 '洒'로 보아 '술을 강신케 한다.'라고 해석해도 무방하다. 그러나 문장의 흐름으로 볼 때 문장 첫머리에서 '酒'가 이미 언급되었기 때문에 저본이 더 자연스러운 듯하다.

답하겠다. 술은 정신을 어지럽히고 덕을 어그러뜨리는 근본이며, 더욱이 도에 해가 된다. 그렇기 때문에 율전律典에서는 그 허물을 가리켜 36가지라 하였다. 유교 경전에서도 또한 그 잘못을 분명히 밝혀 말하기를 "안으로는 그 마음을 어둡게 하고 밖으로는 위의를 잃게 한다."[56]라고 하였다. 이 말은 술의 허물이 심하다는 것을 잘 밝혀 주고 있다. 안으로 마음을 어둡게 하므로 스스로 수행하는 데 방해가 되고, 밖으로 위의를 잃게 하므로 교화하는 도리를 방해한다. 자신과 남에게 이익이 없을 뿐만 아니라 또한 재앙과 화를 불러들여 끝이 없다. 이 때문에 의적儀狄은 이를 바쳤다가 우임금에게서 멀어지게 되었고,[57] 아라한은 이를 마셨다가 부

---

55 풍랭風冷 : 몸이 차가워지는 것을 말하는 것으로 보인다.
56 『書經』에 술을 경계한 「酒誥」 편이 있지만 이 문장이 나오지는 않는다. 이 문장은 원나라 때 유인劉因이 편찬한 『四書集義精要』 권19에 『論語』 「雍也」의 "唯酒無量不及亂"에 대한 호씨湖氏의 주석으로 인용되어 있다.

처님께 꾸중을 들었다.[58] 우임금이 의적을 멀리한 까닭과 부처님께서 아라한을 꾸짖으신 까닭이, 술의 해로움이 사람을 음란하고 황폐하고 미혹되고 어지럽게 하며 몸을 망치고 도를 어그러뜨리고 나라를 망하게 하고 자리를 잃는 데에까지 이르게 하는 것이기 때문임이 어찌 아니겠는가?

유교의 예법에 따르면, 천지와 귀신을 섬기려 할 때는 반드시 먼저 며칠 동안 재계齋戒한 뒤에 하루의 제사를 지내도록 하고 있다. 재계란 냄새 나는 것과 술을 먹지 않고 오로지 정성을 다하여 깨끗이 하는 것이다. 정성이 오롯하지 않아 깨끗함이 지극하지 않으면 귀신이 즐기지 않는다. 불교의 재계는 정성을 다하기로 한다면 오래도록 정성을 다하여 잡스럽지 않은 것이요, 깨끗이 하기로 한다면 평생토록 하여 더럽혀지지 않는 것이다. 이를 며칠 동안의 재계와 비교한다면 하늘과 땅보다도 더 멀다. 이미 재계가 이와 같음을 알았으니 어찌 반드시 며칠 동안만이겠는가? 며칠 외에 제사를 지내지 않을 때도 풀어져 느슨해질 수 있겠는가? 이것이 유교가 불교와 차이가 있는 것이다.

曰酒爲亂神餘德之本。而尤害於道也。故律中指其過曰三十有六。儒[1])傳亦明。其失云。內昏其心志。外喪其威儀。斯言善矣。爲過之甚也。內昏其心志故。妨其自修也。外喪其威儀故。妨其化道也。非惟無益於自他。亦乃招殃禍於無窮也。由是儀狄獻之而致疏於禹。羅漢飮之而見呵於佛。夫禹之所以疏儀狄。佛之所以責羅漢者。豈非以酒之爲害。當使人婬荒迷亂。至於滅身敗道亡國。失位者乎。禮將有事於天地鬼神。必先數日齋然後。行一日祭。齋者。不茹薰酒。專誠而致潔也。以誠不專潔不至。則神不享矣。佛之齋[2])戒也。誠則長誠而無雜。潔則終身而不汙。若以數日比之。天地何遠。

---

57 『戰國策』「魏策」.
58 『四分律』 권16.

既知齋*之爲是。何必數日而已哉。數日之外。無祭之時。其可放緩乎。此儒*之所以與佛有間者也。

---

1) ㉮ 갑본에는 '儒'가 '佈'로 되어 있다. 다음도 동일하다. 2) ㉮ 갑본에는 '齋'가 '齊'로 되어 있다. 다음도 동일하다.

5. 재물을 보시하면 보응을 받는다는 주장은 재물을 탕진하게 한다

묻겠다. 재물은 사람이 의지해서 사는 것이니 마땅히 절도 있게 쓰고 저축하여 낭비하지 않으며, 자손에게 물려주어 제사를 끊이지 않게 하고, 후손이 궁핍하여 헐벗지 않게 해야 한다. 지금 승려들은 네 가지 백성[59]의 밖으로 달아나 임금의 일을 자기의 일로 삼지 않는 것만으로도 이미 충분하거늘, 다시 보시의 보응으로써 사람들을 꾀어 사람들이 지닌 것을 모두 다 써서 부처님을 받들게 하여 끝내 배고프고 춥고 곤궁하고 헐벗은 처지에 이르게 하니 어찌 잘못이 아닌가?

> 曰珍財。人之所賴以生。當用之有節畜而不費。以遺夫子孫。令不隆其宗祀。不見其窮露。今浮圖。逃於四民之外不事王事。亦已足矣。更誇人以布施報應。令人盡持奉佛。而終至於飢寒窮露。豈非過歟。

답하겠다. 재물이란 탐욕을 키워서 화를 당하게 하는 물건이고, 보시는 마음을 맑게 하여 복이 오게 하는 방도이다. 유교 경전에서도 말하지 않았는가, "재물이 모이면 백성들이 흩어지고, 재물이 흩어지면 백성들이 모인다."[60]라고! 부처님께서 사람들에게 보시를 행하도록 권한 까닭은 자신의 이익을 위하여 그런 것이 아니다. 다만 사람들이 탐욕을 부수어 없애고 마음을 깨끗이 하게 하고자 한 것일 뿐이다. 부처님께서는 세 가지가 항상 부족하게 하라고 비구들에게 훈계하였는데, 세 가지가 부족하다는 것은 옷과 음식과 잠이 모두 부족한 것이다. 이미 이로써 그 무리를 훈계하였으니 어찌 다른 사람에게서 옷이나 음식을 얻기 위하여 보시를 권

---

59 네 가지 백성(四民) : 사士·농農·공工·상商의 백성을 말한다.
60 『大學』 전10장傳十章.

하였겠는가? 만일 옷이나 음식에 마음을 두고 있었다면 부처님의 가르침이 어찌 오늘에까지 이를 수 있었겠는가?

인과응보의 가르침을 살펴보자면, 이것이 어찌 유독 우리 불교에만 있는 것이겠는가? 『주역』에서도 말하기를 "선함을 쌓은 집안에는 경사가 있고, 악함을 쌓은 집안에는 재앙이 있다."[61]라고 하였으며, 『서경』의 「홍범洪範」 편에서도 "사람이 지극한 도에 합하면 하늘이 다섯 가지 복[62]으로 이에 감응하고, 어긋나면 여섯 가지 흉한 일[63]로 이에 감응한다." 하였으니 이것이 보응이 아닌가? 몸이 있을 때에는 그 보응이 이미 이와 같고, 죽고 나서는 몸은 비록 사라져도 정신은 존재하니 선하고 악한 행위에 대한 보응이 어찌 그렇지 않겠는가? 부처님께서 말하기를 "설령 아득하게 오랜 세월을 지나도 지은 업은 사라지지 않으며 인연이 만날 때에 자기가 다시 과보를 받는다."라고 하였으니, 이 어찌 사람을 속이는 말이겠는가?

曰珍財。長貪取禍之具也。布施。淸心致福之方也。儒[1])傳豈不云乎。財聚則民散。財散則民聚。佛之所以勸人行施者。非爲自利而然也。只要令人。破除慳貪。以淨心田而已。佛誡比丘。三常不足。三不足者。衣食睡眠。皆不足也。旣以此誡其徒也。豈爲衣食於人。而勸之以施乎。若以衣食爲心。則佛之敎豈到今日。至於報應之說。則豈獨吾敎乎。易云積善有餘慶。積惡有餘殃。又如洪範。人合乎皇極。則天應之以五福。違則應之以六殛。[2)] 此非報應歟。形存而其應已然。及其死也。形雖謝而神存。善惡之應。豈不然乎。佛之言曰。假饒百千劫。所作業不亡。因緣會遇時。果報還自受。豈欺

---

61 『周易』곤괘困卦.
62 다섯 가지 복(五福): 오래 살고, 부유하고, 건강하고, 좋은 덕이 있고, 명대로 살다 편안하게 죽는 다섯 가지 복을 말한다.
63 여섯 가지 흉한 일(六殛): 오래 살지 못하고, 병에 시달리고, 걱정이 많고, 가난하고, 악하고, 약한 여섯 가지 불길한 일을 말한다.

人哉。

1) ㉮ 갑본에는 '儒'가 '㑥'로 되어 있다. 2) ㉮ 갑본·을본·병본에는 '殛'이 '撪'으로 되어 있다. 정본에는 '極'으로 되어 있다.

6. 영혼은 없어지지 않으며 죽은 뒤에 과보를 받는다는 주장은 망령되다

묻겠다. 사람이 태어날 때에는 음으로 질質을 받고 양으로 기氣를 받으니 음과 양이 짝하여 혼백[64]이 되고 형체를 이룬다. 죽을 때에는 혼은 올라가고 백은 내려가서 다 없어진다. 사람에게 지각이 있는 것은 마음 때문이다. 마음이란 혼백이 합친 것으로 한 몸의 주인이다. 죽으면 기와 더불어 다 흩어져서, 어둑한 가운데 여전히 남아 있는 형체와 혼신이 없으니, 다시 누가 복을 받고 재앙을 받겠는가? 지금 승려들은 천당으로 기쁘게 하고 지옥으로 두렵게 하여 사람들을 현혹한다. 하늘은 푸르고 푸른 것으로 있는 것이라고는 해와 달과 별들뿐이며, 땅은 흙과 돌로서 싣고 있는 것이라고는 사람과 만물일 뿐이다. 그런데도 없어지지 않는 무엇인가가 남아서 천당과 지옥을 경험한다고 말하는 것이 어찌 망령되지 않겠는가?

> 曰人之生也。陰以稟其質。陽以稟其氣。一陰一陽。配爲魂魄而成形。及其死也。魂昇魄降而就盡。夫人之所以有知覺者。以其心也。心也者。魂魄之合而一身之主也。其死也。與氣俱散。而更無有形神尙留於冥漠之中。誰更受福受殃。今浮圖。忻之以天堂。怖之以地獄。令人致惑。夫是蒼蒼而所有者。日月星辰而已地是土石而所載者。人與萬物而已。謂之不亡者存而感天堂地獄者。豈非妄乎。

답하겠다. 음양陰陽은 진실로 사람이 의지하여 태어나는 것이다. 음양이 합하여 태어나고 음양이 흩어지면 죽게 된다. 하지만 본디 있는 진명

---

[64] 혼백魂魄 : '혼'은 양기 가운데 정미한 것이고, '백'은 음기 가운데 정미한 것이다. 그렇기 때문에 사람이 죽으면 혼은 하늘로 날아 올라가 흩어지고, 백은 땅에 떨어져 흩어진다고 한다.

眞明의 경우는 몸을 따라 생겨나지도 않고 몸을 따라 사라지지도 않는다. 비록 천 번 변화하고 만 번 바뀔지라도 그대로 변화하지 않고 홀로 존재한다. 마음에는 두 가지가 있는데 견실심堅實心[65]과 육단심肉團心[66]이다. 육단심은 혼백으로서 기가 정미精微한 것이고, 견실심은 진명을 말하는 것이다. 지금 말하는 마음이란 진명을 말하는 것이지 육단심을 말하는 것이 아니다. 마음이란 몸의 주인이며, 몸이란 마음의 심부름꾼이다. 선하고 악한 행위 등은 임금인 마음이 명령하여 신하인 몸이 지은 것이다. 보응에 관해 말하자면 살았을 때는 임금과 신하가 함께 받으며, 죽어서는 신하인 몸이 이미 사라졌으므로 임금인 마음 혼자 받는다. 『시경』에서 말하기를 "문왕文王이 오르락내리락하며 상제上帝의 좌우에 있네."[67]라고 하였는데, 오르락내리락하는 이가 어찌 하늘에 있는 영혼이 아니겠는가?

> 曰陰陽。固人之所賴以生者也。陰陽合而受生。陰陽散而就死。若固有之眞明則不隨形生。不隨形謝。雖千變萬化。而湛然獨存也。天[1]心有二。曰堅實心。曰肉團心。肉團心者。魂魄之精也。堅實心者。眞明之謂也。今所謂心者。眞明也。非肉壇也。夫心者。身之主也。形者。心之使也。善惡等事。心君命之。形臣作之至於報應。生則君臣等受。死則形臣已謝。而心君獨受。詩云文王陟降。在帝左右。陟降之者。豈非在天之靈乎。
>
> 1) ㉮ 갑본·을본·정본에는 '天'이 '夫'로 되어 있다. ㉯ 저본에는 '天心'으로 되어 있으나 이는 보통 '하늘의 마음'을 의미하기 때문에 갑본·을본·정본에 따라 '夫'로 번역하였다.

---

65 견실심堅實心 : 사심四心 가운데 하나. 견고하고 진실한 마음으로, 곧 중생이 본래부터 가지는 참된 마음을 뜻한다. 사심은 육단심肉團心·연려심緣慮心·집기심集起心·견실심이다.
66 육단심肉團心 : 사심 가운데 하나로, 육체에서 기인하여 우러나는 마음을 뜻한다.
67 『詩經』 「大雅」.

옛날에 왕회지王淮之라는 수재秀才가 있었다. 그는 어려서부터 불법을 믿지 않았는데 하루는 죽었다가 다시 살아나서 이렇게 말하였다.

"옛적에 육체와 혼신은 모두 없어진다고 나 스스로 말했는데, '육체는 사라져도 혼신은 남아 있다'는 불교의 말이 진실로 거짓이 아님을 이제야 비로소 알았다."[68]

또 송나라 사람 이원李源은 원택圓澤이라는 승려와 사귀며 '세세생생 서로 버리지 말자'고 약속하였다. 하루는 함께 노닐다가 물을 긷고 있는 어떤 부인을 원택이 보고는, "저 부인의 성은 왕씨인데 나는 그의 아들이 될 것이다. 12년 뒤에 항주杭州 천축사天竺寺 밖에서 반드시 그대를 만나 서로 사귄 의리를 밝히겠다."라고 하였다. 그날 저녁에 정말로 원택이 죽었다.

12년이 지난 뒤 이원이 약속대로 그곳에 갔다가 갈홍천葛洪川 가에서 어떤 목동이 쇠뿔을 두드리며 이렇게 노래하는 것을 들었다.

삼생석三生石 위에 옛 정혼精魂
달구경에 시 읊던 일 논할 것 없네
부끄럽게도 정든 이 멀리서 찾아 주니
이 몸 달라져도 본성만은 오래도록 남아 있네

서로 만나서는 "이 공李公은 참으로 믿을 만한 선비입니다."라고 말하고 또 이렇게 노래하였다.

이 몸 받기 전과 받은 뒤의 일 아득하여
그 인연 말하려니 애가 끊길까 두렵네

---

68 『法苑珠林』 권96 「十惡」.

오월吳越의 산천은 이미 두루 보았으니
안개 젖은 뱃머리 돌려 구당瞿塘으로 올라갈까[69]

또한 양호羊祜는 이李씨의 아들이었고,[70] 왕씨의 아들은 채蔡씨의 손자가 된 일까지도 있었다. 내가 일찍이 이 전기를 읽고 양씨와 이씨를 위하여 송을 지었다.

양씨와 이씨 한 사람일 뿐이니
오고 가도 달라져 돌아옴이 아니네
누가 알았으리오, 일곱 살 난 아들
죽은 지 5년 만에 다시 돌아올 줄을

또 왕씨와 채씨를 위하여 송을 지었다.

옛적 왕씨 집안 아들
오늘 채씨 집안 손자 되었네
한 점의 먹 자국 아니었으면
같다 다르다 논의가 분분했으리

이러한 여러 가지 사례를 잘 살펴본다면 영명靈明[71]이 몸에 따라 변하지 않는다는 것을 충분히 알 수 있다. 그러니 '사람이 죽으면 육체와 정신이 모두 없어진다'고 말하는 것이 어찌 어리석은 일이 아니겠는가?

---

[69] 이 이야기는 송나라 때 소식蘇軾이 지은 『僧圓澤傳』에 실려 있는데 세세한 부분에서는 약간의 차이가 있다.
[70] 『佛祖統紀』・『佛祖歷代通載』・『鐔津文集』 등에 나온다.
[71] 영명靈明 : 신령스럽게 밝은 존재로서 앞에서 언급한 진명과 견실심을 말한다.

昔有秀才曰。王淮之。自小[1]不信佛法。一日死而復蘇曰。向者自謂形神俱滅。今始知佛之所謂形謝而神存。信不誣矣。又宋人李源。與僧圓澤交。相約世世無相棄一日同遊。澤見夫人之汲者曰。此婦姓王氏。吾當爲其子。十二年後。杭州天竺寺外。須公相見。以明交義。至暮澤果死源果十二年。赴其約。聞葛洪川畔。有牧童扣牛角而歌曰。三生石上舊精魂。賞月吟風不要論。慚愧情人遠相訪。此身雖異性長存。及相見曰。李公眞信士也。而又歌曰。身前身後事茫茫。欲話因緣恐斷腸。吳越山川尋已徧。却回煙棹上瞿塘。至如羊祜[2]爲李氏之子。王子爲蔡氏之孫。余曾觀此傳。爲羊李頌云。羊李只一人。往復非異環。誰知七歲子。滅已五年還。爲王蔡頌云。昔日王家子。今爲蔡氏孫。不因一點墨。同異議紛紜。觀此數事。則足知靈明之不隨形變也。謂之人死。而形神俱滅。豈非昧乎。

1) ㉮ 갑본과 정본에는 '小'가 '少'로 되어 있다. ㉯ 저본에는 '小'로 되어 있으나 어린 나이를 표현할 때에는 대개 '少'를 쓰므로 갑본과 정본에 따라 '少'로 번역하였다. 2) ㉮ 정본에는 '姑'가 '祜'로 되어 있다. ㉯ 여러 자료를 통해 볼 때 정본의 '祜'가 옳다. 정본에 따라 '祜'로 번역하였다.

  천당과 지옥에 대하여 말하자면, 이는 실재로서 본래 존재하는 것이 아니라 사람의 업에 따라 받는 것이 저절로 그러한 것이다. 공자는 일찍이 말하기를 "내가 꿈속에서 주공周公[72]을 다시 뵙지 못한 지가 오래되었다."[73]라고 하였다. 대개 꿈이라는 것은 사람의 정신이 돌아다니는 것이지 몸이 시키는 것이 아니다. 공자께서 꿈에 주공을 만나 뵐 수 있었던 것은 평소에 주공의 도를 마음에 두고 오로지 이를 행하였기 때문에 그 정신이 저절로 서로 감응하여 그렇게 된 것이다. 사람도 또한 그러하다. 날마다 선하고 악한 일을 오로지 행한다면, 선한 사람은 꿈에 영화를 누릴 것

---

72 주공周公 : 주나라 무왕의 동생으로서 무왕이 죽은 뒤 어린 성왕을 잘 보필하여 주나라의 기틀을 세웠다. 아버지인 문왕, 형인 무왕과 더불어 성인으로 추앙되었다.
73 『論語』「述而」.

이고 악한 사람은 꿈에 욕됨을 당할 것이다. 그러한 까닭은 다음과 같다. 선한 사람은 부지런히 의로움만을 좇고, 악한 사람은 탐욕스럽게 오직 이익만을 구한다. 선한 사람은 오직 의로움만을 좇기 때문에 하는 일마다 마땅함에 들어맞고, 악한 사람은 오직 이익만을 구하기 때문에 하는 일마다 마땅함에 어긋난다. 선한 사람은 일마다 마땅함에 들어맞으므로 다른 사람들이 반드시 그를 선하게 여긴다. 악한 사람은 하는 일마다 마땅함에 어긋나기 때문에 다른 사람들이 그를 악하게 여긴다. 선한 사람은 사람들이 그를 선하게 여기므로 저절로 윗사람에게까지 알려져 벼슬과 녹봉을 더하게 된다. 악한 사람은 사람들이 그를 악하게 여기므로 저절로 윗사람에게까지 알려져 형벌을 더하게 된다. 그러므로 선한 사람은 매우 기뻐하며 그 영화가 이르게 하려 하고, 악한 사람은 놀라며 그 재앙을 피하고자 꾀하게 된다. 선하고 악한 습성과 기뻐하고 싫어하는 마음이 정신에 쌓여 있으므로 꿈에서도 또한 영화를 누리고 욕됨을 당한다. 그 정신이 가서 오지 않으면 이것이 바로 내생來生이다. 이것이 바로 선한 사람이 천당을 받고 악한 사람이 지옥을 받는 까닭이다.

천당과 지옥이 설령 없다고 해도 이에 대하여 들은 사람들은 천당을 좋아하여 선한 일로 나아가고, 지옥을 싫어하여 악한 일을 그칠 것이다. 그렇다면 천당과 지옥의 가르침이 백성들을 교화하는 이익이 그보다 더 큰 것이 없을 것이다. 과연 그것이 있다면 선한 사람은 반드시 천당으로 올라가고 악한 사람은 반드시 지옥에 떨어질 것이니, 백성들이 이를 듣게 한다면 선한 사람은 스스로 힘써서 당연히 천궁天宮[74]을 누릴 것이고, 악한 사람은 스스로 그쳐서 지옥에 떨어지는 것을 면할 것이다. 그러니 왜 꼭 천당과 지옥의 가르침을 배척하여 망령되다 할 것인가?

---

74 천궁天宮 : 천당과 같다.

至於天獄。則非是實然固有。乃人之業感。自然如是也。孔子嘗曰。吾不復夢見周公久矣。蓋夢者。人之神游。非形之使然也。夫子之所以夢與周公見者。蓋平日心存周公之道。專而行之故。其精神自然相感而然也。人亦如是。日於善惡。爲之旣專。則善者夢見其榮。惡者夢見其辱所以然者。善者亹亹然惟義是從。惡者悴悴然惟利是求。善者惟義是從故。事事而適宜。惡者惟利是求故。事事而違義。善者事事而適宜故。人必善之。惡者事事而違義故。人必惡之。善者人善之故。自達於上。而加之以爵祿。惡者人惡之故。自達於上。而加之以刑罰。由是善者與與忻致其榮。惡者錯愕謀避其殃。善惡之習。忻厭之情。蘊在情神故。其於夢也。亦見榮見辱。其神往而不返。則便是來生。此善者之所以感天堂。惡者之所以感地獄者也。天堂地獄。設使無者。人之聞者。慕天堂而趨善。厭地獄而沮惡。則天獄之說之於化民。利莫大焉。果其有者。善者必昇天堂。惡者必陷地獄故。使之聞之。則善者自勉而當享天宮。惡者自止而免入地獄。何必斥於天獄之說。而以爲妄耶。

7. 화장은 예가 아니다

문겠다. 죽은 이를 보내는 일은 사람 사는 세상의 큰일이다. 그러므로 부모의 상을 당한 이는 이를 중시하지 않을 수 없다. 성인이 성대하게 장사 지내고 오래도록 기리라는 가르침을 내린 것은 이 일이 중대함을 보여 주기 위함이다. 성대하게 장사 지내게 하는 까닭은, 나무의 뿌리가 깊으면 가지와 잎이 무성하여 열매가 많으며, 뿌리가 얕으면 가지와 잎이 꺾여서 열매가 없는 것과 같기 때문이다. 자식에게 부모는 열매에게 나무와 같고, 부모에게 자식은 나무에게 열매와 같다. 그러므로 아버지가 자식에게 전하는 것은 마치 나무가 열매에게 전하는 것과 같다. 이 때문에 상을 당한 이는 모름지기 땅을 잘 골라 알맞은 곳을 얻고, 구덩이를 깊게 파서 두껍게 묻고, 숲을 무성하게 하여 물을 모아 두어, 음기가 깊어 기가 쌓이고 땅이 두꺼워 물이 스미지 않게 하여, 자손이 많아져서 제사가 끊이지 않게 해야 한다.

지금 승려들은 이러한 이치를 돌아보지 않고 망령되이 화장하는 법도를 세워서 사람들로 하여금 후손이 없어 대를 끊게 하니 어찌 잘못이 아니겠는가? 하물며 바야흐로 화장을 할 때, 자식 된 마음으로 그것을 차마 볼 수 있겠는가? 이로써 사람들을 미혹시키니 허물이 하늘까지 가득 찼다.

曰夫送死。人間世之大事者也。故丁父母之喪者。不可不以爲重也。聖人垂厚葬追遠之訓。所以示其重也。所以令厚葬者。如木根深則枝葉扶疏而實多根淺則枝葉夭關而無實。夫父母之於子也。如木之於實也。子之於父母。猶實之於木也。故云父之傳於子。猶木之傳於實也。由是遇其喪者。要須擇其地得其宜。深其穴厚其葬。茂其林貯其水令陰深而畜氣。土厚而不澆。致令子孫繁衍。而厥祀綿綿。今浮圖。不顧此理而妄設火化之法。令人無後而絶嗣。豈非過也。況方其火化之際。人子之心其可忍視乎。以是惑人。
過犯¹⁾漫天。

1) ㉑ 을본과 병본에는 '犯'이 '犯'로 되어 있다.

답하겠다. 사람에게는 몸이 있고 정신이 있다. 몸은 비유하자면 집과 같고 정신은 비유하자면 주인과 같다. 몸이 사라지면 정신이 떠나가는 것은 마치 집이 무너지면 주인이 머물지 못하는 것과 같다.

집이란 흙과 나무로 만들어 온갖 지저분한 것들로 꾸민 것이지만, 사람이 이를 자기 것이라 여겨 그 속에 빠져서 그 누추함을 알지 못한다. 비록 집이 무너지는 것을 보더라도 깨끗이 잊을 수가 없어서 멀리 떠나지를 못한다.

몸이란 물과 흙으로 형체를 이루고 불과 바람으로 바탕을 이루어, 그 안에는 온갖 더러운 것을 싸고 있어 깨끗하지 못한 것이 흘러나오지만, 사람이 이를 보호하는 것이 금이나 옥보다 더 심하다. 그러니 어찌 일찍이 싫어하여 떠나고자 하는 마음이 있었겠는가? 죽음에 이르매 불과 바람이 먼저 사라졌으나 흙과 물은 아직 남아 있다. 이 흙과 물은 전에 사랑하고 보호하던 것이기 때문에 갑자기 잊고 떠나가는 데 걸림이 없을 수가 없다. 이에 지혜로운 이가 그 흙과 물을 불태우고 정신이 가서 태어날 길을 가리키니, 그 정신이 다시 머무르고자 하는 마음이 없어 교갈膠葛⁷⁵과 같이 맑게 올라간다.

이 때문에 우리 부처님 세존께서 아버지의 상을 당하여 몸소 화로를 들었으며, 사천왕이 관을 들고 아라한이 땔감을 주워 화장을 하여 아버지의 혼신이 맑게 올라가서 하늘에 태어날 수 있게 하였다.⁷⁶ 황벽 희운黃檗

---

75 교갈膠葛 : 도교에서 말하는 상청上淸의 기를 가리킨다.
76 『佛說淨飯王般涅槃經』.

희운[77]이 어머니를 제도할 때에는 마음에 품은 뜻을 부처님께 아뢰고 강을 사이에 두고 횃불을 던지자 그의 어머니가 불꽃 속에서 남자의 몸으로 변화하여 크고 밝은 빛을 타고 하늘 궁전으로 올라가니, 양쪽 강가에서 모두 보고 기이하다 여겼으며, 강 이름이 복천福川이었는데 관청에서 '복천'을 '대의도大義渡'라 바꾸었다.

이로 보자면 화장하는 장례법은 사람으로 하여금 더러운 곳을 떠나 깨끗한 곳으로 나아가게 하고 정신을 맑게 하여 높이 올라가게 하니, 죽은 이를 좋은 곳으로 보내는 데 도움이 되는 방법으로서 대대로 이어 가야 할 큰 법도이다.

曰夫人者。有形焉。有神焉。形比則如屋。神比則如主。形謝而其神往焉。猶屋倒而主不得住焉。夫屋也。成以土木嚴以雜穢。人以爲己有。貪湎其中而不知也[1)]陋也。雖見其倒。未能頓忘。而不能遠去也。夫身也。水土以搆其形。火風以持其質。中含雜穢。不淨流溢。人之護之。甚於金玉。何嘗有厭離之情也。及其死也。火風先去。而地水猶存。其爲地水。前所愛護故。不能頓忘而隨往無碍也。智者焚其地水。而指其往生之路。其神更無稽滯之情。即同膠葛而清昇也。由是吾佛世尊。丁父之喪。躬自執爐。四天擧棺。羅漢採薪而闍維。令其父之神。清昇而生天。黃蘗運公之度母也。陳懷白佛。隔江擲炬。其母於火焰中。化爲男子。身乘大光明。上昇天宮。兩岸皆見。咸以爲奇。江名福川。官司改福川爲大義渡。以是觀之。則火化之法。令人去穢而就淨。神清而遐擧堪爲薦往之助道。垂世之洪[2)]規。

1) ㉞ 정본에는 '也'가 '其'로 되어 있다. ㉠ 정본에 따라 '其'로 번역하였다. 2) ㉞ 을본에는 '洪'이 '法'으로 되어 있다.

---

77 황벽 희운黃蘗希運(?~850) : 복건성 복주福州 출신으로 시호는 단제斷際이다. 일찍이 황벽산에서 출가하였으며 임제 의현臨濟義玄의 스승으로도 알려져 있다.

만일 화장이 차마 못 할 일이라면 이제 땅에 구덩이를 파서 묻는 것은 차마 할 만한 일인가? 지금 큰 산허리와 큰 들판에는 옛날 무덤이 많이 있는데, 모두 농사짓는 이들이 경작하는 땅이 되어 머리와 몸의 뼈들이 별처럼 흩어져 햇볕에 쪼이고 바람을 맞아도 돌보아 지키는 사람 하나 없다. 처음 무덤을 만들 때는 돌을 세우고 소나무를 심어서 그 땅을 꾸며 자손이 번성하고 그 제사가 면면히 끊이지 않기를 도모하지 않음이 없었을 터인데, 이제 어찌 이에 이르렀는가?

다만 생전에 오온五蘊이 다 공空함을 알고 육근六根이 깨끗하여 한 생각도 일어나지 않는 이는 비록 몸은 세상에 깃들여 있어도 정신은 늘 세상 밖에 머물러 맑기가 허공과 같고 깨끗하기가 물과 같아 오히려 몸을 허깨비 같은 것으로 본다. 그러므로 죽음에 이르러서는 마치 종기를 째고 때를 없애듯이, 거꾸로 묶인 것을 풀고 차꼬를 벗어나듯이, 새가 새장을 벗어나듯이, 말이 마구간을 나오듯이 멀리멀리 느긋하게 마음대로 노닐어 가고 머무는 데 아무런 걸림이 없다. 그에게 어찌 흙과 물을 돌아보아 걸리는 마음이 있겠는가! 이런 사람의 경우에는 물에 가라앉혀도 좋고, 노천에 던져 놓아도 좋으며, 돌을 파서 담아 놓거나 흙을 파서 묻는 것부터 들불에 타거나 벌레와 개미들에게 먹히는 데 이르기까지 해서 안 될 것이 없다.

그러므로 달마는 웅이산熊耳山에 장사 지냈고, 육조는 온몸을 세상에 남겼으며, 보화普化는 요령을 흔들며 하늘로 올라갔고, 청량淸凉은 숲속의 짐승에게 먹이라고 명하였다. 이는 모두 통달한 사람들이 세상을 버린 높은 행적이며 자신을 잊은 뛰어난 자취이다. 그 나머지 사람들은 몸을 잊어 자아에 대한 집착이 없는 데에까지 이르지 못하였으므로 반드시 불로 태워 없앤 뒤에야 비로소 정신이 맑게 올라가 막힘이 없게 된다.

어떤 사람이 타향에서 객사하자 그 유골을 거두어 화장하였는데, 그 후손은 세상에 덕망이 높고 임금의 신망이 쏠렸으며 자손은 매우 많고 제사는 끊임없이 이어졌다. 그러니 화장을 하면 이익이 후손에게 미치지 못한다는 말은 사사로운 걱정과 지나친 계산이 너무 심한 것이니, 근거 없는 말로 명구의 과보(冥龜之報)[78]를 잘못 부르지 말라.

若以火化爲不忍。方其穴土而埋之。其可忍也。今有大山之麓。大野之原。多有古墳。盡爲農者之所耕。頭骨星散。日羹風飄。無人顧護。其初莫不立石栽松以嚴其地。以圖子孫之繁衍。厥祀之綿綿。今何至此乎。但生前五蘊皆空。六根淸淨。一念無生者。則雖寓形宇內而常棲[1]神於物表故。澄澄合空。湛湛如水。猶以有身爲幻也。由是及其化也如決疣[2]去垢。如解懸脫枷。如鳥出籠如馬出閑。浮洋乎于于乎。逍遙自適也。去留無碍也。其於地水。安有稽滯之情哉。此人分上。沈之可也。露之可也。鑿石而藏之。穴土而坑之。以至爲野火之所燒。蟲蟻之所食。無所施而不可也。故達磨[3]葬於熊耳。六祖全身留世。普化搖鈴騰去。淸凉命飴[4]林獸。此皆達人遺世之高蹤。忘我之勝迹者也。自餘則未能忘形無我故。須[5]經火化然後其神淸昇而無滯也。有人客死他鄕。收其骨而火之。而其後德望高於世。寵[6]望歸於己。子孫振振而厥祀綿綿。謂之火化而利不及後者。私憂過計之甚也。毋以無稽之談。枉招冥龜之報。

1) ㉔ 갑본에는 '棲'가 '捿'로 되어 있다.   2) ㉔ 정본에는 '疣'가 '疣'로 되어 있다. ㉕ 저본의 '疣'는 '癰'과 같다.   3) ㉔ 정본에는 '磨'가 '摩'로 되어 있다.   4) ㉔ 정본에는 '飴'가 '貽'로 되어 있다.   5) ㉔ 저본에는 '須'가 '湏'로 자주 쓰였다. 여기서는 본 글자 '須'로 고치고 전후로 이를 따르며 주註를 더하지 않는다.   6) ㉔ 갑본에는 '寵'이 '寵'으로 되어 있다.

---

[78] 명구의 과보(冥龜之報) : 이 말의 의미는 분명하지 않다. 다만 명구가 눈먼 거북이고, 사람으로 태어나기란 눈먼 거북이 망망대해에서 이리저리 떠다니는 판자의 조그마한 구멍에 자기 목을 집어넣는 것처럼 어려운 일(盲龜遇木)이라는 불교의 가르침을 고려해 볼 때, 자칫 사람으로 태어나지도 못하는 과보를 초래하지 말라는 뜻으로 한 말이 아닌가 한다.

8. 전생·현생·내생이 있다는 주장은 공자의 가르침에 어긋난다

묻겠다. 사람의 태어남과 죽음은 곧 사람의 처음과 끝이다. 그러므로 공자는 다만 태어나고 죽음만을 말하였을 뿐 그 앞뒤를 말한 적이 없다. 지금 승려들은 그 앞뒤와 태어나서 죽을 때까지를 함께 말하여 삼세三世라 부르는데, 태어나기 전과 죽은 뒤는 귀와 눈이 경험할 수 있는 것이 아니니 누가 그것을 몸소 보았겠는가? 이로써 사람들을 미혹시키는 것이 어찌 황탄한 것이 아니겠는가?

> 曰人之生死。即人之始終也。故孔子只言生死而未嘗言其前後也。今浮圖言其前後而幷其死生之間。謂之三世。夫生前死後。非耳目之所接。孰親視之乎。以之惑人。豈非誕也。

답하겠다. 사람이 나고 죽는 것은 마치 낮과 밤이 번갈아 바뀌는 것과 같다. 이미 번갈아 바뀌는 일이 있으니 저절로 앞과 뒤가 이루어진다. 낮은 지난밤을 앞으로 삼고 올 밤을 뒤로 삼으며, 밤은 지난 낮을 앞으로 삼고 올 낮을 뒤로 삼아, 그 낮 밤과 함께 저절로 세 때를 이룬다. 낮과 밤이 이미 이러하니 세월도 그러하다. 세월이 이미 그러하니 나고 죽는 것 또한 그러하다. 과거는 시작이 없으며 미래는 다함이 없다는 것을 또한 이로써 알 수 있다.『주역』에서는 "지난 것을 밝히고 오는 것을 살피면 얻고 잃는 과보를 알 수 있다."[79]라고 하였다. 가고 온다는 말이 어찌 이른바 앞과 뒤가 아니겠는가? 그런데도 삼세의 가르침이 허황하다고 하는 것은 생각지 못한 것이다.

---

79 이는「周易」「繫辭 下」에 나오는 내용을 줄인 것이다.

曰人之生死。猶晝夜之代謝。旣有代謝則自成前後。晝則以去夜爲前。來夜爲後。夜則以去日爲前。來日爲後。幷其晝夜。自成三際。晝夜旣尒。歲月亦然歲月旣尒。生死亦然。已往之無始。未來之無窮。亦由是而可知也。易云彰往察來。明失得[1)・2)]之報。往來之言。豈非所謂前後乎。以三世之說爲誕者。未之思也。

---

1) ㉠ 갑본과 정본에는 '失得'이 '得失'로 되어 있다.　2) ㉠ 병본에는 '得'이 '失'로 되어 있다.

9. 오랑캐에게는 도가 없다

묻겠다. 세상에서 따를 만한 것은 오제五帝와 삼왕三王[80]의 도뿐이다. 그러므로 공자 같은 성인이 조술祖述하고 뭇 현인들이 서로 전하며, 여러 문헌에 실어 여러 나라가 모두 따른다. 이 도는 중국에서만 구할 수 있고 오랑캐에게는 구할 수 없다. 부처는 서쪽 오랑캐 사람이다. 그러니 어찌 그 도를 중국에 유행시키겠는가? 한나라 명제가 서역에서 그 가르침을 구한 것[81]은 어리석은 짓이지 현명한 일이 아니다.

> 曰天下之可遵者。五帝三王之道而已。故孔聖祖述。而羣賢相傳。載諸方策而列國皆遵。此道可求之於中國。不可求之於夷狄也。佛西夷之人也。豈以其道流行於中國也。漢明帝。求其法於西域。昧也非明也。

답하겠다. 도가 있는 곳이 곧 사람들이 돌아가는 바이다. 오제와 삼왕이 이미 도가 있는 곳이므로 사람들이 돌아가는 바가 되어 중국에서 왕이 되었다. 부처님께서는 인도에서 일어나 법륜왕法輪王[82]이 되었으니 또한 이와 같다.

---

80 오제五帝와 삼왕三王 : 중국의 전설적인 성인 군주들이다. 오제는 왕조 이전의 다섯 임금인 소호少昊·전욱顓頊·제곡帝嚳·요堯·순舜을 이르는데 소호 대신 황제黃帝를 넣기도 한다. 삼왕은 하 왕조를 열었다고 하는 우禹, 은 왕조를 연 탕湯, 주 왕조를 연 문왕과 무왕을 가리킨다. 문왕과 무왕은 두 사람이지만 아버지인 문왕이 닦아 놓은 바탕 위에서 아들 무왕이 주 왕조를 세울 수 있었기 때문에 둘을 합하여 하나로 칭한다.
81 한나라 명제가~구한 것 : 불교의 중국 전래와 관련된 여러 설화 가운데 후한의 명제明帝(재위 58~75)가 금빛으로 빛나는 신비한 사람이 하늘을 날아 궁중 뜰에 내려오는 꿈을 꾼 뒤 그 가르침을 찾아 서역으로 사신을 보내어 불교를 처음 받아들였다는 설화가 있는데 이를 말한다.
82 법륜왕法輪王 : 법륜은 진리의 수레바퀴라는 뜻으로서 진리에 대한 가르침을 뜻한다. 따라서 전륜왕이란 진리의 수레바퀴를 굴린 왕이라는 뜻이다.

曰道之所存。是人之所歸也。五帝三王既道之所存故。爲人之所歸。而王於華夏也。佛之興天竺。而爲法輪王。亦復如是。

중국에서 인도를 가리켜 서쪽이라 하는 것은 인도에서 중국을 가리켜 동쪽이라 하는 것과 같다. 만일 세계의 한가운데를 정한다면 마땅히 정오에 그림자가 생기지 않는 곳일 터인데, 인도가 바로 그러하다. 부처님께서 그곳에 태어남을 보인 것은 어찌 그곳이 세계의 한가운데이기 때문이 아니겠는가? 이른바 동쪽 서쪽의 방위는 모두 각자의 풍속에 따라 서로 부르는 것이지 그 절대적인 중심을 정하여 동쪽과 서쪽을 정한 것이 아니다.

구태여 부처님께서 오랑캐 출신이기 때문에 그 도를 따르지 않겠다고 한다면, 순임금은 동쪽 오랑캐 지역에서 태어났고 문왕은 서쪽 오랑캐 지역에서 태어났는데 이들을 오랑캐라고 하여 그 도를 따르지 않을 수 있겠는가? 태어난 곳은 현상적인 자취이고 행하는 바는 도이다. 다만 그 도가 따를 만한가 따를 만하지 않은가를 살필 뿐이지, 그 태어난 곳이라고 하는 현상적 자취에 얽매여서는 안 된다. 앞에서 말하지 않았는가, 도가 있는 곳이 곧 사람들이 돌아가는 곳이라고!

華夏之指天竺爲西。猶天竺之指華夏爲東也。若取天下之大中。則當午無影爲中。天竺乃尒。佛之所以示生於彼者。豈非以其天下之大中也。所謂東西者。蓋彼此時俗之相稱尒。非占其中而定其東西也。苟以佛爲夷而不遵其道。則舜生於東夷。文王生於西夷。可夷其人而不遵其道乎。所出迹也。所行道也。但觀其道之可遵不可遵也。不可拘其所出之迹也。前不云乎。道之所存。是人之所歸也。

『춘추』에서는 서徐나라가 거莒나라를 치자 오랑캐라고 하였고, 적인狄

人이 제인齊人과 형邢 땅에서 맹약하자 중국이라고 하였다. 서나라가 중국에 있으면서도 오랑캐라는 이름을 받은 것은 의롭지 않았기 때문이고, 적인이 중국이라는 칭호를 받은 것은 의가 있었기 때문이다.

무릇 포폄할 때에는 다만 사람의 현명하고 어리석음, 일의 옳고 그름만을 살펴야지 어찌 그 태어난 곳으로써 그 사람을 논할 수 있겠는가?

만일 그 자취를 구하지 않고 행한 도를 구한다면 다만 오계와 십선의 도만으로도 오제삼왕의 도에 부끄럽지 않을 수 있는데 하물며 사제, 십이인연, 육도 등의 가르침이겠는가? 만일 오제삼왕으로 하여금 이 가르침을 만나게 하였다면 반드시 손 모으고 무릎 꿇어 듣고 받아들였을 것이다. 그러니 명제가 불교의 가르침을 구한 것이 마땅하지 않은가?

春秋以徐伐莒而夷狄之。狄人與齊人。盟于邢[1]而中國之。夫徐以中國而受夷狄之名。以其不義也。狄人受中國之稱。以其有義也。凡於襃貶之間。但觀人之明昧。事之當否。豈以其所出。而議其人乎。如不求其迹。而求其所行之道。則但五戒十善之道。可無愧於五帝三王之道矣。況諦緣六度等法乎。若使五帝三王遇之。則必合掌跪膝而聽受矣。明帝之求。不其宜乎。

1) ㉑ 을본에는 '邢'이 '那'로 되어 있다.

10. 불교는 재앙을 가져온다

묻겠다. 불교가 중국에 들어온 뒤로 세상이 점점 각박해지고 기근이 자주 이르러 백성들은 있을 곳을 잃어버리는 일이 많고 전염병이 날로 심해지니 그 해로움이 또한 크지 않은가?

曰自佛法入中國以來。世漸澆漓。飢饉荐臻。民多失所。爲癘日甚。其爲害也。不亦大哉。

답하겠다. 요임금·순임금·우임금·탕임금은 세상의 큰 성인이지만 오히려 홍수와 가뭄의 재앙을 면하지 못하였고, 걸임금·주임금·유임금·여임금은 세상의 주인이면서도 독부獨夫[83]가 되는 것을 면하지 못하였다. 주나라가 쇠약해지니 지배자와 백성들이 이미 무너져 내리고, 진秦나라가 일어나자 세상이 크게 어지러워졌다. 공자 같은 큰 성인도 식량이 떨어지는 처지를 면하지 못하였고, 안회顔回 같은 아성도 일찍 죽는 것을 면하지 못하였으며, 원헌原憲 같은 큰 현인도 집안이 가난한 것을 면하지 못하였다. 이 또한 불교 때문에 그런 것인가?

부처님께서 인도에서 태어나신 때는 바로 주나라 소왕昭王 때이며,[84]

---

83 독부獨夫 : 『孟子』에 나오는 말로, 임금이 아니라 한 명의 사내일 뿐이라는 뜻이다.
84 동아시아 불교에서는 붓다의 출생 연도에 대하여 여러 가지 설이 있었는데, 중국 수나라 때 비장방費長房이 편찬한 『歷代三寶紀』에 잘 정리되어 있다. 먼저 비장방은 노나라 장공莊公 7년 여름 4월 신묘일 밤에 항성이 보이지 않고 한밤중에 별들이 비 오듯 쏟아졌다는 기록에 의거하여, 주나라의 19번째 임금인 장왕莊王 10년(B.C. 687)을 붓다가 태어난 해로 보고 있다. 그러면서 당시까지 제기된 여러 가지 다른 주장들을 다음과 같이 함께 소개하고 있다. 첫째, 『法顯傳』에 의거하면 은나라 무을武乙 26년 갑오년(B.C. 1167)이다. 둘째, 사문 법상法上이 고구려에서 물어 온 것에 답한 것에 의하면 주나라 다섯 번째 임금인 소왕昭王 24년 갑인년(B.C. 1027)이다. 셋째, 『像正記』에 의거하면 주나라 평왕平王 48년 무오년(B.C. 723)이다. 넷째, 후주의 사문 석도안釋道安이 구

한나라 명제 때에 이르러 그 가르침이 동쪽 땅으로 흘러들어 왔으니 삼대[85] 이전에는 부처님께서 아직 태어나지 않으셨고, 공자와 안회의 시대에는 부처님의 이름이 아직 알려지지 않았으니 그때는 마땅히 재앙도 없고 기근도 없어야 하거늘, 요임금 때에는 어찌하여 9년의 홍수가 있었고 탕임금 때에는 어찌하여 7년의 가뭄이 있었으며, 공자와 안회는 어찌하여 궁핍하였고, 원헌은 어찌하여 가난하였는가?

曰堯舜禹湯。以天下之大聖。而尙未免水旱之災。桀[1])紂幽癘。[2]) 以天下之人主而未免爲獨夫。周衰而人民已匱。秦作而天下大亂。以孔子之大聖。而未免於絶粮。顏回之亞聖。而未免於夭折。原憲之大賢。而未免於家貧。此亦以佛而然歟。佛興天竺。正當周昭。至漢明帝法流東土。三代以前。佛未之作。孔顏之時。名亦未聞。彼時當無災孼。亦無飢饉。堯何有九年之水。湯何有七年之旱。孔顏何窮而原憲何貧乎。

1) ㉑ 정본에는 '桀'이 '傑'로 되어 있다.　2) ㉑ 정본에는 '癘'가 '厲'로 되어 있다.

당 태종이 위징魏徵, 이순풍李淳風 등과 마음을 합치고 덕을 함께하여 중국을 통일하니 수많은 백성들이 모두 기뻐하며 온 나라에서 와서 경하하였다. 신라의 진덕왕이 스스로 〈태평가〉를 짓고 비단에 글을 짜 넣어 바쳤는데 그 대체적인 내용은 다음과 같다.

　　위대한 당나라 큰 업적을 여니

마라집의 연기年紀와 석주명石柱銘에 따라 추산한 것에 따르면 주나라 18번째 임금인 환왕桓王 5년 을축년(B.C. 716)이다. 다섯째, 조백림趙伯林이 여산에서 홍도 율사弘度律師를 만나 얻은 『衆聖點記』에 의거하여 추산하면 주나라 정왕貞王 2년 갑술년(B.C. 467)이다. 이러한 여러 가지 설 가운데 동아시아 불교에서는 대체로 주나라 소왕 때인 B.C. 1027년에 태어났다는 설을 받아들였는데 기화 또한 이를 따르고 있다.
85 삼대三代 : 성왕이 세운 왕조인 하·은·주 세 왕조를 말한다.

높고도 높은 위대한 계책 빛나네
　　전쟁을 그치고 굳센 위엄으로 평정하고
　　문을 닦아 백왕과 계합하네
　　깊은 인仁은 해와 달과 함께하며
　　무리를 어루만짐이 요순보다 뛰어나네

이렇게 하여 다음과 같은 구절에 이른다.

　　산악이 재보를 내리니
　　제왕께서 참되고 훌륭한 인재를 등용하니
　　오제와 삼왕의 덕이 하나가 되어
　　우리 당나라 황실을 밝게 비추네

　또 신라의 태종 김춘추는 김유신과 마음을 함께하고 힘을 합하여 삼한을 통일하여 사직에 큰 공을 세웠는데, 그때에는 해마다 풍년이 들어 곡식 값이 싸니【베 한 필의 값이 벼 30석이었다.】백성들이 걱정 없이 즐거워하며 모두 태평성대라고 불렀다. 만일 불교가 태평스럽지 못하게 만든다고 한다면 이때는 불교가 성행하던 시대인데 어찌하여 그 태평스러움이 이처럼 지극한 데까지 이르렀는가?
　조주 종심趙州從諗 선사는 700갑자에 걸쳐 살았고, 오대 개법사開法師는 300여 년을 살았다. 만일 불교가 사람들을 요절케 한다면 저들은 모두 불자인데 어찌하여 그 목숨이 그토록 오래 사는 데까지 이르렀는가?
　과거와 현재를 통하여 어떤 왕조가 잘 다스려지고 어지럽고, 오래 존속되고 짧게 끝나고, 괴롭고 즐겁게 되는 것은 크게 보아 시절의 운세가 성하고 쇠하는 것과 관련되어 있으며, 또한 중생의 업이 불러오는 바이다. 세상이 태평하지 못해서 백성들이 그 삶을 편안히 누리지 못한다 해서 그 허물을 불교로 돌린다는 것은 생각지 못한 것이다.

唐太宗與梲[1]徵李淳風等。協心同德。混一天下兆民咸熙。率土來賀。新羅
眞德王。自製大平歌。織錦爲文而獻之。其略曰。大唐開洪業。巍巍皇猷昌。
止戈戎威定修文契百王。深仁諧日月。撫運邁虞唐。以至云維岳降宰輔。惟
帝任忠良。五三成一德。昭我唐家皇。又新羅太宗春秋公。與金庾信。同心
勠力。一統三韓。有大功於社稷。彼時年豊穀賤【一疋布價。租三十碩[2]】民樂
無憂。皆謂之聖代。若是佛法。使不昇平。此當佛法盛行之時也。何其昇平。
至於如是之極乎。趙州稔[3]禪師。生經七百甲子。五臺開法師。生存三百餘
載。若是佛法。令人夭折。彼旣佛子。何其命也。至於如是之壽乎。古今治
亂脩短苦樂。大關時運之盛衰。亦是衆生之業感。以世不昇平。民不聊生。
歸咎於佛法。亦未之思也。

1) ㉮ 갑본·을본·병본·정본에는 '梲'가 '魏'로 되어 있다. 2) ㉮ 갑본에는 '碩'이 '石'으로 되어 있다. ㉯ 갑본에 따라 '石'으로 번역하였다. 3) ㉮ '稔'은 '諗'의 오자인 듯하다.

11. 승려들은 출가하여 하는 일 없이 놀고먹으니 사회의 해악이다

묻겠다. 너희 승려들은 편안하게 노는 백성이 되어 누에도 치지 않고 밭도 갈지 않으면서 다른 사람에게서 얻어 입고 먹기 때문에 백성들이 이에 따른 괴로움을 입고 자주 궁핍한 지경에 이르게 되니, 그 폐해가 또한 크지 않은가?

> 曰尒浮圖輩。逸爲遊民。不蠶不耕。而衣食於人故。民被其惱。屢至於窮。其爲廢也。不亦大哉。

답하겠다. 승려의 임무는 법을 널리 펴고 중생을 이롭게 하는 것이다. 법을 널리 펴서 지혜의 명맥이 끊이지 않게 하고, 중생을 이롭게 하여 사람마다 스스로 선해지도록 하는 것이 승려의 임무이다. 진실로 이와 같을 수 있다면 사람들이 받드는 이가 되어도 부끄러워할 것이 없다. 진실로 그럴 수 없다면 이는 그 사람의 죄이지 어찌 불교의 허물이겠는가? 맹자가 말하기를 "여기에 어떤 사람이 집 안에 들어가서는 효도하고 집 밖에서는 공손하며, 선왕의 도를 지켜 후대의 배우는 이를 기다리는데도 그대에게서 밥을 얻어먹을 수 없다면, 그대는 어찌하여 목수나 수레 만드는 사람은 높이면서도 인과 의를 행하는 이는 가벼이 여기는가?"[86]라고 하였다. 이것이야말로 도를 지켜서 다른 사람을 이롭게 함으로써 다른 사람으로부터 밥을 얻어먹을 수 있다는 것이 아니겠는가?

무릇 사람의 가난함과 부유함은 각자 본디 정해진 바가 있으니, 전생에 선의 씨앗을 심어 놓은 이는 비록 날마다 재물을 쓴다고 하여도 넉넉하고, 전생에 선의 씨앗을 심어 놓지 않은 이는 비록 날마다 모은다고 하여

---

[86] 『孟子』「滕文公 下」.

도 모자란다. 세상에 어떤 사람들은 부처님을 보고도 예배하지 않고, 승려를 보고는 꾸짖고 욕하며, 평생토록 한 푼의 돈도 보시하지 않았는데도 옷은 그 몸을 가리지 못하고 먹을 것은 그 입을 채우지 못하는데, 이 또한 승려들로 인하여 그렇게 되었단 말인가?

曰僧之任在弘法利生。弘法而令慧命不斷。利生而使人人自善。是僧之務也。苟能如是。則可無愧於爲人之所奉矣。苟不能然。是其人之罪也。豈佛之過歟孟子曰。於此有人焉。入則孝出則悌守先王之道。以待後之學者。不得食於子。子何尊梓匠輪輿而輕爲仁義者哉。此豈非以守道利人而可衣食於人乎。夫人之貧富。各自有素分。宿有善種者。則雖日費而有餘。宿無善種者。則雖日聚而不足。世有人焉。見佛不禮。見僧呵毀。終身而不施一錢。衣不蔽形。食不充口。此亦因僧而致然歟。

12. 승려들이 타락해 있다

묻겠다. 맑고 깨끗하게 욕망을 줄이고 진리를 위해 몸을 버리며 많이 듣고 잘 기억하여 뒤에 오는 이들을 맞아 이끄는 것이 본디 불자들이 할 일이다. 지금 승려들은 그 할 일을 닦지 않고 오히려 스승의 가르침을 더럽히며, 사람들이 그 도를 물어보면 마치 담을 마주 보고 서 있는 듯하면서 여래를 팔아 목숨이나 기르려고 하니, 그 거처를 인가로 만들고 그 사람을 일반 사람으로 만들어서 사민四民의 수를 채워 임금과 나라를 돕게 하는 것이 마땅하다.

> 曰淸淨寡欲。爲法亡軀。多聞强記。接引後來。固釋子之行也。今浮圖輩。不修其行。反汚師法。人問其道。如立面墻。禆販如來。資養身命。廬其居人其人。以充乎四民之數。而令轉弼乎。君國可也。

답하겠다. 기린[87]이나 난새,[88] 봉황[89]은 그 수가 무리를 이룰 만큼 많지 않고, 한 자나 되는 옥이나 한 마디나 되는 구슬은 (매우 드물어서) 시장에서 구할 수가 없다. 공자의 문하에 있던 3천 명 가운데 밝은 이로 일컬

---

87 기린騏驎 : 중국인들이 상서롭게 여긴 상상 속의 동물로서 성인이 세상에 나오기 전에 나타난다고 한다. 사슴의 몸에 소의 꼬리, 이리의 이마, 말의 발굽을 가지고, 머리에 살로 된 뿔이 하나 돋아 있으며, 털은 다섯 가지 색깔로 되어 있고 배의 털은 누렇다고 한다.
88 난새(鸞) : 중국의 전설에 나오는 상상 속의 새. 모양은 닭과 비슷한데 붉은빛에 다섯 빛깔이 섞여 있고, 그 소리는 오음五音과 같다고 한다.
89 봉황(鳳) : 중국의 전설에 나오는 상상 속의 새. 봉은 수컷, 황은 암컷을 가리킨다. 닭의 머리, 뱀의 목, 제비의 턱, 거북의 등, 물고기의 꼬리를 하고 있으며, 몸과 날개는 다섯 가지 빛깔로 빛난다고 한다. 오동나무에 깃들여 살고 대나무 열매를 먹으며 예천이라는 샘의 물을 마신다고 한다. 성스러운 천자가 나타나면 이 새가 나타나는데 뭇 짐승이 따라서 모인다고 한다.

어지는 이는 다만 열 사람일 뿐이고,[90] 여래의 바다처럼 큰 모임에서도 으뜸으로 일컬어지는 이는 또한 열 사람을 지나지 않을 뿐이다.[91] 하물며 지금은 성인으로부터 더욱 멀어진 때로서 (중생들의) 근기가 뛰어나지 못하니 어찌 사람마다 가섭과 같이 깨끗한 행위를 하고, 아난과 같이 많이 듣게 할 수 있겠는가? 공자와 안연顔淵 이후 천여 년 동안에 안연이나 민자건閔子騫과 같은 이가 있다는 말을 또한 들어 보지 못하였다.

무릇 승려가 승려인 것은 다섯 가지 덕[92]을 갖추고 여섯 가지 화합[93]을 갖춘 뒤에야 비로소 그 이름에 들어맞게 된다. 그러나 이름과 내용이 들어맞는 것으로 보면 그런 사람을 찾기 어렵다. 숲에는 재목감이 안 되는 나무가 있고, 들에는 여물지 못하는 벼가 있다. 비록 법대로 받들어 행하지 못하는 이가 있다고 하여도 심하게 나무라서는 안 된다. 다만 그 형체와 복식[94]으로 말미암아 점점 훈습하여 성품을 이루어 그 도를 잃지 않게 해야 할 것이지, 어찌 그 잘못으로 말미암아 그 법을 폐할 수 있겠는가?

曰騏驎鸞鳳。族不成羣。尺璧¹⁾寸珠。市不可求。孔門三千。稱哲人者。十人

---

90 공자의 문하에~사람일 뿐이고 : 『論語』 「先進」 편에 나오는 열 명의 제자를 가리킨다. 덕행의 안연과 민자건, 염백우, 중궁, 언어의 재아와 자공, 정사政事의 염유와 계로, 문학의 자유와 자하를 말한다.
91 여래의 바다처럼~않을 뿐이다 : 부처님의 십대제자를 가리킨다. 지혜제일 사리불, 신통제일 목건련, 두타제일 마하가섭, 천안天眼제일 아나율, 다문多聞제일 아난다, 지계持戒제일 우파리, 설법제일 부루나, 해공解空제일 수보리, 논의論議제일 가전연, 밀행제일 라훌라를 말한다.
92 다섯 가지 덕(五德) : 비구가 가져야 할 다섯 가지 덕. 마구니를 두렵게 하고, 빌어먹고, 계율을 더럽히지 않고, 부당한 방법으로 먹고살지 않고, 악한 행위를 부수는 것을 말한다.
93 여섯 가지 화합(六和) : 보살이 중생과 더불어 같은 계를 지니고, 같은 견해를 지니고, 같은 행위를 닦고, 몸으로 자비를 베풀고, 말로 자비를 베풀고, 마음으로 자비를 베풀어 화합하고 공경하는 것을 말한다.
94 형체와 복식(形服) : 머리 깎고 승복을 입은 것을 말한다.

而已。如來海會。稱第一者。亦不過十人而已。況今去聖愈遠。根機微劣。安得使人人。如迦葉之淨行。阿難之多聞乎。孔顏之後。千載之下。如顏淵閔子騫²⁾者。亦未之聞也。夫僧之爲僧。具五德備六和然後。方稱其名也。然名實相符者。蓋難其人矣。³⁾林有不材之木。田有不實之禾。縱有不能如法奉行者。不可疾之甚也。但令因其形服。漸薰成性不失其道而已。豈得因其失而廢其法也。⁴⁾

1) ㉮ 갑본에는 '璧'이 '壁'으로 되어 있다. 2) ㉮ 정본에는 '騫'이 '蹇'으로 되어 있다. ㉯ 저본의 '騫'과 정본의 '蹇'은 모두 그르며 '騫'이 옳다. 민자건은 공자의 제자로서 효로 이름을 드날렸다. 3) ㉮ 정본에는 '矣'가 없다. 4) ㉮ 정본에는 '也'가 '乎'로 되어 있다.

13. 불경은 유교 경전보다 힘만 들 뿐 효용이 없다

묻겠다. 그 책을 살펴보면 허무하고 세상과 동떨어진 것에 힘쓰고 적멸함을 숭상하니 배우는 공은 『소학』보다 배나 들지만 쓸 데가 없고, 고고하기로는 『대학』보다 더하지만 실속이 없으니 스스로 닦고 다른 사람을 다스리는 방도가 될 수 없다.

> 曰考其爲書。務於虛遠。崇於寂滅。其功倍於小學而無用。其高過於大學而無實。不可以爲修己治人之方也矣。

답하겠다. 책이란 도를 싣는 도구이며 널리 교화하는 수단이다. 그 책을 보면 그 도가 따를 만한 것인가 따를 만하지 못한 것인가를 알 수 있으며, 그 예법이 흠모할 만한가 흠모할 만하지 않은가를 알 수 있다. 그 도가 따를 만하고 그 예법이 흠모할 만하다면 어찌 내가 익힌 바가 아니라고 해서 버릴 수 있겠는가?

그대는 듣지 못하였는가, 세상에는 두 가지 도가 없고 성인에게는 두 가지 마음이 없다는 것을![95] 성인이란 비록 천 리를 떨어져 있고 만세나 되는 세월을 멀리 떨어져 있어도 그 마음이 일찍이 다른 적이 없다. 공자께서 말하기를 "멋대로 생각하지 않고, 꼭 그렇게 되리라고 생각지 않고, 고집부리지 않고, 나만 내세우지도 않는다."[96]라고 하였고, 『주역』에서 또한 말하기를 "그 등을 고요히 지키므로 자기(我)가 없으며, 그 마당을 지나가도 다른 사람이 없다. 자기가 없고 다른 사람이 없으니 어떤 허물이 있을까?"[97]라고 하였으며, 석가모니께서 말하기를 "나도 없고 남도 없으므

---

95 『荀子』「解蔽」.
96 『論語』「子罕」.

로 모든 선한 행위를 닦으면 곧 깨달음을 얻는다."⁹⁸라고 하였으니, 성인은 세상을 달리하지만 그 마음을 같이한다고 하는 까닭이 바로 이것이다. 그러니 이른바 '허황하고 적멸하다'라는 말은 삼장 십이부경十二部經⁹⁹ 가운데 어떤 경전에 근거하여 말하는 것인가?

큰 계율에서는 "효순함이 지극한 도의 가르침이니, 효는 계라고도 하고 제지라고도 한다."¹⁰⁰라고 하였다. 그러니 한결같이 허무하고 동떨어졌다고 말할 수 있겠는가? 『원각경』에서는 "마음의 꽃이 빛을 뿜어 온 누리 모든 나라를 다 비춘다."라고 하였으니, 한결같이 적멸하다고만 말할 수 있겠는가?

> 曰書者。載道之具也。弘化之方也。見其書則知其道之可遵不可遵。知其禮之可慕不可慕也。其道可遵。其禮可慕則豈以非吾所習而可棄之也。君不聞乎。天下無二道。聖人無兩心。夫聖人者。雖千里之隔。萬世之遠。其心未嘗有異也。孔夫子之言曰。母意母必母固母我。易又¹⁾云艮其背。無我也。行其庭無人也。無我無人。何垢之有。釋迦老之言曰。無我無人。修一切善法。卽得菩提。此聖人之所以異世而同其心也。所謂虛遠寂滅之言。三藏十二部中。據何典而言歟。大戒云。孝順至道之法孝名爲戒。亦名制止。一向謂之虛遠可乎。圓覺云。心花發明。照十方刹。一向謂之寂滅可乎。
>
> 1) ㉯ 갑본에는 '易又'가 '又易'으로 되어 있다.

만일 그 참되고 거짓됨을 징험하고자 한다면 반드시 먼저 그 책을 살

---

97 『周易』 간괘艮卦. 원문은 "艮. 艮其背. 不獲其身. 行其庭. 不見其人. 無咎."이다.
98 『起信論疏筆削記』 권17.
99 십이부경十二部經 : 불교 경전을 총칭하는 말로서, 부처님의 가르침은 내용과 형식에 따라 열둘의 범주로 분류할 수 있기 때문에 이렇게 부른다.
100 『梵網經盧舍那佛說菩薩心地戒品』 권10.

펴보아야 한다. 그 책을 살펴보지도 않고 망령되이 배척한다면 반드시 통달한 이들의 웃음거리가 될 것이다. 그대는 듣지 못하였는가, "온 세상의 문장을 다 보기 전에는 고금을 바로 할 수 없다."[101]는 것을!

공자는 말하기를 "효는 하늘의 법도이고 땅의 올바름이며 백성들이 할 일이다."[102]라고 하였으니 어찌 지극한 도를 말함이 아니겠는가? "감응하여 온 세상의 일에 통한다."[103]라고 하였으니 어찌 밝게 비춤을 말하는 것이 아니겠는가?

유교에서 말하는 '밝은 덕'은 불교에서 말하는 '묘하고 깨끗하며 밝은 마음'이고, (유교에서 말하는) "고요하게 움직이지 않으나 감응하여 이에 통한다."[104]라고 하는 것은 불교에서 말하는 '고요하면서도 비춘다'는 것이다. (유교에서 말하는) "자기에게 선함이 있은 뒤에야 다른 사람에게 선하게 될 것을 요구할 수 있고, 자기에게 악함이 없은 뒤에야 다른 사람의 악함을 바로잡을 수 있다."[105]라고 하는 것이 우리 불교에서 말하는 '악을 끊고 선을 닦아 중생들을 이롭게 한다'는 것과 어찌 다르겠는가? 말하고 있는 이치가 이미 같은데 가르침의 자취가 어찌 다르겠는가?

자기만이 전적으로 옳다 하고 남을 무시하며, 이것을 옳다 하고 저것은 틀리다 하는 것은 사람의 보통 마음이다. 그러나 이치에 잘 통달한 이는 마땅한 것만을 따를 뿐이니 어찌 남과 나, 저것과 이것으로써 옳고 그르다 하는 이겠는가?

사람들로 하여금 벼슬이나 상으로 권하는 것을 기다리지 않고도 쏠리듯 좇아 교화되게 하는 것은 삼교[106] 가운데 불교만이 그럴 수 있는데, 이

---

101 『南明泉和尙頌證道歌事實』권1.
102 『孝經』「三才章」.
103 『周易』「繫辭 上」.
104 『周易』「繫辭 上」.
105 『大學章句』전9의 주석에 나온다.
106 삼교三敎 : 불교, 유교, 도교를 말한다.

는 우리 부처님 큰 성인의 큰 자비가 감응하는 바이기 때문이다. 순임금은 물어보기를 좋아하였고, 가까운 데에 있는 말을 살펴 악을 감추고 선을 드러내기를 좋아하였으며,[107] 우임금은 뛰어난 말을 들으면 절을 하였다.[108] 만일 순임금이나 우임금으로 하여금 부처님의 교화를 만나게 하였다면 어찌 아름답게 여겨 돌아가 의지하지 않았겠는가? 그러니 스스로 닦고 남을 다스리는 방도가 되지 못한다고 생각하는 것은 또한 생각지 못한 것이다.

若欲驗其眞僞。必先審其書也。不審其書而妄排之。則必爲達者之所嗤矣。君不聞乎。未盡天下文章。不得雌[1)]黃古今。孔之言曰。夫孝天之經也。地之義也。民之行也。豈非至道之謂乎。感而遂通天下之故。豈非明照之謂乎。儒之所謂明德。卽佛之所謂妙精明心也。所謂寂然不動。感而遂通。卽佛之所謂寂照者也。所謂有善於己然後。可以責人之善。無惡於己然後可以正人之惡者。與吾敎所謂斷惡修善。饒益有情者。何以異乎。所言之理旣同。而所敎之迹。何以異乎。專己略人是此非彼。人之常情也。通人達士。唯義是從。豈以人我彼此而是非者乎。使人不待爵賞之勸而靡然從化者。三敎之中。佛敎能然也。蓋以吾佛大[2)]聖大[3)]慈之所感也。舜好問而好察邇言。隱惡而揚善。禹拜[4)]昌言。若使舜禹。遇佛之化。則豈不歸美乎。而以爲不可爲修己治人之方者。亦未之思也。

1) ㉴ 을본과 병본에는 '雌'가 '雄'로 되어 있다. 정본에는 '紫'로 되어 있다. 2) ㉴ 을본에는 '大' 앞에 '之'가 있다. 3) ㉴ 을본에는 '佛大聖大' 네 자가 필사되어 있다. 4) ㉴ 을본에는 '隱惡……禹拜' 일곱 자가 필사되어 있다.

---

107 『中庸』 제6장.
108 『書經』 「虞書」 '大禹謨'.

14. 노장사상과 유교, 불교의 우열은 어떠한가

묻겠다. 노장과 유교, 불교의 같음과 다름, 뛰어남과 뒤떨어짐은 어떠한가?

曰老與儒釋。同異優劣如何。

답하겠다. 노자는 말하기를 "함이 없으면서도 하지 않음이 없고, 함이 있어도 하는 바가 없다."[109]라고 하였고, 부처님께서는 말하기를 "고요하면서도 항상 비추고, 비추면서도 항상 고요하다."[110]라고 하였으며, 공자께서는 말하기를 "저 역易이라는 것은 생각함이 없고 함이 없다. 고요하여 움직이지 않으나 감응하여 이에 통한다."[111]라고 하였다. 고요한 것이 감응이 없은 적이 없으므로 이는 '고요하면서도 항상 비춤'이다. 감응하는 것이 고요하지 않은 적이 없으므로 이는 '비추면서도 항상 고요함'이다. '함이 없으면서도 하지 않음이 없다'는 것은 곧 '고요하면서도 항상 감응한다'는 것이고, '함이 있어도 하는 바가 없다'는 것은 곧 '감응하면서도 항상 고요하다'는 것이다. 이에 근거하여 보자면 삼가三家에서 말하는 바가 은밀히 서로 들어맞아 마치 한 입에서 나온 듯하다.

실천의 높음과 낮음, 효용을 일으킴의 같음과 다름에 대해서는 마음의 때를 씻어 내고 지혜의 눈을 맑게 한 뒤에 불교의 경전들과 유교와 도가의 여러 서적들을 다 읽어 보고, 일상생활 속에서 나거나 죽고, 화나 복을 받는 때에 잘 살펴보면 말을 기다리지 않고도 저절로 고개를 끄덕일 것이

---

109 『道德經』 제37장.
110 『仁王般若經疏』·『大方廣佛華嚴經疏』 등.
111 『周易』 「繫辭 上」.

니, 내가 어찌 강변하여 그대를 놀라게 하겠는가?

曰老之言曰。無爲而無不爲。當有爲而無爲。釋之言曰。寂而常照。照而常寂孔之言曰。夫易無思也無爲也。寂然不動。感而遂通。夫寂然者。未嘗無感。卽寂而常照也。感通者。未嘗不寂。卽照而常寂也。無爲而無不爲。卽寂而常感也。有爲而無所爲。卽感而常寂也。據此則三家所言。冥相符契。而如出一口也。若履踐之高低。發用之同異。則洗盡心垢。廓淸慧目然後。看盡大藏儒道諸書。叅於日用之間。生死禍福之際則不待言而自點頭矣。吾何强辨以駭君聽。

『현정론』끝
顯正論。終。

가정 5년 병술년(1526) 7월 일 전라도 광양 땅 백운산 초천사에서 판각하다.

간선산인幹善山人[112]은 자홍, 대시주는 양화일 부부, 화주는 성청이다.

嘉靖五年丙戌七月。日。全羅道光陽地。白雲山招川寺開板。

幹善山人。子弘。大施主。梁花日兩主。化主。性淸。[1)]

---

1) ㉮ 갑본의 간기刊記는 다음과 같다. "嘉靖十六年丁酉。月。日。全羅道興德地逍遙山緣起寺重刊。陳萬壽書。法師印泉。奇岩。眞應。智行。祖根。法師聖恩。六行。靈輝。澄照。靈祐。學初。明月。草允。義暉。祖心。曇華。慧安。惠恩。義浩。希禪。法淳。戒行。贊瓊。心會。信眉。八還。性崇。水雲。玉岡。了圓。慧浩。森谷。秀文。戒受。惠仁。信全。一翁。禪祖。玉禪。鄭叔孫" 을본의 간기는 다음과 같다. "每邑个。張元龍。金允孫兩主。尹長守兩主。戒玄。□□。學□。學玲。惠还。木手玄牛。飯頭信熙。化士慧聰。正眼。嘉靖廿三年甲辰正月。日。黃海道兎山土鶴鳳山石頭寺開板。"

---

112 간선산인幹善山人 : 판각 사업을 주관한 이를 가리킨다.

찾아보기

각유정覺有情 / 23
간선산인幹善山人 / 87
갈홍천葛洪川 / 57
감응 / 85
개법사開法師 / 74
견실심堅實心 / 56
경經 / 31
경사 / 37
공空 / 65
공자 / 35
교갈膠葛 / 63
구당瞿塘 / 58
권權 / 31
그물 / 41
근기根機 / 26
기氣 / 40, 55
기린 / 78
김유신 / 74
김춘추 / 74

난새 / 78
내생來生 / 60
네 가지 백성 / 52
네 가지 지혜 / 34
노자 / 85

『논어』 / 41

다섯 가지 덕 / 79
다섯 가지 복 / 53
달마 / 65
당 태종 / 73
덕행德行 / 27
도道 / 23
도솔천 / 33
독부獨夫 / 72

맹자 / 44
명구의 과보(冥龜之報) / 66
문왕文王 / 56
물 거르는 주머니(漉囊) / 43
민자건閔子騫 / 79

방편 / 30
법도 / 39
법륜왕法輪王 / 69
보시 / 52

보응 / 52
보화普化 / 65
복천福川 / 64
본사本師 / 33
봉황 / 78
부처님의 성姓 / 35
불경 / 81
불인不仁 / 41
불충 / 37
불효 / 31

사민四民 / 78
사제四諦 / 24
삼가三家 / 85
삼교三敎 / 83
삼매三昧 / 30
삼생석三生石 / 57
삼승三乘 / 23
삼왕三王 / 69
삼장三藏 / 25, 82
상계上界 / 33
상제上帝 / 56
『서경』 / 39, 53
선왕의 도 / 76
선한 행위 / 37
성性 / 23
성문聲聞 / 26
성인聖人 / 39
성청性淸 / 87
세 가지 밝은 지혜 / 34
소왕昭王 / 72

쇠똥구리 / 46
술 / 49
승가사僧伽寺 / 44
신信 / 27
실달悉達 / 33
십이부경十二部經 / 82
십이인연十二因緣 / 24

아난 / 79
아라한 / 49
아주鵝珠비구 / 41
악한 행위 / 37
안연顔淵 / 7
안회顔回 / 72
애愛 / 32
애욕 / 32
양호羊祜 / 58
업業 / 28
여덟 가지 해탈 / 34
여섯 가지 신통력 / 34
여섯 가지 화합 / 79
여섯 가지 흉한 일 / 53
역易 / 85
연각緣覺 / 26
열반 / 30
영명靈明 / 58
영장靈長 / 39
예禮 / 27
예법 / 39
오계五戒 / 24
오랑캐 / 69

오상五常 / 27
오승五乘 / 24
오온五蘊 / 65
오월吳越 / 58
오제五帝 / 69
왕회지王淮之 / 57
욕欲 / 32
우임금 / 49
웅이산熊耳山 / 65
『원각경圓覺經』 / 82
원택圓澤 / 57
원헌原憲 / 72
위징魏徵 / 73
유교 / 27
유교 경전 / 81
유정有情 / 23
육근六根 / 65
육단심肉團心 / 56
육도六度 / 24
육식肉食 / 39
육조六祖 / 65
윤회輪廻 / 32
음양陰陽 / 55
의서醫書 / 41
의적儀狄 / 49
이理 / 40
이순풍李淳風 / 73
이승二乘 / 23
이원李源 / 57
인仁 / 35
인과因果 / 28
인과응보 / 53
인승人乘 / 24

『자심인연불식육경慈心因緣不食肉經』 / 43
자홍子弘 / 87
재계齋戒 / 50
재물 / 52
재앙 / 37
정情 / 23
정미精微한 것 / 56
정주학程朱學 / 45
정혼精魂 / 57
조주 종심趙州從諗 / 74
주공周公 / 59
『주역』 / 47, 81
『중용』 / 42
지智 / 27
지옥 / 60
진덕왕眞德王 / 73
질質 / 55
징험徵驗 / 47

천궁天宮 / 60
천당 / 55, 60
천승天乘 / 24
천지天地 / 39
천축사天竺寺 / 57
청량淸凉 / 65
초계草繫비구 / 41
초천사招川寺 / 87
『춘추』 / 70

출가 / 30, 31, 37

큰 계율(大戒) / 43

〈태평가〉 / 73

풍랭風冷 / 49

항주杭州 / 57

해월海月 / 44
행위行爲 / 42
형체形體 / 55
형체形體와 복식服飾 / 79
호명보살護明菩薩 / 33
혼백魂魄 / 55
혼신魂神 / 55
화살 / 41
화장火葬 / 62
화주化主 / 87
후사後嗣 / 31
훈습薰習 / 79

36가지 / 49
700갑자甲子 / 74

찾아보기 • 91

유석질의론

| 儒釋質疑論 |

지은이 미상
박해당 옮김

유석질의론儒釋質疑論 해제

박 해 당
구화불교한문연구소 소장

1. 개요

『유석질의론儒釋質疑論』의 제목은 '유교인과 불교인이 의문 나는 점을 서로 질문하여 논한 글'로 해석할 수 있지만, 실제로는 불교에 대한 유교인의 일방적 질문 또는 비판에 대하여 불교인이 답하고 변호하는 내용으로 이루어져 있다. 이러한 성격으로 말미암아 『유석질의론』은 득통 기화得通己和의 『현정론顯正論』과 함께 조선 시대의 대표적 '호불론서護佛論書'로 손꼽힌다. 하지만 기화의 『현정론』이 배불론자들이 제기한 구체적인 불교 비판론에 대응하여 불교를 옹호하는 순수한 호불론적 성격을 띠고 있는데 비하여, 『유석질의론』은 저자가 연구한 불교와 『주역』의 상호 연관성을 밝히는 내용이 대부분을 차지하고 있어 단순히 호불론적 저술로만 규정하기는 어렵고, 저자가 독자적으로 구축한 '『주역』을 통한 불교 이해'를 보여 주기 위해 저술된 것으로 보는 것이 더 타당한 듯하다.

2. 저자

현재 남아 있는 『유석질의론』은 세 가지인데 어떤 판본에도 저자의 이름이 밝혀져 있지 않으며, 저술 목록에 『유석질의론』이 들어 있는 사람 또한 아직까지 발견되지 않았다. 따라서 『유석질의론』의 저자는 누구인지 알 수 없다. 그런데 1984년 출판된 최초의 『유석질의론』 번역본에서 '함허술涵虛述'이라고 한 데에서 보듯이 『현정론』을 지은 함허당 득통 기화를 저자로 보는 견해가 있었다.

『유석질의론』을 기화의 저작으로 간주하기 시작한 것은 권상로權相老의 「불교결의佛敎決疑」(『불교佛敎』 46·47 합호, 1928. 5)에서부터이다. 여기에서 권상로는 '한국 불교 승려들의 저서가 어떠한 것이 있는가?'라는 조종현趙宗玄의 질문에 대하여 '아는 대로 답하겠다'고 하면서 『유석질의론』을 기화의 저서로 소개하고 있는데, 그렇게 단정한 근거에 대해서는 일언반구 언급이 없다. 그럼에도 불구하고 이 주장은 무비판적으로 수용되어 대부분의 연구자들이 이를 전제로 삼아 왔다. 이 밖에 1984년에 발표된 논문에서 한종만韓鍾萬은 "『유석질의儒釋質疑』는 함허의 저작이라는 확실한 근거가 없었으나 필자가 최근 백용성白龍城의 저작에서 함허의 저작이라는 것을 확인하였다."[1]라고 하여 기화의 저작이라고 볼 수 있는 확실한 근거가 있는 것처럼 말하였지만 그 구체적인 내용은 밝히지 않았다. 오히려 1990년에 발표한 논문에서는 "『유석질의론』의 저자에 대해서는 아직도 문제가 있다고 할 수 있지만, 대체로 내용內容과 체계體系가 『현정론顯正論』 비슷하다 하여 함허涵虛의 저술로 보고 있는데 필자筆者도 이와 견해를 같이하므로 여기에 인용한다."[2]라고 하여 기화의 저작으로 볼 수 있는 확실

---

1 한종만韓鍾萬, 「涵虛의 禪觀과 三敎會通論」, 尹絲淳, 高翊晉 편, 『한국의 사상』, 1984, p.158.
2 한종만韓鍾萬, 「韓國의 儒佛道三敎 會通論」, 『如山柳炳德博士華甲紀念 韓國哲學宗

한 근거가 없음을 스스로 인정하는 태도를 보이고 있다. 또한 현재 남아 있는 기화에 관한 어떠한 기록에도 『유석질의론』이라는 이름은 보이지 않는다. 따라서 『유석질의론』의 저자를 기화로 보는 주장에는 아무런 근거가 없다.

나아가 『현정론』과 『유석질의론』은 비슷한 점도 많지만 그보다는 다른 점이 더 많다고 할 수 있다. 『현정론』이 불교의 인과응보론을 옹호하기 위하여 『주역』의 "선을 쌓은 집안에는 반드시 남는 경사가 있고, 선하지 않음을 쌓은 집안에는 반드시 남는 재앙이 있다."라는 구절을 인용하고 있는 것에서 보듯이, 『주역』을 의리론義理論의 측면에서 활용하고 있을 뿐 상수론象數論과 관련된 언급은 없는 데 비하여, 『유석질의론』은 책 전체에 걸쳐 상수론적 토대 위에서 불교와 『주역』의 관계를 논하고 있는 점에서 의리론보다는 상수론에 중점을 두고 있다고 볼 수 있다.

불교의 오계五戒와 유교의 오상五常의 관계에 대해서도 『현정론』에서는 전통적 방식으로 오계가 바로 오상이라고 말하고 있는 데 비하여 『유석질의론』에서는 오계가 오상의 단서를 여는 것이라고 말하고 있는데, 이는 성리학에 대한 이해의 정도 차이를 보여 준다는 점에서 매우 중요하다. 성리학에서는 인간이 태어나면서부터 오상의 덕성德性을 받아 태어나고, 이 덕성이 구체적인 사태에 감응하여 도덕적인 행위로 나타난다고 본다. 따라서 오상은 행위가 아니다. 그런데 불교의 오계는 덕성이 아니라 구체적인 행위이다. 그러므로 성리학적 전제에서 볼 때 오계가 바로 오상이라고 한다면, 이는 '덕성'을 '행위'와 일치시키는 것이므로 다른 범주에 속하는 것을 동일시하는 오류를 범하게 된다. 하지만 『유석질의론』에서처럼 오계를 오상의 단서를 여는 행위로 본다면 이는 아무런 문제가 없다. 따라서 『유석질의론』의 저자는 기화보다는 성리학에 대한 이해 수준이 높은

教思想史』, p.74.

단계에 도달한 시대와 사상적 조건 속에서 활동하였던 인물로 추정할 수 있다.

성性에 대한 논의에서도 『현정론』과 『유석질의론』은 전혀 다른 모습으로 나타난다. 예컨대 『유석질의론』에서는 불교와 유교의 성을 둘러싼 논의가 큰 비중을 차지하고 있는 데 비하여 『현정론』에서는 전혀 찾아볼 수 없기 때문이다. 이러한 차이가 나타나게 된 가장 중요한 요인은 저술 시기가 달랐기 때문이다. 불교와 유교의 성 개념의 차이에 근거한 이론적인 불교 비판은 정도전鄭道傳의 『불씨잡변佛氏雜辯』에서 찾아볼 수 있다. 그런데 이 글은 1398년 무렵 지어진 것으로 추정되지만 뒤이은 정치적 격변과 정도전의 죽음으로 인몰되었다가 기화가 세상을 떠난 뒤인 1438년에야 비로소 발견되어 간행 유포되었다. 따라서 기화는 당시에 일반적인 불교 비판 내용은 충분히 접하고 있었지만 성에 근거한 심도 있는 불교 비판까지는 접하지 못하였고, 그 결과 『현정론』에서는 다루어지지 않았던 것으로 추정해 볼 수 있다.

반면 『유석질의론』에서는 이 문제가 큰 비중으로 진지하고 깊이 있게 논의되고 있다. 따라서 이런 문제가 본격적으로 제기된 이후, 특히 『불씨잡변』이 공식적으로 유포된 1465년 이후 일정한 시간이 지난 뒤에 저술된 것으로 추정할 수 있다. 『유석질의론』이 『현정론』보다 상당히 뒤에 저술되었으리라는 추정은 성 개념의 이해를 통해서도 추정할 수 있는데, 저자는 유교의 성이 사물들의 종적種的 본성으로서 차별적인 데 비하여, 불교의 성은 모든 차별적인 성질의 근원이 되는 것이라고 규정함으로써 그 차이가 어디에 있는지를 정확하게 지적하고 있다. 따라서 『유석질의론』의 저자는 성리학에 대한 이해가 높은 수준에 도달한 인물로 보이며, 앞에서 언급한 오계·오상에 대한 논의와 더불어 생각해 볼 때 기화보다 상당히 후대 인물일 것으로 추정해 볼 수 있다. 즉 기화 이후 조선 불교의 상황 자체가 승려들이 높은 성리학적 지식을 쌓을 수 있는 여건이 아니었다는 점을 감안해 보면 『유석질의론』의 저자는 승려보다는 재가 신도일 개연성이 더 높지 않은가 생각된다.

이 밖에도 『현정론』과는 달리 유교의 천명天命사상에 근거하여 배불론의 부당성을 지적한다거나, 풍수지리설에 따른 비보사찰의 건립을 옹호하고 있는 점, 삼성화현설三聖化現說에 근거하여 불교와 유교의 동일성을 논하고 있는 점 등 기화의 저술로 보기 어려운 측면이 많이 있다. 따라서 저자에 관한 믿을 만한 자료가 발견될 때까지는 『유석질의론』의 저자를 비워 두는 것이 올바른 태도일 것이다.

3. 서지 사항

현재까지 남아 있는 『유석질의론』의 판본은 세 가지이다. 첫째는 가정 嘉靖 16년(1537, 중종 32) 흥덕현興德縣 소요산逍遙山 연기사烟起寺 간행본이고, 둘째는 만력萬曆 10년(1582, 선조 15) 용인 서봉사瑞鳳寺 간행본, 셋째는 만력 19년(1591, 선조 24) 고달산高達山 불봉암佛峯庵 간행본이다.[3] 연기사 간행본은 동국대학교와 성균관대학교에, 서봉사 간행본은 고려대학교에, 불봉암 간행본은 국립중앙도서관에 각각 소장되어 있다. 『한국불교전서』에는 이 가운데 연기사 간행본을 저본으로 삼고 서봉사 간행본을 대조 교감하여 수록하였으며 불봉암 간행본은 실려 있지 않다. 번역은 『한국불교전서』 수록본을 저본으로 문맥에 따라 다시 교감하여 진행하였다.

---

[3] 셋째의 원본을 보면 간행 연대가 '萬曆二十一年辛卯'로 되어 있어 연대와 간지가 일치하지 않으나, 학계에서는 대체로 만력 19년 신묘년으로 보고 있어 이에 따랐다.

4. 내용과 성격

『유석질의론』은 상·하 두 권으로 구성되어 있으며, 각 권마다 서문이 있고 이어서 질문과 대답이 이어지고 있다. 내용을 살펴보면 상권에는 ① 유교와 불교에서 말하는 성의 같고 다름, ② 타락한 승려들의 환속과 부역, ③ 불교가 정치에 도움이 되지 않는다고 생각하여 유교인이 불교를 배척한다는 것, ④ 불교는 오랑캐의 가르침이므로 받아들일 수 없다는 것, ⑤ 중생을 제도하는 방편, ⑥ 불교에 하도河圖와 낙서洛書의 가르침이 없다는 것, ⑦ 중국에 불교가 늦게 전래된 이유 등 일곱 항목이 실려 있다. 하권에는 ① 우주의 시작에 대한 설명이 유교와 불교가 다른 이유, ② 하도와 낙서의 수가 성립된 원리, ③ 불교에서 천지의 운행을 설명하는 것이 역상과 다른 이유, ④ 삼세의 인과응보, ⑤ 악에 대한 인과응보, ⑥ 선과 악에 대한 보응, ⑦ 불교의 시식施食과 신주가지법神呪加持法에서 3, 7, 7×7의 수로 한정하는 이유, ⑧ 염주가 108개로 이루어진 이유, ⑨ 깨달음에 이를 수 있는가 하는 것, ⑩ 참화參話와 정혜定慧의 차이, ⑪ 깨달았다고 하는 이들의 바르고 그릇됨을 가리는 방법, ⑫ 풍수지리에 근거한 비보사찰의 옳고 그름 등 12항목의 질의응답이 실려 있다. 그런데 이 가운데 배불론에 대한 호불론으로 간주할 수 있는 것은 상권의 처음 네 항목에 지나지 않으며, 나머지 항목들은 질문자가 불교에 대해 의문 나는 점을 물어보고 이에 대해 답변하는 내용으로 전개되고 있다.

이 책에서는 진리의 동일성과 현상적인 차별성이라는 관점에서 불교와 유교의 관계에 대해 논하고 있다. 먼저 진리의 보편성과 유일성에 근거하여 삼교의 원리적 동일성을 말하고 있다.

삼교의 도는 모두 마음에 뿌리를 두고 있다.

세상에 통하는 것은 하나의 도道이고, 변화를 지어내는 것은 하나의 기氣이며, 만물에 균등한 것은 하나의 이理이다.…(중략)…삼교가 비록 다르지만 도는 하나이다.

그렇지만 진리 인식의 보편성에 대해서는 말하고 있지 않은데, 이는 삼교의 차별이 근본적으로 진리 인식의 차이에서 비롯된 것으로 보고 있기 때문이다.

마음과 성에 대해서는 유교와 노장사상에서 또한 말하지 않음이 없지만 말한 바가 지극하지 못하다. 지극한 것은 불교이다. 아직 지극하지 못하여 이미 사이가 있으니 도가 이에 따라 멀고 가까움이 있다. 가까운 것은 귀와 눈으로 듣고 보는 것에 제한된 도이니 세간의 도이다. 먼 것은 삼세三世를 꿰뚫고 시방을 다하는 도이다.…(중략)…그러나 그들이 말하는 성이란 하늘의 명령으로서의 성일 뿐이어서 불교에서 말하는 완전한 큰 깨달음의 성이 아니다. 그들이 말하는 마음이란 육체와 함께 생겨났다 사라지는 마음이어서 불교에서 말하는 진여眞如로서 청정한 마음이 아니다. 그들이 말하는 도란 성에 따르는 것일 뿐이어서 불교에서 말하는 나고 죽음에서 벗어나 윤회를 면하는 묘한 도가 아니다.

큰 깨달음의 성은 이미 앞에서 밝힌 것과 같다. 이른바 진여로서 청정한 마음이란 큰 깨달음의 성 위에 있는 묘하게 밝은 참된 지혜로서 법계 어디에나 있는데, 깨달음의 성과 똑같이 맑고 항상 고요하며 큰 작용은 장소의 제한이 없다. 진여라고 한 것은 거짓되지 않고 변하지 않음을 이르는 것이고, 청정이라고 한 것은 여섯 가지 인식의 대상에 물들지 않음을 이르는 것이다. 영가永嘉가 말한 "마음의 거울 밝아 비춤에 걸림이 없고, 툭 틔어 또렷하게 온 우주를 두루 꿰뚫으니, 온갖 사물들이 빽빽하게 그림자처럼 비치는 가운데, 한 알갱이 원만한 빛 안팎이 따로 없네."라고 한 것이 이것이다.

　부처님께서 세로로 과거 현재 미래를 다하시고, 가로로 시방에 두루 계시며, 밝기는 해와 달을 꿰뚫어 지나고, 덕은 하늘과 땅보다 뛰어나며, 공은 조화를 뛰어넘고, 크기는 태허太虛를 벗어나서 삼계에 있는 사생의 자애로운 아버지가 되는 까닭이 모두 이를 얻어서일 따름인데, 세간에서 성현이라고 하는 이들 가운데 누가 이를 얻어서 어깨를 나란히 하겠는가?

즉 진리는 동일하지만 이에 대한 인식 또는 깨달음은 서로 다를 수밖에 없고, 여기에서 불교와 유교의 차이가 발생하며 우열이 나뉘게 되는데, 궁극의 가치인 해탈로 이끄는 유일한 가르침이 불교이기 때문에 불교가 우월하다고 주장한다. 불교가 우월하다는 것은 실천적인 측면에서도 나타난다. 즉 불교는 자비를 말하고 자비를 실천하는 데 비하여 유교는 인의를 말하면서도 이를 실천하지 못하고 있다고 비판한다.

　세상에서 말하는 성인이란 인의仁義를 따르면서도 인의를 다하지 못하고, 도덕을 행하면서도 도덕을 다하지 못하는 이들이다. 인의와 도덕은 오직 부처님만이 다할 수 있다. 그러므로 요임금과 순임금은 널리 베푸는 것을 해결해야 할 근심거리로 여겼고, 탕왕과 무왕은 부끄러워할 줄 아는 덕이 있었다. 주공周公은 비록 성인이지만 정벌을 없애지 못하였고, 공자는 비록 인하였지만 제사에 쓰는 양을 없애지 못하였다. 또한 활과 화살로써 세상에 위세를 떨치고, 그물을 만들어 사냥하고 물고기 잡는 일에 종사하며, 희생을 죽여서 종묘에 제사 지내고, 날짐승 길짐승을 사냥하여 주방에 공급하는 데까지 이르는데, 이를 부처님의 도덕에 비교한다면 마치 하늘과 땅만큼이나 차이가 난다.

　부처님은 베푸는 것은 대천세계에 두루 적시고 덕은 사생을 두루 덮는다. 마군魔軍이 비록 포악하지만 항복시키는 데 무기를 쓰지 않았고, 가리왕歌利王이 비록 원한을 품었지만 되갚는 데 그대로 하지 않았다. 앙굴리말라가 죽이고자 하였으나 도리어 구제하여 제도하였고, 데바닷다가 해치고자 하였으나 부처가 되리라고 예언하였으니, 유교와 불교의 나뉨이 진실로 이와 같다.

불교의 우월성은 사회적인 교화의 효용성에서도 나타나는데 가장 중요한 근거는 삼세인과응보설이다.

> 부처님께서 정하신 법은 끝까지 잘 갖추어져 있고 매우 엄하여, 살펴보는 데에는 귀신이 있고, 심문하는 데에는 명부冥府가 있고, 헤아리는 데에는 선악의 두 장부가 있고, 따져 보는 데에는 저울과 거울의 두 가지 증거가 있고, 벌을 주는 데에는 아귀와 축생이 있고, 형을 내리는 데에는 지옥이 있어서 털끝만 한 악이라도 도망갈 곳이 없으며, 천당으로 상을 주고, 부귀로 보답하고, 인륜을 품부하고, 극락으로 올리니 가는 물줄기나 먼지 같은 선이라도 들지 않음이 없다. 그러므로 사람이 이를 들으면 뒤집듯 악을 바꾸어 선에 들어가서, 악을 없애는 데에 다함이 없을까, 선을 행하는 데에 지극하지 못함이 있을까 두려워한다. 그러므로 하늘과 땅과 귀신이 그 몸을 보호하고 그 행위를 지켜 주지 않음이 없게 되어 조화로운 기운이 맑아져 비가 때맞추어 내리고, 전쟁이 사라져 백성들이 편안해지고, 나라 안이 이로써 태평스럽게 다스려지고, 임금과 신하가 이로써 경사가 있으니, 어찌 불교가 군더더기로서 세상에 이익이 없다 하겠는가?

이처럼 『유석질의론』에서는 근본적인 진리의 동일성에 근거하여 불교와 유교가 본질적으로는 같은 도에 근거하고 있지만 현상적으로 드러나는 가르침에서는 차이가 있으며, 불교가 우월하다고 주장하고 있다. 나아가 중국인들이 진리로 삼고 있는 하도·낙서와 『주역』의 세계관과 불교의 세계관이 어떻게 일치하는지를 여러 사례를 들어 입증하고자 하는데, 예컨대 불교의 근본진리인 연기와 『주역』의 가르침에 대해서는 이렇게 말하고 있다.

역易이란 연기緣起이니, 본성적인 깨달음에 근원을 둔 것으로서 우리의 가르침과 서로 겉과 속을 이룬다. 이 또한 근원으로 돌아가 법에 들어가는 시작이 되는 문이니 밝히지 않을 수 없다.
역의 도는 태극에 근원을 두는데, 태극은 또한 무극에 근본을 두고 있다. 무극이란 맑고 고요하고 텅 비고 밝으면서 우주를 다 품고 있는 것을 말하는데, 바로 부처님의 법신이 이것이다.
무극 가운데에서 극에 이르러 영묘靈妙함이 일어나려고 하는 것을 태극이라 이른다. 태극이란 하나의 참됨을 품고 우주를 가득 채우고 있는 것을 말한다. 영묘함이 일어나면 하나의 기가 왕성해지는데 이를 태초太初라 하고, 기가 움직여 도는 것을 태시太始라 하며, 영묘하고 순수하고 참된 것을 태소太素라 한다. 두 가지 기가 갈라져 맑고 흐린 것이 나뉜 것을 양의兩儀라 하고, 맑아서 위로 올라가는 기를 양이라 하며, 흐려서 아래로 내려가는 것을 음이라 하는데, 바로 부처님의 보신이 이것이다.
음과 양이 저마다 열두 가지로 나뉘어 스물네 가지의 기가 되고, 이 스물네 가지의 기가 서로 엉키고 뒤섞여서 오행이 그 가운데에서 생겨난다.

그런데 이러한 설명 방식은 큰 문제를 노정한다. 왜냐하면 결코 우주발생론일 수 없는 불교의 연기론을 무극에서 태극을 거쳐 세상으로 전개되는 중국식 우주발생론과 동일시함으로써 불교의 교리를 심각하게 왜곡하고 있기 때문이다.

　이 밖에도 불교의 삼신불을 『주역』에 맞추어 해석하거나, 석가모니의 탄생을 음양오행설에 맞추어 풀이하는 사례에서 보듯이 일방적인 배대와 일치 작업은 이 책 전반에 걸쳐 진행되고 있으며, 이를 통하여 『주역』 상수론과 결합된 꿰어 맞추기식 불교 이해의 극치를 보여 주고 있다. 이러한 방식의 불교와 『주역』에 대한 이해는 불교 교리나 유교 교리 어디에서도 그 근거를 찾아볼 수 없으며 합리적인 설득력도 없다. 따라서 이 책이 『주역』과 불교에 심취한 한 개인의 독특한 불교 이해를 보여 준다는 점에서 흥미롭기는 하지만, 그 구체적인 내용은 보편성과 합리성을 결여한 독단적 해석에 지나지 않으며, 그만큼 불교와 『주역』 또는 유교 모두를 왜곡할 위험성이 높다는 점을 지적하지 않을 수 없다.

　이러한 점을 고려하여 이 책의 성격을 규정하자면, 이 책은 형식적으로는 호불론서에 속하지만 실제 내용상으로는 '『주역』을 바탕으로 한 독자적인 불교 해설서'인 것으로 규정할 수 있다.

5. 가치

　『유석질의론』의 가치는 두 가지 관점에서 접근해 볼 수 있다. 먼저 『유석질의론』은 유교를 지배 이념으로 하는 세속 권력의 불교 탄압이 자행되던 시대에 불교적 교리와 가치 그리고 교단을 옹호하는 내용을 담고 있다는 점에서 『현정론』과 더불어 호불론서로서의 가치를 지닌다. 또한 폭력적인 탄압에 맞서 폭력이 아닌 대화와 이해로써 공존을 꾀하였다는 점에서 종교 간의 갈등과 대립, 투쟁이 만연한 오늘의 시대에도 호소력을 갖는 소중한 귀감이 될 수 있다.

　그러나 내용을 구체적으로 살펴보면 과연 이 책이 불교와 유교, 그리고 이들의 관계에 대하여 올바른 지식을 전달하고 있는지는 의심스럽다. 이 책은 기본적으로 불교의 세계관과 하도·낙서와 『주역』으로 대표되는 중국의 세계관이 일치한다는 전제에서 출발하는데, 이는 엄연히 다른 세계관을 일방적으로 동일시한 것이라는 비판에서 자유로울 수 없다. 또한 구체적으로 보여 주는 사례들도 전혀 다른 맥락에 속하는 것들을 억지로 꿰어 맞추었다는 것이 뚜렷하게 나타난다. 이러한 내용은 각 전통에 대한 올바른 이해를 가로막을 뿐만 아니라, 각 전통이 지니고 있는 서로 다른 맥락을 무시한 무조건적 동일화를 통하여 저마다의 정체성을 부정해 버리는 치명적 결과를 초래할 수도 있는 심각한 위험성을 내포하고 있다. 따라서 만일 이 책을 통하여 불교에 입문하게 된다면 『주역』 상수론과 결합되어 심각하게 왜곡된 불교를 참된 불교처럼 오인할 위험성이 매우 크다고 하겠다. 다만 당시 이 책을 쓴 이와 그 주변의 불교관이 어떠했는지를 이해하는 데에는 도움이 될 수 있을 것이다.

6. 참고 문헌

함허 술, 송재운 역, 『유석질의론』, 동국대학교 역경원, 1984.

차례

유석질의론儒釋質疑論 해제 / **95**

일러두기 / **108**

유석질의론 상권 儒釋質疑論卷上 **109**

간기 刊記 / **185**

유석질의론 하권 儒釋質疑論卷下 **187**

간기 / **275**

찾아보기 / **276**

일러두기

1 '한글본 한국불교전서'는 문화체육관광부의 지원을 받아 동국대학교 불교학술원에서 수행하고 있는 '불교기록문화유산아카이브(ABC)사업'의 결과물을 출간한 것이다.
2 이 책은 『한국불교전서』(동국대학교출판부 간행) 제7책에 수록된 『유석질의론儒釋質疑論』을 저본으로 번역하였다.
3 번역문에 이어 원문을 병기하고 간단한 표점 부호를 삽입하였다.
4 원문의 교감 사항은 번역문의 각주와 별도로 원문 아래 부분에 제시하였다.
   ㉮은 『한국불교전서』 편찬자가 교감한 내용이다.
   ㉯은 번역자가 교감한 내용이다.
5 약물은 다음과 같다.
   『 』: 서명
   「 」: 편명, 산문 작품

유석질의론 상권
儒釋質疑論*卷上

* ㉜ 저본은 가정 16년(1537) 간행본(동국대학교 소장)이고, 갑본은 만력萬曆 임오년(1582) 용인 서봉사瑞鳳寺 간행본(고려대학교 소장)이다.

도道에는 가까운 것이 있고 먼 것이 있으니 언덕배기와 태산泰山이나 화산華山 같은 것을 말함이다. 가르침에는 얕은 것이 있고 깊은 것이 있으니 발자국에 고인 물과 강이나 바다와 같은 것을 말함이다. 그러므로 발자국에 고인 물에 걸려 멈춘 이는 곤鯤[1]이 붕鵬[2]으로 변화하는 것을 더불어 말하기 어렵고, 언덕배기에 구애되는 이는 하늘과 땅의 장관에 대하여 더불어 말하기 어렵다. 이러한 두 가지 집착을 없앤 뒤에야 비로소 성인의 큰 도에 대하여 논할 수 있다. 무릇 성인들이 서로 이어 온 세상을 다스리는 큰 가르침으로서는 유교가 있고 노장사상[3]이 있고 불교가 있으니 세상에서 말하는 삼교三敎가 이것이다. 삼교의 도는 모두 마음에 뿌리를 두고 있으나 유교는 드러난 자취를 탐구하고, 불교는 참됨에 들어맞으며, 그 둘 사이를 이어 서로 붙여 주는 것이 노장사상이다.

> 道有近有遠。丘陵泰華之謂也。敎有淺有深。蹄涔江海之謂也。故滯於蹄涔者。難與道鯤鵬之變化。拘於丘陵者。難與道乾坤之壯觀。去斯二執然後。可與論聖人之大道矣。盖聖人相繼。治世之大敎。有儒者焉。有老者焉。有佛者焉。世之所謂三敎者是也。三敎之道。皆本乎心。而儒者攻乎迹。佛者契乎眞。接於其兩間而爲之膠粘者。老氏之道也。

무엇을 참됨이라 하고 무엇을 자취라 하는가? 밝히고 깨닫는 것을 참됨이라 하고, 닦고 다스리는 것을 자취라 한다.

---

[1] 곤鯤: 『莊子』에 나오는 큰 물고기로서 북쪽의 큰 바다에 살며 때가 되면 붕새로 변한다고 한다.
[2] 붕鵬: 『莊子』에 나오는 큰 새로서 곤이 변하여 된 것이다. 때가 되면 남쪽 큰 바다를 향하여 날아가는데 구만리 하늘 위로 올라가 6개월 동안이나 쉬지 않고 날아간다고 한다.
[3] 동아시아에서 삼교를 말할 때에는 대개 유교, 불교와 더불어 도교를 든다. 그런데 이 논에서는 '도道'라는 표현 대신에 '노老'라는 표현을 사용하고 있고, 또한 논의하는 내용도 철학적인 것이기 때문에 노장사상으로 보는 것이 합당하다.

자취라는 것은 모습이 생긴 뒤의 것으로서 정情이다. 사물을 궁구하고 앎을 이루고 뜻을 성실하게 하고 마음을 바르게 하여 덕을 늘리고 일을 닦는 것이 모두 이것이다. 닦지 않고 다스리지 않으면 몸을 닦고 집안을 다스리고 나라를 다스리고 세상을 태평하게 하는 결과를 가져올 방도가 없으며, 그런 결과가 없으면 (세상은) 어지럽게 된다. 그러므로 성인의 가르침이 이보다 급한 것이 없다. 따라서 몸을 닦고 집안을 다스려서 온 세상이 평온해지는 것이다.

> 何謂眞。何謂迹。明之悟之之謂眞。修之治之之謂迹。迹也者。形而後者也。情也。格物致知。誠意正心。而進修德業者。皆是也。不修不治。則無以致修身齊家治國平天下之效。無效則亂矣。故聖人之敎。莫急於斯焉。所以修齊而天下平者也。

참됨이라고 하는 것은 모양 이전의 것으로서 성性이다. 그 본체는 끝이 없고 그 밝음은 시작이 없으며, 신령하여 다함이 없고 묘하여 억지로 함이 없으며, 삼제三際[4]를 끝까지 다하고 온 누리에 두루 미치며, 변함없이[5] 홀로 존재하는 것이다. 부처님께서는 이를 밝히고 깨달아 큰 깨달음의 경지로 초극하셨으니 그 몸은 음성이나 모양으로 찾을 수 없고, 그 마음은 생각이나 논의로 미칠 수 없다. 성인의 도가 이보다 더 큰 것이 없으니, 흐름을 거슬러 그 근원으로 돌아가는 것이다. 그러므로 여러 갈래의 흐름을 모아 근원으로 향하고, 마음을 거두어들여 근본으로 나아가, 하늘과 땅의 뿌리가 되고 모든 것에 명命으로 존재하니, 이것을 성이라 한다.

---

4 삼제三際 : 과거, 현재, 미래를 말한다.
5 변함없이(湛然) : 원문 '湛然'의 '湛'이 불교 용어로 사용될 경우에는 '맑다'는 뜻보다는 '고여 흔들리지 않는 물처럼 흩어지거나 어지러지지 않고 그대로 변함이 없다.'라는 의미가 더 강하다.

『능엄경』에서는 말하기를 "허공에서 큰 깨달음이 생겨남이 마치 바다에서 물방울 하나가 생겨나는 것과 같고, 티끌처럼 많은 유루有漏[6]의 나라가 모두 허공에 의지하여 생겨난 것이다."라고 하였고,『원각경』에서는 말하기를 "그 가운데에는 갠지스강의 모래처럼 말할 수 없이 많은 부처님의 세계가 허공의 꽃[7]과 같이 어지러이 일어났다 어지러이 사라진다."라고 하였는데 이것을 말한다.

眞也者。形而上者也。性也。其體無涯。其明無始。靈而無竭。妙而無爲。窮三際亘十方。湛然而獨存者也。佛於是也。明之悟之。超極於大覺。而其身也。不可以聲色求。其心也。不可以思議及。聖人之道。莫大於斯焉。所以泝流而返其源者也。其然故。能會派以朝宗。攝心以趁本。爲乾坤之祖。命於一切。夫是謂性也。楞嚴曰。空生大覺中。如海一漚發。有漏微塵國。皆依空所生。圓覺曰。其中不可說恒河沙諸佛世界。猶如空花。亂起亂滅。此之謂也。

그러나 드러나 있어서 볼 수 있는 것은 자취이고, 묘하여 볼 수 없는 것은 성이다. 볼 수 없는 것은 멀고 깊으며, 볼 수 있는 것은 가깝고 얕다. 가까운 것은 먼 것에 미칠 수 없으므로 유교인들은 큰 깨달음의 경계를 더불어 말할 수 없고, 먼 것은 반드시 가까운 것에서 시작하므로 석가모니께서는 이 세상에 태어나는 모습을 보이셨다. 얕은 것은 깊은 것에 이르지 못하므로 유교인들은 세속을 벗어난 가르침을 더불어 말할 수 없고, 깊은 것은 반드시 얕은 것을 다 갖추고 있으므로 석가모니는 세 가지 행위[8]에 대한 경계를 앞세웠다. 유교인이 더불어 말할 수 없는 것은 살피지

---

6 유루有漏 : 불교에서 말하는 번뇌를 낳는 모든 존재를 가리킨다. 번뇌를 낳지 않는 존재는 무루無漏라고 한다.
7 허공의 꽃 : 눈에 병이 나면 아무것도 없는 허공에 마치 무엇이 있는 것처럼 보이는데, 그렇게 보이는 것을 가리키는 것으로서 본래 존재하지 않는 허망한 존재를 비유한다.
8 세 가지 행위 : 이른바 삼업三業으로, 몸과 입과 마음으로 짓는 행위를 말한다.

않아서가 아니니, 또한 공자孔子가 말한 "안과 밖이 서로 미치지 않는다."⁹라는 것이다. 얕은 것을 먼저 하고 깊은 것을 뒤로 하며, 가까운 것에서 시작하여 먼 것에서 끝나는 것이 가르침의 차례이다.

> 然¹⁾顯而可見者迹也。妙而不可見者性也。不可見者遠而深。可見者近而淺。近不及遠故。儒者不與言大覺之境界。而遠必自近故。釋迦示降生之相。淺不至深故。儒者不與言出世之敎。而深必該淺故。釋氏先三業之戒。儒者之不與論。非不審也。亦孔子之言。內外不相及之謂也。先淺而後深。始近而終遠。敎之次也。
>
> 1) ㉮ 갑본에는 '然'이 마멸되어 있다.

한유韓愈¹⁰는 불교가 삼대三代¹¹의 뒤에 일어났다 하여 억눌렀는데, 또한 거꾸로 된 것이 아닌가? 세상 사물의 이치를 살펴보면 거친 것이 정미한 것에 앞서고, 가벼운 것이 무거운 것에 앞선다. 꽃이 피고 난 뒤에 열매가 익고, 단련한 뒤에 그릇이 이루어진다. 그러니 어찌 앞의 것을 뛰어나고 뒤의 것을 모자란다 하겠는가?

또한 임금과 신하 관계도 없고, 아비와 자식 관계도 버린다는 것으로써 매우 질책하지만, 이 또한 부처님이 부처님인 까닭을 알지 못하는 것이다. 임금과 신하, 아비와 자식, 지아비와 지어미, 어른과 아이의 관계는 세간의 법도인데, 삼계三界¹²를 벗어난 이를 다시 여기에 구속되게 할 수

---

9 『莊子』「大宗師」.
10 한유韓愈(768~824) : 당나라 때의 유명한 문장가로서 「論佛骨表」·「原道」 등의 글을 통해 유교사상에 근거하여 불교를 극렬하게 배척하였다.
11 삼대三代 : 중국의 하·은·주 세 왕조를 말한다. 하 왕조를 세운 우임금, 은 왕조를 세운 탕왕, 주 왕조를 세운 문왕·무왕이 모두 성인으로 추앙받기 때문에 삼대는 단순히 역사적인 왕조라는 뜻을 넘어서 성인들이 세운 정당한 왕조로서 도가 실현된 시대라는 뜻을 지닌다.
12 삼계三界 : 중생들이 사는 세 가지 세계로서 욕망에 사로잡혀 있는 욕계欲界, 욕망으로

있겠는가? 하물며 모든 존재의 왕인 이를 어찌 임금에게 신하 되게 할 수 있고, 사생四生[13]의 아버지인 이를 어찌 아비에게 자식 되게 할 수 있겠는가?

그러므로 세간에서는 상제上帝를 본받을 만하다 여기는데, 상제는 오히려 그 몸으로 (부처님이) 앉을 자리가 되었고, 세간에서는 귀신을 공경할 만하다 여기는데, 귀신은 도리어 (부처님의) 시종이 되었다. 그러므로 부처님을 하늘 가운데 하늘이라 부르니, 누가 그보다 더 위로 올라가서 (부처님의) 임금이 되고 아비가 될 수 있겠는가? 이것은 억지로 하는 것이 아니라 법이 이와 같기 때문이다.

> 韓子以佛之興後乎三代而抑之。不亦倒乎。洎夫世間事物之理粗者先於精。輕者先於重。花然後果熟鍛然後器成。豈以先者爲優。而後者爲劣乎。又以無君臣。弃父子爲厚責者。是亦不知佛之所以爲佛也。君臣父子夫婦長幼。世間之法也。超出三界者。復可使之拘乎。況爲萬法之王者。詎可使之臣於君。爲四生之父者。詎可使之子於父也。故世以上帝爲可法。而上帝尚以身爲床座。世以鬼神爲可敬。而鬼神反以爲侍從。故號佛爲天中之天。孰能亢其上。作之君作之父也哉。不是强爲法如是故也。

그러나 부처님께서 임금과 신하, 아비와 자식의 관계 속에 나타나 보이신 것은 이른바 "티끌 속에 앉아서 커다란 가르침의 수레바퀴를 굴린

부터는 떠났지만 물질로부터 자유롭지 못한 색계色界, 물질로부터는 자유롭지만 마음이 자유롭지 못한 무색계無色界를 말한다. 따라서 삼계는 윤회하는 중생의 세계 전체를 가리킨다.

13 사생四生 : 불교에서는 중생들이 네 가지 방식으로 태어난다고 하는데, 사람이나 짐승처럼 태에서 태어나는 태생胎生, 새나 개구리처럼 알에서 태어나는 난생卵生, 지렁이처럼 물기 있는 곳에서 태어나는 습생濕生, 극락에 태어나는 경우와 같이 변화되어 태어나는 화생化生을 말한다. 따라서 사생은 중생 전체를 가리킨다.

다."[14]라는 것으로, 세간에 그 가르침을 밝히고자 한 것일 뿐이다. 그러니 어찌 그것을 참된 부처님 법계法界[15]의 몸[16]이라 하겠는가? 법계의 몸이라는 것은 해와 달과 별과 별자리와 산과 강과 온 땅을 그 안에 거두어들이지 않는 것이 하나도 없어서 청정한 몸의 구름이 법계에 두루 미치는 것을 말한다. 그러므로 "보신報身과 화신化身[17]은 참된 부처가 아니며, 또한 법을 설하는 이도 아니다."[18]라고 하는 것이 이것이다. 또한 부처님이 세상에 응하는 것은 봄이 모든 나라에 찾아오고 달이 많은 강물에 비치는 것과 같은데, 하나의 풀 하나의 강물만을 들어 가리키면서 말하기를 "봄은 단지 여기에만 있다. 달은 단지 여기에만 있다."라고 한다면 어찌 봄과 달이 있는 곳을 안다 하겠는가?

부처 되는 공부를 하는 이들이 세속의 얽매임을 벗어나고 마음의 근원을 깨끗하게 하며, 참구의 궁극에서 훤하게 서로 계합하면, 물방울이 물로 돌아가고 눈병으로 생긴 헛것이 허공에서 사라지듯이 끝내 아무런 조짐이나 자취도 없게 되어 한 번에 여래의 경지에 들어가는데, 이것이 "근본으로 돌아가고, 근원으로 되돌아간다."라고 하는 것으로, 벌어진 틈이 있는 것이 아니다. 그러므로 영가 현각永嘉玄覺[19]이 말하기를 "꿈속에서는 분명하게 육취六趣[20]가 있었는데, 깨닫고 보니 텅 비어 대천세계大千

---

14 『首楞嚴經』 권4.
15 법계法界 : 진리의 세계를 말한다.
16 참된 부처님 법계法界의 몸 : 진리를 몸으로 하는 부처, 곧 법신불法身佛을 말한다.
17 보신報身과 화신化身 : 대승불교에서는 부처를 셋으로 나누어 보는데, 진리 그대로의 부처인 법신法身, 아미타불과 같이 수행의 과보로서 성취된 부처인 보신報身, 석가모니와 같이 이 땅에 태어나 수행하여 부처가 되고 늙고 죽는 모습을 보여 주는 부처인 화신化身이 있다.
18 『金剛般若波羅蜜經論』 권상.
19 영가 현각永嘉玄覺(665~713) : 당나라 때의 선승. 육조 혜능慧能에게서 깨달음을 인가 받고 하루를 묵어 갔다고 하여 '일숙각 一宿覺'이라고도 불렸다. 저술로『證道歌』·『永嘉集』 등이 있다.
20 육취六趣 : 중생이 윤회하여 존재하는 여섯 가지 양태로서 하늘 중생, 사람, 아수라, 축

世界²¹가 없다."²²라고 하였으며, 또한 "아무것도 함이 없는 것 같은 실상의 문, 단번에 곧바로 여래의 경지에 들어가네."²³라고 하였으니, 어찌 사람을 속이겠는가? 이로 보자면 이 경지는 매우 공적인 자리로서 모든 중생이 함께 가지고 있는 것이어서 여래 또한 자기만의 것으로 할 수 없다. 그러므로 사내종·계집종같이 천한 이나 오랑캐들과 같은 미미한 이, 짐승 잡고 회 뜨는 등의 악한 일을 하는 무리들, 용녀龍女와 같은 다른 중생 부류들도 또한 나누어 갖지 않은 이가 없다. 진실로 그 도를 얻기만 하면 임금이나 아비가 신하나 자식으로 삼을 수 없고, 신하나 자식으로 삼을 수 없을 뿐만 아니라 또한 따르면서 높이 공경한다. 높이 공경하는 것은 왜인가? 도가 있는 곳이기 때문이다. 도가 있는 곳이라면 사람으로 위아래를 삼지 않는데, 이 또한 억지로 그러한 것이 아니라 법이 이와 같기 때문이다. 유교에서는 이로써 질책하니 어찌 불교의 이치를 아는 것이겠는가?

然佛之示現於君臣父子之間者。所謂坐微塵裏。轉大法輪。欲明其法於世間耳。安可以彼爲眞佛法界之身耶。法界之身者。日月星辰山河大地。無一不攝於其中。淸淨身雲周遍法界之謂也。故曰報化非眞佛。亦非說法者。此也。且佛之應世也。如春行之於萬國。月影之於千江。取其一草一水。而指之曰。春但在是。月但在是者。豈謂識夫春與月之所存者乎。爲佛之學者。超塵累淨心源。叅究之極。豁然相契。則如漚之歸水。翳之消空。了無朕迹。

생, 아귀, 지옥을 말한다.
21 대천세계大千世界 : 삼천대천세계三千大千世界, 일대삼천세계一大三千世界라고도 한다. 불교의 우주론에 따르면 수미산을 중심으로 사방에 네 개의 대륙이 있고 그 바깥은 철위산鐵圍山이 둘러싸고 있는데, 이것을 1세계라고 한다. 이 세계를 천 개 합한 것이 1소천세계이고, 소천세계를 천 개 합한 것이 1중천세계이며, 중천세계를 천 개 합한 것이 1대천세계이다.
22 『永嘉證道歌』.
23 『永嘉證道歌』.

而頓入於如來之地矣。是之謂返本還源。非有所間隔也。故永嘉云。夢裏明明有六趣。覺後空空無大千。又云爭似無爲實相門。一超直入如來地。豈欺人哉。以是觀之。是地也。乃大公之位。群生所共而有之。如來亦不得而私之。故雖臧獲之賤。獨獠之微。屠膾之爲惡黨。龍女之爲異類。亦莫不有分苟得是道也。君父不得而爲臣子。不唯不得而爲臣子。又從而尊敬之。尊敬之者何。道之所存也。如道之所存。不以人爲高下。亦不是强爲法如是故也。儒以是讓之。豈知佛理者也哉。

어떤 이가 물어 말하였다 : 그대가 불교를 논한 것은 오로지 성性을 주로 한다. 성은 유학자들 또한 밝혔으니 이단에게 취할 것이 없다. 그러니 불교의 가르침이 학문에 군더더기가 되고 세상에 아무런 이익도 없는 것이 아닐 수 있겠는가?

> 或問之曰。子之論佛。專主乎性矣。性則儒者。亦以明焉。無取於異端。然則佛之爲敎。得非尤贅於學而無益於天下歟。

답하겠다[24] : (불교와 유교) 두 전통에서 말하는 성은 이름은 같지만 내용은 다른데, 그대가 아직 변별하지 못하고 있으니 다시 그대에게 풀이해 주겠다.
『중용』에서 말하기를 "하늘의 명령을 일컬어 성이라 하고, 성에 따르는 것을 일컬어 도라 한다."라고 하였고, 맹자孟子는 (사람은) 본성이 선함을 말하였으며, 말할 때마다 꼭 요임금과 순임금을 들었다. 또한 말하기를 "그 마음을 다하면 그 본성을 알고, 그 본성을 알면 그 하늘을 안다."[25]라

---

[24] 원문은 '曰'인데 문맥에 따라 이렇게 번역하였다. 뒤도 마찬가지이다.
[25] 『孟子』「盡心 上」에 "그 마음을 다하는 이는 그 성을 안다. 그 성을 알면 그 하늘을 안다.(盡其心者。知其性也。知其性。則知天矣。)"라고 하였다.

고 하였다. 주자朱子는 인의예지仁義禮智를 사람 본성의 벼리로 삼았다. 그런데 이러한 것들은 "불의 성질은 뜨겁고 물의 성질은 차갑다."라고 말하는 것과 같은 부류로서, 불과 물이 생겨나는 근원을 끝까지 다하지 못한 것이다. 이는 하늘보다 뒤에 나오는 것으로서 사람에게 부여된 것이다.

『능엄경』에서 말하기를 "깨달음의 바다는 그 본성이 맑고 원만하다. 맑고 원만한 깨달음은 근원적이고 묘하다. 근원적인 밝음이 비추어 대상을 만들어 내는데, 대상이 생기면 비추는 성질이 없어진다. 미혹되고 망령됨으로 허공이 있게 되고, 허공에 의지하여 세계가 생겨난다. 생각이 맑아져서 국토가 이루어지고, 지각知覺하니 이에 중생이 있게 된다."라고 하였다. 또한 말하기를 "깨끗함이 극에 이르러 빛이 두루 꿰뚫어 비추고, 고요한 비춤이 허공을 품는다."라고 하였는데, 하늘과 땅의 앞에 우뚝하여 사물에 따라 생겨나지 않고 사물에 따라 변하지 않는 것이 이것이다. 이는 선악 등의 생각이 미치지 못하는 경지이다. 꿈속의 세계를 참으로 존재하는 것으로 집착하여 밝히 깨닫지 못하면 어찌 (몸을) 닦고 (나라를) 다스리는 일이 있겠는가?

曰二家之言性。名同而實異。子猶未辨更爲子析之。中庸曰。天命之謂性。率性之謂道。孟子即道性善。言必稱堯舜。又曰盡其心者。知其性。知其性則知其天。朱子以仁義禮智。爲人性之綱等者。如云火性熱。水性凉之類。而未極乎水火之所由起。是則後乎天而賦於人者也。楞嚴曰。覺海性澄圓。澄圓覺元妙。元明照生所。所立照性亡。迷妄有虛空。依空立世界。想澄成國土。知覺乃衆生。又曰淨極光通達。寂照含虛空等者。卓乎天地之先。而不隨物生。不隨物變者是也。此則善惡思議不及之地。以其夢境。執爲實有。而不明悟。則何可修治之有哉。

아아, 중생들이 이에 미혹되기가 오래되었다. 이에 미혹됨으로 말미암아 삼계의 불난 집에서 꿈을 꾸며 윤회가 끊이지 않아 많은 고뇌를 받는다. 모름지기 해탈의 길이 있음을 알아야 하므로 부처님께서 자비의 원력을 이어 시대의 상황에 따라 성스러움을 드러내고, 이 법으로써 삼승三乘[26]을 열어 (중생들을) 이끌어 모두 (윤회의 세계에서) 벗어나게 하고자 하였다. 그 가르침을 세움에 수단적인 가르침과 참된 가르침이 있고, 시작의 가르침과 끝의 가르침이 있고, 점차로 드러내는 가르침과 한꺼번에 드러내는 가르침이 있고, 분명히 드러나는 가르침과 은밀한 가르침이 있다. 다시 원교圓敎[27]의 생각할 수도 없는 가르침을 널리 펴서 거두어들이고 교화하였으며, 마지막에는 정법안장正法眼藏[28]의 열반에 드는 묘한 마음을 가섭에게 맡겨서 대대로 서로 전하여 교학의 가르침 밖에 따로 행하니, 모든 부처님의 가르침의 문이 갖추어지지 않음이 없으며, 중생의 근기에 마땅한 방편이 다하지 않음이 없다.

噫。生靈之迷此也久矣。由迷此而夢於三界火宅之中。輪廻不已。受諸苦惱。須知有超脫之道故。佛承悲願力應運兆聖。欲以是法。開導三乘。皆令得出。而其敎之設也。有權有實。有始有終。有漸有頓。有顯有密。復以圓敎。不思議乘。恢張攝化。末後以正法眼藏涅槃妙心。付囑大龜氏。歷代相傳。爲敎外別行。而諸佛之敎門無不備矣。衆生之機宜無不盡矣。

---

26 삼승三乘 : 성문聲聞이 되는 가르침인 성문승과 연각緣覺이 되는 가르침인 연각승, 보살菩薩이 되는 가르침인 보살승을 일컫는다. 이 가운데 성문승과 연각승은 자기만의 깨달음을 위한 가르침이기 때문에 소승이라 하고, 보살승은 자신의 깨달음과 더불어 모든 중생을 구제하고자 하는 가르침이기 때문에 대승이라 한다.
27 원교圓敎 : 모든 진리를 완전히 다 갖춘 가르침으로서 일반적으로 『華嚴經』의 가르침을 말한다.
28 정법안장正法眼藏 : 올바른 가르침을 포함한 모든 것을 비추어 보는 지혜의 눈이 갈무리되어 있다는 뜻으로서, 불교의 경전이나 그 경전 속에 담겨 있는 진리의 가르침을 가리킨다.

오오, 그 가르침이 동쪽 땅 중국에서 일어난 것은 성인의 시대로부터 천여 년이나 뒤지지만, 듣고 아는 이는 행위의 과보를 갖추지 않는 이가 없어서, 크게는 성인이 되고 지인至人이 되며 작게는 현명한 사람이나 선한 사람이 되어, 모두 부처가 될 수 있는 바른 원인을 잃지 않는다. 또한 착실하게 (경전을) 베껴 쓰거나 받아 지니고 독송하는 이들에 이르기까지 공덕은 끝이 없고 복은 가없다. 그러므로 시방의 참된 주재자나 하늘과 땅이나 귀신들이 또한 그 도를 드높이고 그 법을 받들어 그것이 있는 곳마다 지키지 않는 이가 없기 때문에 그 책으로써 하늘과 땅에 제사 지내면 하늘과 땅이 감응하고, 귀신에게 요청하면 귀신이 이를 따른다.

어찌 하늘과 땅이나 귀신만이 그러하겠는가? 너른 영토에 사는 많은 무리에 이르기까지 그 가르침을 들은 이들은 감화되지 않은 이가 없어서 애써 상이나 벌 내리는 것을 기다리지 않고도 쓸리듯이 스스로 변화하여 극도로 잘 다스려진 백성이 되니, 그 성대함이 매우 넓고 넓다.

吁。其教之作於東震也。乃遲去聖千有餘載。而聞而知之者。亦莫不具行果。大則爲聖爲至人。小則爲賢爲善士。擧不失成佛之正因。以至僅能書寫受持讀誦者。功莫限而福無邊。是以十方眞宰天地神祇。亦莫不崇其道。而奉其法。隨所在而守護故。以其書。祀於天地。則天地應之。要於鬼神。則鬼神順之。豈獨天地鬼神而爲然哉。以至率土之廣。兆民之衆。得聞其法者。無不感而化之。不待賞罰之勞。靡然趨以自化於變。爲極治之民。洋洋乎其盛哉。

또한 어리석고 사나운 사람들은 비록 가르쳐도 할 수가 없지만, 만일 그 부모의 명령이라면 따르지 않는 이가 없으니, 이는 그 부모를 사랑하고 그 덕에 감화되기 때문이다. 하물며 부처님은 커다란 자비와 커다란 성의, 커다란 은혜, 커다란 이익, 커다란 인연으로써 사생四生의 자애로운 아버지가 되니, 하늘과 사람의 마음을 감격시키는 것이 진실로 세간의 부모에게 비할 바가 아니다. 세간의 부모는 몸을 받은 부모이지만, 부처님이라는 아버지는 본성을 받은 자애로운 아버지이니 어찌 차마 스스로 따르지 않겠는가? 공자의 말처럼 "다스리지 않아도 어지럽지 않고, 말하지 않아도 스스로 믿고, 교화하지 않아도 스스로 행하며, 크고 커서 백성들이 이름을 붙일 수 없다."[29]는 것임이 확실하다.

> 且人之頑狼者。雖誨之不得也。若其父母之命。則無有不順者。愛其親而感其德也。況佛以大慈大悲大誠大惠大利益大因緣。爲四生之慈父。感激人天之心者。固非世間父母之足比。世間父母。受形之父母。佛之爲父。受性之慈父。安忍而不自順歟。如孔子之言。不治而不亂。不言而自信。不化而自行。蕩蕩乎民無能名焉。信矣。

이른바 극히 다스려진 백성이란, 그 몸이 다하도록 다섯 가지 악한 행위를 하지 않는 것이다. 다섯 가지 악한 행위는 무엇인가? 죽이고, 훔치고, 사음하고, 헛된 말을 하고, 술 마시고, 고기 먹는 것이다. 아아, 악이 가득한 사람이 많은데 시대마다 또한 그들을 잡아 다스렸으니, 이것이 형벌과 행정적인 명령이 시행된 까닭이다. 비록 "덕으로 이끌고 예로 다스린다."[30]라고 하지만, 막는 데에 다 갖추지 못함이 있고 권하는 데에 다하지 못함이 있기 때문에 선한 사람은 게을러지고 악한 사람은 멋대로 한다. 멋대로 하여 악을 행하는 데에 이르러서는 또한 요행스럽게 숨기면 (형벌을) 면한다. 공자는 (아비와 자식이) 서로 숨겨 주는 것을 정직하다 하였으니[31] 그렇지 않겠는가? 진실로 숨기려는 계책이 마음에 있으면 악

---

29 『列子』「仲尼」.
30 『論語』「爲政」.
31 『論語』「子路」.

을 행하는 데에 또한 거리낄 것이 무엇이 있겠는가? 그러므로 숨기고자 하는 마음이 지극해지면 삿되고, 요망하고, 아첨하고, 거짓된 것 등을 하지 못할 것이 없게 되어 신하로서 임금을 속이고, 자식으로서 아비를 속이고, 백성으로서 윗사람을 속이며, 지아비와 지어미, 어른과 아이, 벗들 사이가 모두 그렇지 않음이 없게 된다. 그리하여 공명과 이익에만 급급한 이들이 다투어 시샘하고 서로 헐뜯어서, 간사한 것은 날로 치성해지고 덕과 의는 날로 없어져 세속의 마음이 날로 더욱 각박해지고 방탕해지는 데에 이르게 된다. 그러므로 하늘과 땅과 귀신이 싫어하지 않음이 없어서 조화로운 기운이 훼손되고 기근饑饉이 자주 이르게 된다.

> 所謂極治之民者。終其身而不行五惡也。五惡者何。殺盜邪淫妄言酒肉也。嗚呼。人之爲足惡者殷矣。世亦得而治之。此刑政之所由施也。雖曰導之以德。齊之以禮。而其防之有未備。勸之有未盡故。善者怠而惡者肆焉。及其肆而爲惡也。亦僥倖而廋之則免矣。孔子以相隱爲直。不其然乎。苟免之計在於心則其爲惡也。亦何所憚哉。故欲隱之至邪佞諂僞無所不至。臣而欺於君。子而欺於父。民而欺於上。夫婦長幼。朋友之間。無不皆然。至有汲汲於功名利祿之間者。爭競妬忌。互興讒謗。姦詐日熾。德義日亡。而風俗之心。日益澆蕩矣。故天地鬼神。無不厭斁。和氣致傷而飢饉荐至矣。

부처님께서 정하신 법은 끝까지 잘 갖추어져 있고 매우 엄하여, 살펴보는 데에는 귀신이 있고, 심문하는 데에는 명부冥府[32]가 있고, 헤아리는 데에는 선악의 두 장부가 있고, 따져 보는 데에는 저울과 거울의 두 가지 증거가 있고, 벌을 주는 데에는 아귀와 축생이 있고, 형을 내리는 데에는 지옥이 있어서 털끝만 한 악이라도 도망갈 곳이 없으며, 천당으로 상을 주

---

32 명부冥府 : 죽은 이들을 관장하는 부서를 말한다.

고, 부귀로 보답하고, 인륜을 품부하고, 극락으로 올리니 가는 물줄기나 먼지 같은 선이라도 들지 않음이 없다. 그러므로 사람이 이를 들으면 뒤집듯 악을 바꾸어 선에 들어가서, 악을 없애는 데에 다함이 없을까, 선을 행하는 데에 지극하지 못함이 있을까 두려워한다. 그러므로 하늘과 땅과 귀신이 그 몸을 보호하고 그 행위를 지켜 주지 않음이 없게 되어 조화로운 기운이 맑아져 비가 때맞추어 내리고, 전쟁이 사라져 백성들이 편안해지고, 나라 안이 이로써 태평스럽게 다스려지고, 임금과 신하가 이로써 경사가 있으니, 어찌 (불교가) 군더더기로서 세상에 이익이 없다 하겠는가?

佛之制法也。極備甚嚴。察之則有鬼神。鞫之則有冥府。數之則有善惡二簿。質之則有秤鏡二證。罰之則以鬼畜。刑之則以泥犁。而纖毫之惡無所逃。賞之以天堂。報之以富貴。品之以人倫。昇之以極樂。而涓塵之善無不擧。故人之聞之也。翻然改其惡而入於善。猶恐去惡之不盡。而爲善之未至也。故天地鬼神。莫不保其身。而護其行。和氣淑而雨賜時。兵革消而人民安。國界以之而治平。君臣以之而有慶。安得謂之疣贅而無益於天下也哉。

주나라가 쇠약해진 말기에 세상이 크게 어지러워져서 하나같이 서로 속이는 것으로 이익을 삼고 죽이는 것으로 공을 삼으며 약한 이는 토해 내고 강한 이는 삼키며 서로 침공하고 정벌하니 도탄에 빠진 백성들의 괴로움이 극에 이르렀다. 이때 공자 맹자 같은 성인과 현인이 급하게 인仁과 의義와 충忠과 서恕와 선왕의 도로써 사람들을 잘 이끌었는데, 포폄하고 물리치는 주장이 본디 여러 곳에서 이미 많았지만 오히려 구할 겨를이 없었다. 만일 당시에 임금과 신하와 선비와 서인이었던 이들이 큰 깨달음의 가르침과 인과 죄복罪福의 논의를 듣고서, 이 생에서 비록 세상을 속일 수 있을지라도 죽으면 또한 다음 생의 과보를 벗어날 수 없다는 것을 살피게 하였다면, 어찌 풍속이 바뀌어서 잘 다스려지는 세상이 되지 않았겠는가?

지금의 훌륭하고 믿음 있는 남자와 여자처럼 부처님의 가르침을 받들고 계율을 잘 지켜 어지럽히지 않는 이라면 진흙에서 피어난 연꽃처럼 반드시 그 시대 사람들이 존중하는 이가 되어, 비록 부처님과 조사의 단계까지는 미치지 못할지라도 진실로 더럽고 악한 이라고 부를 수는 없을 것이다. 이러한 사람은 집에 머물게 하면 집안이 맑아지고 관직에 있게 하면 관직이 맑아지고 지방관을 맡게 하면 백성들의 풍속이 선해지고 나라를 다스리게 하면 나라의 명운이 새로워질 것이니, 이른바 물을 맑게 하는 구슬을 흐린 물에 던지면 흐린 물이 맑아지지 않을 수 없다는 것이 이것이다. 하물며 온 마음으로 선정과 지혜를 닦아 그 도의 극에 이른 이겠는가?

옛적 종심從諗 선사가 조주趙州에 살고 있을 때 이웃 나라들이 서로 공격하였는데, 기운을 살피는 이가 바라보고서 말하기를 "조주에는 성인의 기운이 있으니 싸워도 반드시 이기지 못할 것입니다."[33]라고 하였으며, 이로 말미암아 마침내 포위가 풀렸다. 도가 한 고을에 있으면 한 고을이 중해지고, 도가 한 나라에 있으면 한 나라가 중해지고, 도가 온 세상에 있으면 온 세상이 중해진다는 것이 이것이 아니겠는가?

> 周衰之末。天下大亂。一以相欺爲利。殺戮爲功。弱吐强呑。互相侵伐。而生民之塗炭極矣。時有孔孟之聖賢。皇皇然以仁義忠恕。先王之道。善誘於人。襃貶拒闢之說。固已多方。而猶不暇救。若使當時之爲君臣士庶者。得聞大覺之敎。因果罪福之論。審夫生雖得以欺於世。死亦不免於身後。則豈不移風易俗而爲善治之世歟。如今之善男信女。奉佛之敎。持戒不亂者。猶

---

[33] 『趙州眞際禪師語錄幷行狀』 권상.

蓮花之出淤泥必爲時俗之所尊重。雖未及登佛祖之階除。固不可以穢惡稱之也。斯人也使之居家則家淳。使之居官則官淸。使之作郡則民風善。使之爲國則邦命新。所謂淸珠投於濁水。濁水不得不淸者是也。況全心之慧。極於其道者乎。昔諗禪師居趙州。隣國相攻之。有相氣者望之曰。趙有聖人之氣。戰必不勝。因此遂解。道在一鄕則一鄕重。道在一國則一國重。道在天下則天下重。非是之謂歟。

묻겠다[34] : 그대가 말한 같고 다름과 이익 됨의 설명은 사람의 의혹을 풀어 주기에 충분하다. 나 또한 그럴 것이라고 깊이 믿는다. 그러나 말법시대의 불교 승려들 가운데에는 양의 바탕에 호랑이 가죽만 쓴 이들이 열 가운데 늘 여덟아홉은 되는데, 나라에는 이익이 없고 도에는 해로움이 있어서 싹 사이에 강아지풀이 있는 것 같을 뿐만이 아니다.[35] 이들을 가려서 쫓아내고 일반 백성들의 요역에 대신 편입시키고자 하는데, 그러면 저쪽(불교계)이나 이쪽(나라)에 모두 이익이 아니겠는가?

曰子之言同異利益之說。足以辨人之惑矣。余亦以深信其然矣。然末運佛氏之徒。羊質虎皮者。十常八九。無益於國而有害於道也。不啻如苗之有莠。欲擇而去之。以代編民之役。不於彼此皆有益乎。

답하겠다 : 앉으라. 내가 그대에게 풀이해 주겠다. 기우제를 지내는 이는 물고기와 자라를 차마 손질하지 못하는데, 물고기와 자라가 용이라고 여겨서 그러는 것이 아니다. 무덤을 돌보는 이는 풀이나 나무를 차마 베지 못하는데 풀이나 나무가 혼신이라고 여겨서 그러는 것이 아니다. 무릇 경건하게 기도하고 애달피 그리워할 때에는 사랑하고 공경하는 마음

---

34 묻겠다 : 원문은 '曰'이지만 문맥에 따라 '묻겠다', '답하겠다'로 번역하였다.
35 싹 사이에~뿐만이 아니다 : 그 정도에서 그치지 않고 이보다 훨씬 해롭다는 뜻이다.

이 이르지 않는 곳이 없기 때문이다. 이미 부처님께서 부처님이신 까닭을 알고서 받들었으면 비록 그 무리 가운데 물고기나 자라나 풀이나 나무와 같은 이라 할지라도 또한 어찌 모욕하여 일반 백성들의 예에 따라 요역을 시킬 수 있겠는가?

또 흙은 밟는 것이고 나무는 불 때는 것이지만 조각하고 빚어 불상을 만드는 데 미쳐서는 기도하면 감응이 있고 공경하면 복이 생겨난다. 이미 사람으로 태어났는데 어찌 알고 믿는 것이 흙이나 나무에조차 견줄 수 없겠는가? 비록 하는 일 없이 그 자리에 있다 할지라도 어찌 공경하지 않고 도리어 불태우거나 밟아서 그 복을 덜어 내고 그 허물을 빨리 불러올 수 있겠는가?

하물며 부처님께서는 뭇 생명들의 큰 근본이심에랴! 근본이 흔들리면 가지도 따라 움직이게 되기 때문에, 부처님께서는 승니僧尼³⁶들을 요역으로 몰아넣는 것을 경전과 불상을 불태우고 탑과 절을 부수는 죄와 같다고 하셨으며, 나라의 요얼妖孽이라고 하셨으니 나라를 가지고 있고 세상을 가지고 있는 이³⁷라면 삼가지 않을 수 있겠는가?

또 하물며 승려들은 세간에 있으면서 스스로 그 도를 닦아 홀로 자신을 선하게 할 뿐만 아니라 오로지 그 법으로써 임금과 신하를 돕고 나라에 복을 내리며 두루 사람과 하늘 중생들에게 복밭이 되어 줌에랴!

曰居。請爲子解之。承雩祭者。不忍宰於魚鼈。非以魚鼈而謂之龍也。事墳堃者。不忍伐於草木。非以草木而謂之神也。盖其虔禱之間。哀慕之際。愛敬之心。無所不至也。旣知佛之所以爲佛而奉之。則雖其徒之如魚鼈草木者。亦安可辱之而役於編民之例歟。且土是踐物也。木是薪物也。及其雕塑

---

36 승니僧尼 : 비구와 비구니를 말한다.
37 나라를 가지고~있는 이 : 중국 중심의 세계관에서는 천자인 중국의 황제가 온 세상을 다스리고 그 아래 왕들이 저마다의 나라를 다스린다고 보았다.

而爲佛之像也。祈之則有感應。敬之則有福生。旣預人品者。寧知信不與土木比。雖尸其位者。烏得不敬而反薪之賤之。損其福而速其咎乎。況佛爲群靈之大本。本搖則枝末隨動。故佛以驅役僧尼。同於焚經像破塔寺之罪。而爲國家之妖孼。有國有天下者。可不愼歟。又況僧之處世間。非特自修其道。獨善其身而已專以其法。資君臣。祐家國。普爲人天作福田者也。

예부터 성인과 현인들이 사람 세상에 모습을 나타내 보일 때에 가난하고 병들고 못생기고 비루하여 불쌍히 여길 만한 모습을 보이는 경우가 많은 데에는 그럴 만한 이유가 있으니, (사람들에게서) 불쌍히 여기는 마음을 끌어내어 그들이 복의 씨앗을 심게 하고자 하기 때문이고, 또한 이 법은 겉모습으로 취할 수 없다는 것을 깨우쳐 주기 위해서이다. 그러므로 풍간豊干 선사에게는 "보아도 알지 못하고 알아도 보지 못한다."[38]는 말이 있고, 한산寒山은 "부처님을 골라서 좋은 향을 사르고, 승려들을 가려서 귀의하고 공양하면, 그대에게는 평등한 마음이 없으니, 현인과 성인 아무도 내려오지 않으리."[39]라고 하였으니, 겉모습만을 구하는 이에게 부끄러움이 없을 수 있겠는가? 이것이 승려들을 가려내어서는 안 되고 아직 세속을 벗어나지 못한 이라 할지라도 공경하지 않을 수 없는 이유이니, 복을 바라는 이라면 더욱 공경하지 않을 수 없다. 그런데도 도리어 채찍질하고 요역을 시킨다면 어찌 이치에 맞겠는가?

自古聖賢。示現人間[1)]多以貧病醜陋可惜之形者。良有以也。欲其引出悲心。令他種福。又以曉夫是法之不可以貌取也。故豊干禪師。有見之不識識之不見之言。寒山云。擇佛燒好香。揀僧歸供養。汝無平等心。賢聖俱不降。求其外貌者。可無媿乎。此其所以浮圖之不可揀擇。而未出乎塵勞者。不可

---

[38] 『寒山子詩集』.
[39] 『寒山子詩集』.

以不敬。欲望其福者。尤不可以不敬而反策之役之。豈其理歟。

1) ㉮ 갑본에는 '間'이 '問'으로 되어 있다.

  무릇 사람들이 세속에 빠져 벗어나지 못하는 것은 정情이 누累가 되기 때문이다. 정이 얽매이기로는 재물과 미색보다 더 심한 것이 없으니, 탐냄과 성냄의 불길이 여기에서 불타오르고 여러 생에 걸친 괴로움과 번뇌가 여기에서 생겨난다.

  안타깝구나! 중생들이 이에 빠진 지가 오래되었다. 그 유래는 본디 시작이 없는 때부터 시작되고 물리도록 만족할 기약이 없어서, 심지어 밥상에는 사방 한 장이나 되게 음식을 많이 쌓아 놓고 좌우에는 시중드는 첩이 많으며 만종萬鍾[40]의 영화와 천사千駟[41]의 부유함이 있는데도 그 마음은 오히려 다하지 못하였다고 여기는 것이 세간의 행태이다.

> 凡人之汨於塵勞。而不得出離者。情爲其累也。情之所繫。莫甚於財色。而貪嗔之火。由是而熾焉。多生苦惱。由是而生焉。嗟夫群生之沒於是也久矣。其來固始於無始。而無有厭足之期。至有食前方丈之侈。左右侍妾之多。萬鍾之榮千駟之富。而其心猶以爲未極者。世間之態也。

  승려는 이와는 반대로 정의 미혹에서 높이 벗어난다. 그 온전히 하나임은 좋은 금이 광석에서 나온 것과 같고, 세속을 떠남은 옥 거울이 구름을 벗어난 것과 같아서 삼매를 닦을 수 있고 깨달음을 바랄 수 있다. 승려가 이와 같다면 존중하지 않을 수 있겠는가? 누더기 옷을 쌓아 두는 것은

---

40 만종萬鍾 : 매우 많은 봉록을 말한다.
41 천사千駟 : 사駟는 네 필의 말을 뜻하므로 천사는 4천 필의 말을 뜻한다. 또한 네 마리의 말이 끄는 마차를 승乘이라 하므로 천사는 곧 천승千乘을 뜻하기도 하는데, 중국 고대의 법제에 의하면 천자는 만승을 지니고 제후는 천승을 지니므로 곧 제후를 가리킨다.

추위를 막지 않을 수 없기 때문이고, 밥을 빌어 몸을 유지하는 것은 목숨을 보존하지 않을 수 없기 때문이다. 가사를 입는 것은 세상의 복밭[42]임을 보이는 것이고, 발우를 지니는 것은 세상 사람들이 마땅히 공양해야 함을 보이는 것이다. 수염과 머리카락을 자르는 것은 두 가지 뜻이 있으니, 밖으로는 그 모습을 훼손하여 얼굴을 꾸미지 않는 것이고, 안으로는 마음의 풀을 베어 무성하게 더러워지지 못하게 하는 것이다.

　유학자들은 이를 마른나무 같은 행위라고 비웃는데, 그렇다고 하면 그렇다. 그러나 마른나무 같은 행위를 하면 윤회가 끝난다. 윤회가 끝나고 나면 몸뚱이는 비록 남아 있을지라도 그 정신은 이미 본원으로 돌아가는데, 이는 마치 빈집처럼 몸이라는 그릇에 사람이 없는 것이어서 몸에 나아가 보아도 몸이 없고, 삶에 나아가 보아도 삶이 없다. 가고 오는 것이 마음먹은 대로 되어 진실로 죽고 태어남에 기대지 않으니 어찌 통쾌하지 않겠는가?

　만일 마른나무 같은 행위를 하지 않는 이라면 그 정신은 몸뚱이라는 껍데기 속에 갇혀 있으니, 한 번 영화롭게 되고 한 번 초췌해지는 일이 어느 해인들 없겠는가? 심지어는 비바람에 괴로움을 당하다가 도끼에 베어져 연기 속에 불태워지기도 하니 또한 이미 곤궁한 것이다.

　유학자들이 말하기를 "죽고 태어남이 또한 크다."라고 하였으니, 어찌 죽고 태어남을 중시하지 않았겠는가? 지식이 있는 이라면 이 두 가지에서 어찌 가려 취하지 않겠는가?

僧者。反是而高超乎情惑之外。其全一也。如眞金之出鑛。其離塵也。若玉鑑之離雲。三昧可修。而菩提可冀矣。僧也如此。可不尊乎。畜其百衲者寒不可不禦也。乞食支[1]身者。命不可不保也。著袈裟者。示爲世之福田也。

42　복밭 : 부처나 승려를 가리킨다. 사람들이 이들에게 공양하면 복을 받을 수 있으므로 복을 키우는 밭과 같다 하여 이렇게 부른다.

持鉢盂者。示爲世之應供也。除其鬚髮有二義。外則毀其形而不事容飾也。
內則芟心草而不令蕪穢也。儒者笑爲枯槁之行。是則是矣。然枯精者。輪
廻之事畢矣。輪廻既畢。則形骸雖存。而其精神。已返於本源。斯身器之無
人也。如空舘然。即身而無身。即生而無生。去之就之。唯意所適。固非有
待於死生也。豈不快哉。如不枯槁者。即其精神。囚於形殼之中。一榮一憔。
何歲無之。以至苦風雨。傷斤斧。或薪於烟焰之中。亦已困矣。儒者曰。死
生亦大矣。豈以死生。爲不齒哉。有智識者。奚不擇焉。

1) ㉾ '攴'은 '支'가 되어야 한다.

문겠다 : 승려들을 부릴 수 없다는 것은 이미 잘 들었다. 이러하다면 부처님의 도가 자신을 닦는 데 절실하고 정치에 보탬이 되는 것이 이처럼 지극한데, 지금의 유학자들은 부화뇌동하여 불교를 배척하는 것을 잘한 일로 여기니, 바라건대 다하지 못한 설명을 이어 나가 시비의 문을 막아 버리면 또한 다행이 아니겠는가?

> 曰僧之不可役。旣聞命矣。若是則佛氏之道。切於修身而有補於政治也。如
> 此其至。今之爲儒者。雷同以斥佛爲能。願繹未盡之說。以杜是非之門。不
> 亦幸乎。

답하겠다 : 좋도다, 그 말이여! 삼교의 성인들은 저마다 그 백성의 병을 고치는 이들이다. 다만 그 과정은 서로 같지 않다. 만일 수단적인 가르침을 잘 써서 교화하는 극치에 관해서는, 용이 아니면 어찌 용이 하는 일을 알 수 있겠는가? 그렇지만 주제넘은 생각으로 말해 보자면 유교는 마음을 주로 하는 것이고, 노장사상은 기氣를 주로 하는 것이고, 불교는 성性을 주로 하는 것이다.

자연에는 네 가지 계절이 있는데 저마다 주인이 있어서 서로 이어 그 명령을 편다. 그러니 어찌 이 세 가지에만 주인이 없겠는가? 뒤에 무리가 된 이들이 그 주인의 마음을 이해하지 못하고 갑자기 불교를 배척하는 것을 급한 임무로 삼아서 근심스레 일생의 큰 병통이 되니, 또한 주인의 뜻을 거스르는 것이 아닌가? 하물며 공자께서는 부처님을 추앙하여 서쪽 지방의 큰 성인이라고 하면서도 스스로는 (성인에) 처하지 않았는데, 어찌 괜히 그랬겠는가?

> 曰善哉。言也。三敎之聖者。各醫其民之病者也。但其漸有不同耳。若其善權功化之極致則非龍也而焉知龍之所爲乎。然妄意之所謂。則儒者主乎心者也。老者主乎氣者也。佛者主乎性者也。天有四時。各有其主。相承以宣其令。豈斯三者而獨無其主乎。後之爲徒者。未達其主之心。遽以排佛爲急務。戚戚然爲一生之大病。不亦反忤其主之意乎。況孔子推佛。爲西方之大聖而不自居焉。豈徒然哉。

세상에서 말하는 성인이란 인의仁義를 따르면서도 인의를 다하지 못하고, 도덕을 행하면서도 도덕을 다하지 못하는 이들이다. 인의와 도덕은 오직 부처님만이 다할 수 있다. 그러므로 요임금과 순임금은 널리 베푸는 것을 (해결해야 할) 근심거리로 여겼고, 탕왕과 무왕은 부끄러워할 줄 아는 덕이 있었다. 주공周公[43]은 비록 성인이지만 정벌을 없애지 못하였고, 공자는 비록 인하였지만 제사에 쓰는 양을 없애지 못하였다. 또한 활과 화살로써 세상에 위세를 떨치고, 그물을 만들어 사냥하고 물고기 잡는 일에 종사하며, 희생을 죽여서 종묘에 제사 지내고, 날짐승 길짐승을 사냥하여 주방에 공급하는 데까지 이르는데, 이를 부처님의 도덕에 비교한다

---

43 주공周公 : 주나라 무왕의 동생으로서, 무왕이 죽고 난 뒤 어린 조카가 왕위에 오르자 이를 잘 보필하여 주나라 문물제도의 기틀을 닦아 놓았다. 아버지 문왕, 형 무왕과 더불어 성인으로 추앙받는다.

면 마치 하늘과 땅만큼이나 차이가 난다.

　부처님은 베푸는 것은 대천세계에 두루 적시고 덕은 사생을 두루 덮는다. 마군魔軍이 비록 포악하지만 항복시키는 데 무기를 쓰지 않았고, 가리왕歌利王[44]이 비록 원한을 품었지만 되갚는 데 그대로 하지 않았다. 앙굴리말라[45]가 죽이고자 하였으나 도리어 구제하여 제도하였고, 데바닷다[46]가 해치고자 하였으나 부처가 되리라고 예언하였으니, 유교와 불교의 나눔이 진실로 이와 같다.

　世之所謂聖人者。遵仁義而不能盡仁義。行道德而不能盡道德者也。仁義道德。唯佛能盡之。故堯舜病博施。湯武有慚德。周公雖聖。征伐未除。孔子雖仁。羶羊未去。至夫爲弧矢。以威其天下。爲網罟。以事其佃漁。屠犠牲。以祀其宗廟。佃禽獸。以供其庖廚。以此比佛之道德。猶霄壤之不侔也。佛者。施則普洽大千。德則遍覆四生。魔軍雖暴。伏之不以兵。歌王雖怨。報之不以直。央崛欲殺而返爲救度。調達欲害而授記作佛。儒佛之分。誠若是也。

　또한 세간의 법은 저마다 자기 아비를 아비로 삼고, 저마다 자기 자식을 자식으로 삼으며, 저마다 자기 몸을 몸으로 삼고, 저마다 자기 지어미를 지어미로 삼기 때문에 세상과 나 둘이 성립하고, 나와 남이 상대를 이

---

44 가리왕歌利王 : 석가모니가 전생에 인욕선인忍辱仙人이었을 때 그를 붙잡아다가 팔과 다리를 끊었다고 하는 포악한 왕을 가리킨다.
45 앙굴리말라 : 석가모니 당시의 수행자로서, 스승의 잘못된 가르침으로 말미암아 수십 명의 사람을 죽여 그 손가락을 잘라 목걸이를 만들었기 때문에 '손가락 목걸이'라는 뜻의 이 이름으로 불렸으나, 뒤에 석가모니의 교화를 받고 참회하여 불교 교단에 출가하였다.
46 데바닷다 : 석가모니의 사촌 형제로서, 처음에는 불교 교단에 출가하여 석가모니의 제자가 되었으나, 뒤에 교단을 장악하고자 하는 뜻을 이루지 못하자 여러 차례 석가모니를 해치려고 하였지만 모두 실패하였다고 한다. 이 때문에 불교에서 악인을 대표하는 인물이 되었다.

루기 때문에 윤회하는 일이 일어난다. 이른바 윤회하는 일이라는 것은 목숨에는 목숨으로 되돌려 주고, 힘에는 힘으로 되갚는데, 세간의 만 가지 길이 어느 것도 그렇지 않은 것이 없어서 머리를 바꾸고 얼굴을 바꾸어 서로 높거나 낮게 된다. 그러므로 부처님께서 막힘없는 큰 자비로 만 가지 행위를 쌓고 만 가지 덕을 이루어, 삼계를 이끄는 스승이자 사생의 자애로운 아버지가 되어서, 큰 근본으로써 거두어 묶고, 하나의 성품으로써 평등하게 하니 저것과 이것, 세상과 내가 모두 참된 경지로 돌아간다. 『금강경』에서 "내가 모두를 무여열반無餘涅槃에 들어가서 번뇌를 없애고 해탈케 하리라."라고 한 말이 이것이다. 그러니 어찌 다시 윤회하는 일이 있겠는가?

> 且世間之法者。各父其父。各子其子。各身其身。各妻其妻故。物我兩立。自他成敵。而輪廻之事起矣。所謂輪廻之事者。以命還命。以力償力。世間萬途。無不皆然。改頭換面。互爲高下。故佛以無碍大悲。積萬行成萬德爲三界導師四生慈父。括之以大本。等之以一性。而彼此物我。咸歸乎實際。金剛經所謂我皆令入無餘涅槃而滅度之者是也。何更復有輪廻之事哉。

따뜻한 기운으로 낳고 서늘한 기운으로 이루어서[47] 한 번 펼치고 한 번 베푸는 것이 조화의 이치이니, 성인의 도를 말하는 것이다. 휘날리듯 뿌리고 빨아들이듯 거두어들여서 한 번 말아 들이고 한 번 펴는 것이 조화의 공용이니, 성인의 가르침을 말하는 것이다. 유교를 알면서 불교가 있음을 알지 못하는 것은 봄이 있음을 알면서 가을이 있음을 알지 못하는 것이니 현명하다 할 수 있겠는가? 자연에는 네 가지 계절이 있어서 돌아가면서 만물을 생성하는데, 성인이 세운 가르침이 번갈아 일어나서 천하

---

47 따뜻한 기운으로~기운으로 이루어서 : 봄에 싹이 나고 가을에 열매를 맺는 것을 말한다.

를 교화하여 이루는 것 또한 이러할 뿐이다.

만일 먼저 선왕先王[48]과 주공과 공자의 법으로써 형정을 밝히고 예악을 정하여 세상을 평화롭게 다스린 뒤, 더 높이 나아가서 (세상 사람들이) 나고 죽는 윤회 밖으로 벗어나 근본으로 돌아가고 근원으로 돌아가게 하여, 청정한 열반의 즐거움으로 나아가거나, 마음대로 몸을 내어서 온 누리 어떤 나라건 인연 따라 태어나 중생들을 만나 교화하거나 못 할 것이 없게 하면, 이른바 비단에 꽃을 더한 것과 같이 자기 집안의 모든 광채를 충분히 드날리게 되니, 어찌 선을 다하고 아름다움을 다한 것이 아니겠는가?

또한 불교를 공부하는 무리도 똑같이 사람의 자식이지만, 아내와 첩을 두지 않으니 시샘하고 꺼릴 것이 없고, 이름과 이익을 취하지 않으니 권력을 다툴 것도 없다. 그런데도 씩씩대며 마치 원수처럼 보고 뱀처럼 미워하는 이를 보면 무슨 생각으로 그러는지 알지 못하겠다. 만일 불교를 배척해서 이름을 사려고 한다면 그 또한 비루한 것이다.

옛사람의 말에 "이름은 내용의 손님이니 주인이 있으면 손님이 저절로 온다."라고 하였다. 또 하물며 불교를 파괴하는 이는 세간에서 모두 흉악하다고 말하는데, 안으로 도덕이라는 주인을 닦지 않고 갑자기 그 명성만을 바란다면 현명하다 할 수 있겠는가? 그 명성을 바라면서 도리어 흉악한 악명만을 불러온다면 지혜롭다 할 수 있겠는가?

> 煦煦以生之. 凄凄以成之. 一張一施. 造化之理也. 聖人之道之謂也. 揚揚以播之. 吸吸以收之. 一卷一舒. 造化之功也. 聖人之敎之謂也. 知儒而不知有佛者. 知有春而不知有秋者也. 可謂賢乎. 天有四時循環. 以生成萬物. 聖人設敎迭興. 以化成天下. 亦由是而已. 若以先王周孔之法. 明刑政之禮樂. 平治天下而後. 進而昇之. 使之脫乎死生之外還其本返其源. 以

---

48 선왕先王 : 중국에서 성인으로 칭송받는 요임금·순임금·우임금·탕왕과 문왕·무왕 등을 가리킨다.

趍淸淨涅槃之樂。得意生身。於十方國土。隨緣降誕。接化群生。無不可者。可謂錦上添花。發揚自家十分光彩矣。豈不盡善盡美也。且學佛之徒者。均是人子也。不畜妻妾則無有所妬忌也。不取名利。則無有所爭權也。憤憤然。見之如仇讎。惡之如蛇虺者。吾未知其何謂也。若因排佛而欲沽名者。其亦陋矣。古人有言曰。名者實之賓。有主賓自至。又況破佛者。世皆以凶惡稱之。內不修道德之主。而遽欲其名。可謂賢乎。欲其名而反召其凶名。可謂智乎。

또 한나라 명제 때 불법佛法이 동쪽으로 전파된 뒤부터 황제와 왕과 공작과 후작과 이름난 유학자와 거대한 집안에서 불교를 받든 이가 자못 많았다. 또한 이백李白,[49] 두보杜甫,[50] 노공盧公, 이고李翶,[51] 유자후柳子厚,[52] 소동파蘇東坡,[53] 백낙천白樂天,[54] 배휴裵休,[55] 장천각張天覺[56] 등의 무리 또한 불교를 숭배함으로 말미암아 그 높은 이름을 잃지 않았다. 또 세상에서

[49] 이백李白(701~762) : 당나라 때 시인. 자는 태백太白이며 호는 청련거사青蓮居士이다. 두보杜甫와 함께 당나라 최고의 시인으로 꼽힌다.
[50] 두보杜甫(712~770) : 당나라 때 시인. 자는 자미子美이며 호는 소릉少陵·공부工部이다. 이백과 함께 당나라 최고의 시인으로 꼽힌다.
[51] 이고李翶(772~841) : 당나라 때 문인. 자는 습지習之이며, 당송십육가唐宋十六家의 한 사람으로 꼽힌다. 유학자이면서도 불교사상을 채택하여 심성心性 문제에 대한 새로운 이해를 보였으며, 저서『復性書』는 성리학의 선구가 되었다.
[52] 유자후柳子厚(773~819) : 당나라 때 문인. 이름은 종원宗元이고 자후는 자이다. 당송팔대가唐宋八大家의 한 사람으로 한유와 함께 고문古文 부흥 운동을 제창하였다.
[53] 소동파蘇東坡(1036~1101) : 북송 때 문인. 본명은 소식蘇軾이고 자는 자첨子瞻이며, 동파는 호로서 동파거사東坡居士에서 따온 별칭이다. 아버지 소순蘇洵, 동생 소철蘇轍과 함께 '삼소三蘇'로 일컬어지며 모두 당송팔대가에 속한다.
[54] 백낙천白樂天(772~846) : 당나라 때 시인. 본명은 백거이白居易이고 낙천은 자이며, 호는 향산거사香山居士, 시호는 문文이다.
[55] 배휴裵休(797~870) : 당나라 때 불교 거사. 자는 공미公美이다. 규봉 종밀圭峰宗密을 비롯한 승려들과 활발하게 교유하였으며, 규봉 종밀의 저술에 많은 서문을 지었다.
[56] 장천각張天覺(1043~1121) : 송나라 때 불교 거사. 이름은 상영商英, 법호는 무진거사無盡居士이며, 천각은 자이다. 19세에 급제한 이후 여러 관직을 거쳐 승상의 자리에 올랐다. 도솔 종열兜率從悅의 제자로「護法論」을 지어 불교를 변호하였다.

불교를 배척하기로는 한유와 구양수歐陽脩[57]의 무리만 한 이가 없는데, 한유가 조주로 좌천되어서는 언제나 태전太顚[58] 선사에게 불법을 물었고 최후에는 시자 곁에서 들어가는 길을 얻었다.[59] 구양수는 벼슬을 그만둔 뒤 또한 육일거사六一居士라 칭하였는데, 거사라는 이름은 불교를 배우는 이들의 이름인데 이로써 칭하였으니 또한 불교를 배웠음을 알 수 있다. 이것이야말로 잎이 떨어지면 뿌리로 돌아가고 사람이 궁해지면 근본으로 돌아간다는 말 아니겠는가? 그렇게 되어서는 어찌 이전의 잘못을 뉘우치지 않았겠는가? 그러나 화살이 시위를 떠나 버리면 돌이킬 수가 없고, 미친 말이 입에서 나오면 어떻게 거두어들이겠는가? 전쟁을 일으킬 수 있다는 경계[60]를 소홀히 할 수 있겠는가? 그러므로 말하기를 "무간지옥에 떨어지는 업을 부르지 않고자 하면 여래의 바른 가르침의 바퀴를 욕하지 말라."라고 하였으니, 한때 미치고 어그러진 계책을 멋대로 행하여 성인을 욕하고 배척하고서 그 후환을 어찌할 것인가?

又自漢明佛法東播之後。帝王公侯。名儒巨家。奉佛者頗多。且如李白杜甫
盧公李翱柳子厚蘇東坡白樂天裴休張天覺之儔。亦不因崇佛而失其高名

---

57 구양수歐陽脩(1007~1072) : 송나라 때 문인. 자는 영숙永叔이고 호는 취옹醉翁·육일거사六一居士이다. 당나라 때의 화려한 시풍에 반대하여 새로운 시풍을 열고 시詩와 문文 양 방면에 걸쳐 송나라 문학의 기초를 확립하였으며, 당송팔대가의 한 사람으로 꼽힌다.
58 태전太顚(732~824) : 당나라 때 승려. 법명은 보통寶通이다. 석두 희천石頭希遷의 법을 이어받아 조주에서 머물렀으며, 그곳으로 유배된 한유와 교유하였다.
59 한유가 조주로~길을 얻었다 : 한유가 조주로 좌천된 이후 태전 선사에게 불법의 핵심(省要處)을 물었는데, 태전 선사는 침묵으로 일관하였다. 이때 태전 선사의 시자였던 삼평三平이 선상을 세 번 두드리자 태전이 무엇을 하는지 물었다. 이에 삼평이 "먼저 정定으로 움직인 이후에 지혜로 뽑아냅니다.(先以定動。後以智拔。)"라고 답하였다. 이를 보던 한유가 태전에게 "제가 도리어 시자에게서 들어갈 곳을 얻었습니다."라고 말한 뒤 삼평에게 세 번 절하고 물러났다고 한다. 『祖庭事苑』 권4(X64, 365c).
60 『書經』「大禹謨」에 나오는 말로서, 말 때문에 전쟁이 일어날 수도 있으므로 말을 조심해야 함을 경계한 것이다.

也。且世之排佛。莫若韓退之歐陽脩之輩。退之之貶潮州也。常常問法於大顚。末後於侍者邊。得介入路。脩之致仕也。亦以六一居士稱之居士之名。學佛之名也。以是稱之則知有佛矣。莫是葉落歸根。人窮返本之謂乎。及其爾也。豈不悔前非也。然箭旣離絃。無由返勢。狂言出口。何自而收之。興戎之戒。其可忽歟。故曰欲得不招無間業。莫謗如來正法輪。肆一時狂悖之計。毀斥聖人。而其如後患何。

아, 몸뚱이가 보잘것없기로는 큰 창고 속의 쌀 한 톨 같을 뿐만이 아니고, 세월이 촉박하기로는 여관에 잠시 머무는 길손 같을 뿐만이 아니어서, 어리석은 사람도 백 년 동안의 뜬구름 같은 삶이 꿈이나 허깨비 같음을 안다. 가난하고 부유하고 오래 살고 일찍 죽는 것은 모두 전생의 원인에 매여 있는 것이고, 현명하고 어리석고 귀하고 천한 것은 모두 정해진 분수가 있는 것이니, 얻는다고 해서 어찌 기뻐할 만하고 잃는다고 해서 어찌 슬퍼할 만하겠는가? 금으로 만든 탄환은 보잘것없는 참새에게 쏘지 않고, 상투 속의 구슬[61]은 작은 공으로는 주지 않는다. 식견이 있는 군자라면 자질구레한 이름 때문에 그 본성의 선함을 없애고 뒷날의 곤궁함을 스스로 남기는 일은 하지 않는 것이 옳을 것이다.

噫。身器之微。非特大倉稊米也。光陰之促非特逆旅過客也。百歲浮生。愚者亦知其夢幻。貧富壽夭。皆繫前因。賢愚貴賤。皆有之分。得之而何足喜。失之而何足悲。金彈不爲微雀而發。髻珠不以小功而授。有識君子。無以區區之名滅其性善。而自貽後困可也。

묻겠다 : 불교를 욕하는 유교인들은 반드시 말하기를 "불교는 서쪽 오

---

61 상투 속의 구슬 : 상투 속에 넣어 지니는 귀한 구슬이라는 뜻으로, 교학적으로는 으뜸가는 가르침, 궁극의 진리를 비유한다.

랑캐의 가르침이니 중국에서 시행할 수 없다."라고 한다. 또한 중국 성인의 가르침은 하도河圖와 낙서洛書[62]보다 앞서는 것이 없는데 불교에서는 논하지 않는다. 이 때문에 (불교가) 열등하다고 보는 것이니 어찌 그렇지 않겠는가?

> 曰儒之訾佛者。必曰佛者。西夷之敎也。不可施於中國。且中國聖人之敎。莫先於圖書。而佛者不及論。以是而劣之。豈非然乎。

답하겠다 : 이는 이른바 터에 얽매여서 큰 이치에 통달하지 못한다는 것이다. 나라의 영역은 비유하자면 그릇과 같다. 그릇의 크기는 같지 않을 수 있어도 어느 그릇인들 가운데가 없겠는가? 저곳 또한 하나의 세상이고 이곳 또한 하나의 세상이다. 중국에서는 저곳을 오랑캐라고 하는데, 그렇다면 또한 천축에서 이곳을 오랑캐라고 하지 않을지 어찌 알겠는가? 하물며 저 천축은 남섬부주南贍部洲[63]의 한가운데로서 오랑캐가 아니다. 그 땅의 넓이는 동쪽 중국에서 세상이라고 부르는 것이 거의 백 개는 있고 다섯 천축으로 나뉘는데, 가운데에 있는 것이 카필라이다.

> 曰是所謂拘墟而不達大理者也。國土之分疆。比猶器也。器之大小。雖或不同。而中則何器而無之。彼亦一天下。此亦一天下。諸夏以彼爲夷。則亦安

---

[62] 하도河圖와 낙서洛書 : '하도'는 복희씨伏羲氏 때 황하黃河에서 나온 용마龍馬의 등에 그려져 있었다는 그림이고, '낙서'는 우임금이 홍수를 다스릴 때 낙수洛水에서 나온 신귀神龜의 등에 쓰여 있었다는 글이다. 복희씨는 하도를 본떠 팔괘八卦를 그렸고, 우임금은 낙서를 보고 홍범구주洪範九疇를 지었다고 하여 『周易』과 홍범구주의 근원으로 비정하였다.

[63] 남섬부주南贍部洲 : 염부제閻浮提, 남염부제南閻浮提, 남염부주南閻浮洲, 염부부浮, 염부주閻浮洲, 첨부贍部라고도 한다. 불교의 우주론에서 수미산須彌山의 남쪽에 있는 땅으로서 북쪽은 넓고 남쪽은 좁은 사다리꼴 모양으로 염부나무가 많아서 이렇게 부른다. 오직 이곳에만 부처가 출현한다고 하며, 인간세계 또는 현세를 통틀어 가리키는 말로 사용된다.

知天竺之不以此爲夷也。況彼天竺者。乃南贍部洲之中而非夷也。其地之 廣。若東夏之所謂天下者。殆有百數 分爲五天。而居其中者。乃迦維也。

여래께서는 가섭불의 시대에 보처보살의 자리에 오른 뒤 도솔천궁兜率天宮[64]에 올라가 태어나서 이 세상에 응할 때를 기다리다가, 그 때가 이르려 하니 금단천자에게 명하여 염부제를 두루 다니며 태어날 곳을 살펴보게 하였다. 천자가 돌아와 보고하니 해로 변화하여 흰 코끼리를 타고 염부제로 내려와 오른쪽 옆구리를 통해 마야부인의 태胎 속으로 들어가셨는데, 그때 도솔천의 무리인 99억의 천자가 같이 내려와 또한 태 속에 머물면서, 따르는 무리인 성문의 제자가 되거나 왕이나 신하나 장자나 거사나 사서인士庶人이나 백성이 되어 부처님께서 널리 교화하는 것을 돕고자 하였다. 이때가 바로 주나라 소왕 13년 계축년 7월 15일 한밤중이다.

열 달이 다 찬 뒤 어머니가 동산에서 거닐다가 무우수無憂樹 아래에 이르러 무우수의 가지를 잡으니 태자가 오른쪽 옆구리에서 태어났다. 땅에서는 금빛 연꽃이 솟아나 태자의 몸을 받들고 아홉 마리 용이 물을 뿜어 금빛 몸을 씻겨 주었다. 씻기가 끝나자 두루 일곱 걸음을 걸으며 눈으로는 사방을 돌아보고 손가락으로는 하늘과 땅을 가리키며 사자후를 지어 말씀하시기를 "하늘 위 하늘 아래에서 오직 나 홀로 높다."라고 하셨다. 이때 하늘과 땅이 여섯 가지로 흔들리고 해는 겹쳐서 나타났으며 신령스럽

---

[64] 도솔천궁兜率天宮 : 도솔천의 내원內院에 있는 내원궁內院宮을 가리킨다. 도솔천은 ⑤ Tusita의 음역으로, 이곳에 사는 무리들은 다섯 가지 욕망을 만족시키고 있기 때문에 의역하여 지족천知足天이라고 한다. 불교의 우주관에 따르면 세계의 중심에 수미산이 있고, 그 산 꼭대기에서 12만 유순由旬 위에 욕계欲界의 여섯 하늘 가운데 네 번째 하늘인 도솔천이 있다고 한다. 도솔천은 내원과 외원外院으로 구성되어 있는데, 외원은 수많은 하늘 무리들이 즐거움을 누리는 곳이고, 내원은 다음에 부처로 태어날 보살의 정토로서 내원궁이라고 부른다. 이 내원궁은 석가모니가 중생을 교화하기 위해 이 세상에 태어날 때를 기다리며 머물렀던 곳이며, 지금은 미래불인 미륵보살이 이곳에 머물러 설법하면서 남섬부주에 내려와 성불할 때를 기다리고 있다고 한다.

고 상서로운 조짐이 하나가 아니었는데, 바로 소왕 14년[65] 갑인년 4월 8일이다.

如來於迦葉佛時。位登左補。上生兜率天宮。以待應世之時。及其時之將至也。命金團天子。巡歷閻浮。閱其降生之處。天子反命。化日輪駕白象。下降閻浮。乃從右脇。入摩耶胎時。兜率天衆九十九億天子。一時下降。亦復處胎。願爲徒屬聲聞弟子。或作王臣長者居士士庶人民。助佛揚化。卽周昭王十三年癸丑七月十五日夜半也。十月旣滿。母遊於園至無憂樹下。攀無憂樹枝。太子從右脇而生。地涌金蓮。奉太子身。九龍吐水。灌沐金軀。沐浴才訖。周行七步。目顧四方。指天指地。作獅子吼云。天上天下唯我獨尊。是時乾坤。六種振動。日有重輪。靈瑞非一。卽昭王十四年甲寅四月八日也。

소왕이 이를 보고 몹시 놀라고 기이하게 여겨 태사관太史官 소소유蘇少游에게 점을 치게 하였더니 건괘乾卦 구오효九五爻를 얻고서 바로 아뢰기를 "건은 금인의 지위로서 서쪽에 머무니, 서쪽 세상에 큰 성인이 태어났다는 상서로운 조짐입니다."라고 하였다. 소왕이 "이 땅에는 어떠한가?"라고 물으니, "성스러운 분께서 세상을 다스리는 시대[66]에는 이곳에 오지 않습니다. 천 년 뒤에 마땅히 교법이 이 땅에 흘러 전해질 것입니다."라고 답하였다. 소왕이 관장하는 부서에 칙명을 내려 (이 내용을) 돌에 새겨 기록하고 낙양성 남쪽 교외의 단 아래에 묻게 하였다.

목왕이 즉위한 뒤 30년 동안 밝은 빛이 자주 이 땅을 비추었는데 바로

---

65 14년 : 중국 불교에는 부처가 태어난 해에 대해 다양한 설이 있는데, 주나라 소왕 때일 경우에는 모두 24년 갑인년이라 하였기 때문에 14년은 24년을 잘못 쓴 것으로 보인다. 앞의 13년 또한 23년을 잘못 쓴 것으로 보인다.

66 지금의 임금인 소왕이 다스리는 때를 말한다.

가르침을 설하여 중생들을 구제할 때였다. 목왕은 부처님이 나타나신 것을 알지 못하였기 때문에, 저들이 이 땅을 침략할까 두려워서 재상과 여후呂侯에게 칙명을 내려 세상의 병마를 도산 아래에서 점검하여 서역의 (침략을) 방비하게 하였다.

昭王見此。驚異非常。命太史官蘇少游卜之。得乾卦九五爻。[1]) 動秦曰乾是金人之位。住於西也。西天有大聖人降生之瑞也。昭王問曰。於此土何如。對曰聖躬御世之時不來此。千年後合有教法。流傳此土。昭王勅命所司刻石記之。瘞於洛陽城南郊壇之下。穆王即位三十年間。數有光明。來照此土正當說法度生之時也。穆王不知是佛出現。恐彼來侵此土。勅命宰相呂侯點檢天下兵馬於塗山之下。以防西域。

1) ㉮ '爻'는 '爻'인 듯하다.

공왕이 즉위한 지 3년째 되던 임신년 2월 15일에 하늘과 땅이 여섯 가지로 반복하여 흔들리고 산과 언덕이 무너지고 강물이 들끓고 큰 바람이 나무를 뽑고 달리는 짐승들이 슬프게 울부짖고 나는 새들이 떨어졌으며, 열다섯 줄기 하얀 무지개가 해를 꿰뚫었다. 왕이 몹시 괴이하게 여겨서 북을 울리게 하여 뭇 신하들을 모두 모은 뒤 "이것이 무슨 재이災異인가? 과인의 종묘에 무너질 위험은 없는가?"라고 물었다. 그때 태사관 호일다扈逸多가 아뢰기를 "이는 서역의 성인이 세상을 떠날 조짐으로 왕의 일에 관계된 것이 아닙니다."라고 하였다. 공왕 또한 부처님을 알지 못하였기 때문에 크게 기뻐하는 얼굴로 3일 동안 음악을 연주하면서 뭇 신하들에게 말하기를 "서역의 성인이 이제 이미 사라졌으니 이 땅에는 걱정이 없겠구나."라고 하였다.

恭王即位三年壬申二月十五日。天地六返震動。山崖崩倒。江河混沸。大風拔樹。走獸悲嘷。飛禽墮落。有十五道。白虹貫日。恭王甚怖。勅令鳴皷。大集群臣問曰。是何災異。寡人宗廟。莫有傾危耶。時太史官扈逸多奏曰。是西域聖人滅度之瑞。非干王事。恭王亦不知是佛。大悅龍顏。作樂三日。而謂群臣曰。西域聖人。今已滅矣。此土其無虞乎。

부처님께서 어렸을 때 이름은 실달다이다. 아버지 정반왕이 아사타 선인을 불러 태자의 관상을 보게 하였는데, 선인이 보고서 슬피 울며 그치지 않았다. 왕이 아들에게 무슨 상서롭지 못함이 있는지 선인에게 묻자, "태자는 삼십이상三十二相을 모두 갖추고 있으니 세간에 있으면 전륜성왕이 될 것이고, 출가하면 평등하고 바른 깨달음을 이루고 사람과 하늘 중생의 스승이 되어 큰 가르침의 바퀴를 굴릴 것입니다. 저는 지금 나이가 이미 120세라서 머지않아 목숨이 다하게 되어 설법을 들을 수 없을 것이기 때문에 스스로 슬퍼하는 것입니다."라고 하였다.

태자가 조금 자라 부왕이 마차를 장엄하고 태자를 안고서 대자재천의 사당에 배알하였을 때에는 뭇 신상들이 모두 일어나서 태자의 발에 절하였다. 부왕이 놀라 찬탄하며 "내 아들이 하늘의 신들 가운데에서도 가장 높고 가장 뛰어나니 '하늘 가운데의 하늘'이라고 부르는 것이 마땅하다."라고 하였다.

佛之少名悉達多。父淨飯王。召阿私陁仚[1]人。相太子。仙人見之悲泣不已。王問仚人言。子何不祥。對曰太子具足三十二相。在世即爲轉輪聖王。出家成等正覺。爲人天師。轉大法輪。我今年已百二十歲。不久命終。不聞說法故自悲之耳。太子漸長。父王嚴駕。抱謁於大自在天廟時。諸神像悉皆起。禮太子之足。父王驚嘆曰。我子於天神中最尊最勝。宜字天中天。

1) ㉠ '仚'은 '仙'의 이체자이다. 뒤도 모두 그러하다.

나이가 일곱 살이 되어 학문을 닦을 때가 되자 나라 안의 총명한 바라문을 두루 찾아다닌 뒤 선우라는 이를 태자의 스승으로 삼았다. 태자가 "무슨 책으로 가르치려 하십니까?"라고 물으니 그 스승이 답하기를 "범서와 거류서佉留書입니다."라고 하였다. 태자가 "그것은 서로 다른 책이 예순네 가지가 있는데 지금 스승께서는 어찌하여 두 가지만 말씀하시고 맙니까? 또 두 글자가 빠진 책도 있습니다."라고 말하자 스승이 답하지 못하고 도리어 물으니, 태자가 대답하기를 "이 아阿 자는 부술 수 없다는 뜻이고, 또한 둘이 없는 바르고 참된 길이라는 뜻입니다."라고 하였다. 선우가 이를 듣고 부끄러워하는 마음이 깊이 일어나 왕에게 아뢰기를 "태자는 하늘 중생과 사람의 스승으로서 뭇 기술과 전적과 육예와 천문과 지리를 태어나면서부터 저절로 다 알고 있으니 제가 어찌 가르칠 수 있겠습니까?"라고 하였다.

태자가 열일곱 살이 되자 왕이 야수다라를 태자비로 삼았는데 단정하기가 으뜸이고 예의를 모두 갖추고 행동하였다. 태자가 비록 받아들이기는 하였으나 세속의 뜻이 전혀 없어서 오래도록 접촉하지 않았으며 조용한 밤에도 선관만 닦았다.

年及七歲。當修學時。遍訪國中聰明婆羅門。名選友者。爲太子師。太子問曰。以何書典而相敎乎。其師荅曰。梵書佉留書。太子曰。其異書者。六十有四。今師何言止有二種。又有書缺二字。太子問師。師不能荅。反而問之。太子荅曰。此阿字者。不可壞義。亦是無二正眞之道義。選友聞之。深生慙愧。而白王言。太子乃天人之師。凡諸伎術。典籍六藝。天文地理。悉皆自然生而知之。我安可敎耶。太子年及十七。王爲娉妃。耶輸陁羅。端正弟[1]一。禮義備擧。太子雖納。殊無俗意。久而不接。於靜夜中。但修禪觀。

1) ㉻ '弟'는 '第'로 통용된다.

태자가 궁중에 머문 날이 오래되어 궁중 밖으로 나가 돌아다니며 구경하고자 하자, 왕이 뭇 신하들에게 칙명을 내려 길을 깨끗이 치우게 하였다. 앞에서 이끌고 뒤에서 따르는 이들에게 둘러싸여 성의 동쪽 문으로 나갔는데 구경하는 이들이 구름처럼 몰려들었다. 그때 정거천인淨居天人이 늙은이의 모습으로 변화하였는데 머리는 하얗고 허리는 구부러졌으며 지팡이를 짚고 힘들게 걸어갔다. 태자가 종자에게 "이 사람은 어떤 사람이냐?"라고 물으니, "늙은이입니다."라고 답하였다. "무엇을 늙은이라고 하느냐?"라고 다시 물으니 "어린아이에서부터 차례로 변하여 몸은 마르고 쇠약해지고 남은 목숨은 얼마 없으므로 노인이라고 부릅니다."라고 답하였다. 태자가 "오직 이 한 사람만이 늙느냐? 모든 이가 다 그러하냐?"라고 다시 물으니 "사람마다 모두 이러하여 벗어날 수 있는 사람은 하나도 없습니다."라고 답하였다. 태자가 한숨 쉬며 탄식하여 말하기를 "내가 비록 부유하고 귀하지만 어찌 이를 벗어날 수 있겠는가?"라고 하였으며, 궁중으로 돌아와서도 즐거워하지 않았다.

다시 남쪽 문으로 갔을 때에는 정거천인이 다시 병든 사람으로 변하였는데 살이 문드러져 뼈가 드러나고 숨을 헐떡이고 앓는 소리를 내며 스스로 지탱하지 못하여 두 사람이 겨드랑이를 부축한 채 길가에 서 있었다. 이에 태자가 "이 사람은 어떤 사람이냐?"라고 묻자, 종자가 답하기를 "이 사람은 병든 사람입니다."라고 하였다. 다시 묻기를 "무엇을 병든 사람[67]이라고 하느냐?"라고 묻자 "사대四大가 조화롭지 못하여 온몸의 마디마디가 욱신거리며 아프고, 음식이 잘 내려가지를 않아서 기력이 약해진 이를 병든 사람이라고 합니다."라고 답하였다. 다시 "오직 이 사람만 그러하냐? 나머지 모든 이가 다 그러하냐?"라고 묻자 "귀한 이건 천한 이건 모두 그러합니다."라고 답하였다. 태자가 탄식하며 말하기를 "어찌하여 세

---

67 병든 사람 : 원문은 '病'이지만 글의 흐름으로 볼 때 '병든 사람'으로 보는 것이 옳다.

상 사람들은 즐거움에만 빠져 두려워하지 않는가?"라고 하였으며, 궁중에 돌아와서는 근심하며 괴로워하였다.

太子在宮日久。欲出遊觀。王勅諸臣。淨治衢道。導從圍繞。出城東門。觀者如雲。時淨居天人。化作老人。頭白背傴。柱杖羸步。太子問從者言。此何人耶。答曰老人。又問何謂老人。答曰。始自兒童。次第遷變。形枯色衰。餘命無幾。故謂老人。太子又問。唯此一人老耶。一切皆然耶。答曰人人悉爾無一免者。太子喟然曰。我雖富貴。豈免此耶。還宮不樂。復遊南門時。淨居天人。復作病人。肉消骨露。喘息呻吟。不能自持。兩人扶腋。在於道傍。太子乃問。此何人耶。從者答曰。此病人也。又問何謂爲病。答曰四大不和。百節疼痛。飮食不下。氣力衰微。是之謂病人。復問唯此人尒。餘皆然耶。答曰貴賤悉尒太子嘆曰。云何世人。耽樂不畏。還宮憂惱。

왕이 뭇 신하들을 불러 질책하며 말하기를 "태자가 처음 동쪽 문으로 나갈 때 늙은이를 만나 보고 마음이 즐겁지 않았기 때문에 다시 경들에게 칙명을 내려 길을 깨끗이 치우라고 하였는데 어찌하여 병든 사람을 다시 보게 하였는가?"라고 하자, 뭇 신하들이 대답하여 아뢰기를 "왕의 준엄한 명을 받들어 점검하여 살피지 않은 바가 없었는데, 병든 사람이 온 곳을 모르겠으니 이는 신들의 죄가 아닙니다."라고 하였다.

왕이 바라문의 아들 우다이가 지혜와 말솜씨가 매우 뛰어나다는 말을 듣고 불러 명하기를 "태자가 상서롭지 못한 것을 보면 마음이 몹시 즐겁지 않을 것이니 네가 벗이 되어 잘 꾀어 보라."라고 하였다.

王召群臣嘖之曰。太子初出東門逢見老人。心不悅故。又再勅卿等。淨治道路。云何病人。又令見之。群臣奏對。奉王嚴命。無不檢察。不知病人所從來處。非臣之罪。王聞婆羅門子優陀夷。極有智辯。召而命曰。太子若見不祥。情甚不悅。汝可爲友。善而誘之。

　태자가 우다이와 많은 관료와 수많은 사람들과 함께 다시 서쪽 문으로 나가자 정거천인이 다시 죽은 사람의 모습으로 변하였는데, 딸린 이들이 에워싸고 울부짖으면서 저승길을 배웅하였다. 태자가 "이 사람은 어떤 사람이냐?"라고 묻자, 우다이가 자기도 모르는 사이에 말하기를 "이 사람은 죽은 사람입니다. 바람의 힘이 몸뚱이를 해체하고 신식神識은 떠납니다. 사대로 만들어진 뭇 감각기관은 다시 지각이 없으니 진실로 슬퍼할 만합니다."라고 하였다. 태자가 곧바로 궁중으로 돌아와 근심이 더욱 더하였다.

　우다이가 태자에게 말하기를 "이제 진실된 말씀을 올리고자 하오니 질책하지 마시기 바랍니다. 예부터 지금까지 뭇 왕들은 욕락欲樂을 누린 뒤에 출가하였는데, 태자께서는 어찌하여 (욕락을) 영원히 끊고 돌아보지 않으십니까? 나라를 버리고 도를 배우는 이는 없습니다. 태자께서 다섯 가지 욕망을 누리고 자식을 낳아 왕의 후사가 끊어지지 않게 하시기를 바랄 뿐입니다."라고 하였다.

　태자가 말하기를 "진실로 네가 말한 대로다. 다만 나는 다섯 가지 욕망에 즐거움이 없다고 말하는 것이 아니라 늙고 병들고 태어나서 죽는 괴로움을 두려워하기 때문에 다섯 가지 욕망을 취하여 집착하지 않을 뿐이다. 네가 옛날에 뭇 왕들이 먼저 다섯 가지 욕망을 거친 뒤에 출가하였다고 하였는데, 그 뭇 왕들이 지금 어디에 있는가? 애욕 때문에 지옥에 있기도 하고 아귀 무리 속에 있기도 하고 축생의 온갖 부류 속에 있기도 하다. 이처럼 윤회하는 괴로움이 있기 때문에 내가 해탈하고자 하는 것이다. 그런데 너는 지금 어찌하여 나더러 애욕을 누리라고 하느냐?"라고 하였다.

　우다이가 말솜씨를 다하여 힘써 권하였지만 끝내 태자의 마음을 되돌릴 수 없었다.

太子與優陀夷。百僚萬衆。復出西門。淨居天人。又作死人。眷屬圍繞。號哭送之。太子問。此何人耶。優陁夷不覺答言此死人也。風力解形。神識去矣。四大諸根。無復所知。誠可哀也。太子即便還宮。彌加憂感。優陁夷白太子曰。今獻誠言。願不見嗔。古今諸王。受欲樂已。然後出家。太子云何永絶不顧。無有弃國而學道者。唯願太子。受於五欲。令有子息。不絶王嗣。太子答言。誠如所言。但我不言五欲無樂。以畏老病生死之苦。故於五欲不取愛著。汝言古者諸王。先經五欲。然後出家。此諸王等。今在何許。以愛欲故。或在地獄。或在餓鬼。或在畜生雜類之中。以有如是輪轉苦故。我欲解脱。汝今云何令我愛之。優陀夷雖竭言辯勉之。太子終不能廻復。

북쪽 문으로 갔을 때 정거천자가 사문의 모습으로 변화하여 태자 앞에 나타났다. 태자가 "그대는 어떠한 사람인가?"라고 물으니 "저는 비구입니다. 세간은 덧없으니 저는 거룩한 길을 닦아 저 언덕으로 벗어납니다."라고 답하였는데, 이처럼 말하고는 하늘로 올라가 사라졌다.

태자가 '이 앞에 늙고 병들고 죽는 괴로움을 보았을 때에는 그 때문에 두려운 바가 있었는데 오늘 비구를 만나니 내 마음을 열어 깨우쳐 주는구나.'라고 생각하고는 기쁨을 이기지 못하여 부왕 앞에 나아가 아뢰기를 "은혜와 사랑을 베풀어도 반드시 헤어짐이 있으니 제가 출가하는 것을 허락하여 주십시오."라고 하자 왕이 몹시 기뻐하지 않았다.

태자가 다시 말하기를 "왕께서 제게 네 가지 바람을 들어주신다면 출가하지 않겠습니다."라고 하자, 왕이 "너는 무엇을 바라느냐?"라고 하였다. 태자가 말하기를 "첫째는 늙지 않는 것이고, 둘째는 병이 없는 것이고, 셋째는 죽지 않는 것이고, 넷째는 헤어지지 않는 것입니다."라고 하자, 왕이 "네가 바라는 그 같은 것을 세상에 누가 얻을 수 있겠느냐?"라고 말하였다.

遊北門。淨居天子。化作沙門於太子前。太子問曰。汝何等人。答曰我是比丘。世間無常。我修聖道。超於彼岸。作是語已。登空而去。太子念言。前見老病死苦。爲之所懼。今遇比丘。啓悟我心。不勝欣悅。前白父王曰。恩愛必離。聽我出家。王甚不悅。太子復言。王能與我四願者。即不出家。王曰汝願何等。太子答曰。一者不老。二者無病。三者不死。四者不別。王曰如汝願者世誰得之。

이때 관상쟁이가 왕에게 아뢰기를 "태자가 만일 출가하지 않는다면 이레 뒤에는 전륜왕의 지위를 얻어 일곱 가지 보배가 저절로 이를 것입니다."라고 하였다. 왕이 이 말을 듣고 기뻐하며 곧바로 뭇 신하들에게 칙명을 내려 말하기를 "밤낮으로 엄하게 대비하여 성문 여닫는 소리가 40리 밖에서도 들리게 하라."라고 하였으며, 야수다라에게 칙명을 내려 배로 더 방비하며 살피게 하였다.

왕이 태자에게 말하기를 "지금 나라에 후사가 없으니 아들을 하나 낳는다면 출가를 허락하겠다."라고 하자, 태자가 곧바로 야수다라의 배를 가리키니 곧바로 임신하였다. 그런 뒤에 라훌라가 하늘에서 떠나 변화하여 태어났으니, 부모가 관계를 가져 태어난 것이 아니었다. 태자의 이때 나이가 열아홉 살이었다.

時相師奏王曰。太子若不出家。七日之後。得輪王位。七寶自至。王聞歡喜。即勅群臣云。日夜嚴備。城門開閉。聞四十里。勅輸陀羅。陪加防察。王告太子。國今無嗣。宜生一子。却聽出家。太子即指輸陁羅腹。便覺有娠。然後羅侯從天變沒化生。不由父母會合而有。太子是年十九。

출가할 때가 되자 2월 8일 밤에 뭇 하늘 중생의 무리가 태자의 앞으로 내려와서 머리와 얼굴을 발에 대고 절하면서 태자에게 말하기를 "한량없는 겁 동안 부지런히 애써 수행한 것이 오늘 이미 무르익었으니 출가하시는 것이 마땅합니다."라고 하였다. 태자가 답하기를 "왕께서 안팎의 궁인들에게 칙명을 내려 엄밀하게 지키니 나가고 싶어도 방법이 없다."라고 하자, 뭇 하늘 중생의 무리가 말하기를 "저희들이 방편을 써서 아는 이가 없게 하겠습니다."라고 하였다.

태자가 곧바로 차익車匿에게 저 건척犍陟을 끌고 오라 하였다. 이때 사천왕이 말의 네 다리를 받들고 아울러 차익을 붙들었으며 제석천이 가리개를 들고 북쪽 문이 소리 없이 저절로 열리게 하였다.

태자가 발가선인跋伽仙人이 고행하는 숲에 이르러 사자후를 토하며 말하기를 "과거의 모든 부처님께서 깨달음을 구하기 위해 아름다운 꾸미개를 다 버리고 수염과 머리카락을 깎았으니 내가 이제 또한 그렇게 하리라."라고 하고는, 곧바로 보배 관과 드리개 등을 벗어 차익에게 주고서 부왕에게 돌아가 올리게 하였다. 곧이어 날카로운 칼로 수염과 머리카락을 깎았는데, 제석천이 머리카락을 받들고 하늘에 올라가 탑을 세웠다. 이때 정거천자가 몸에 가사를 걸친 사냥꾼의 모습으로 변화하여 나타나니 태자가 보배 옷과 바꾸어 입었다.

차익이 큰 소리로 울부짖고 건척이 슬프게 울며 길을 따라 돌아갔는데, 태자가 보이지 않자 부왕과 이모, 야수다라 등이 구슬피 울다 기절하였으며 온 나라가 슬퍼하며 그리워하였다. 이에 부왕이 교진여憍陳如 등 다섯 사람을 뽑아 태자를 뒤쫓아 가서 모시게 하였다.

出家時至。二月八夜。諸天下來太子之前。頭面禮足。白太子言。無量劫來。勤苦修行。今已成熟。出家是宜。太子答言。王勅內外宮屬。防衛嚴密。欲出無從。諸天白言。我等方便。使無知者。太子卽勅車匿彼犍陟來。時四天王。捧馬四足。并接車匿。帝釋執盖。北門自開。不使有聲太[1]子至於跋伽仚林。作獅子吼曰。過去諸佛。爲求菩提。弃捨飾好。剃除鬚髮。我今亦尒。便脫寶冠與瓔珞等。分付車匿。廻上父王。卽以利刀。自剃鬚髮。帝釋接髮。

上天建塔。時淨居天子化作獵士。身被袈裟。太子以寶衣。貿之而著。車匿
大哭。犍陟悲鳴。緣路而歸。父王姨母。輸陀羅等。不見太子。哀號悶絕。擧
國悲慕。於是父王。選出憍陳如等五人。追侍太子。

1) ㉮ 갑본에는 '太'가 '大'로 되어 있다.

   태자가 여러 선인들이 머문 곳을 찾아가서 보니 나무껍질과 풀잎으로 옷을 삼은 이도 있고, 풀과 나무의 꽃과 열매를 먹을거리로 삼은 이도 있고, 물이나 불을 섬기기도 하고, 해나 달을 섬기기도 하고, 가시덤불 위에 거꾸러져 있기도 하고, 물이나 불 앞에 누워 있기도 하고, 하루에 한 번만 먹기도 하고, 이틀에 한 번만 먹기도 하면서 이처럼 고행을 닦고 있었다.
   태자가 "어떤 과보를 구하고자 합니까?"라고 물으니 선인들이 "하늘에 태어나고자 합니다."라고 답하였다. 이에 태자가 "뭇 하늘이 비록 즐겁기는 하지만 복이 다하면 윤회하여 끝내는 괴로움이 모여들게 되는데 어찌하여 온갖 괴로운 원인을 닦아 괴로운 과보를 구합니까? 이는 모두 해탈의 참되고 바른 길이 아닙니다."라고 말하고는 떠나가서 산을 넘고 골짜기를 지났다.
   교진여 등이 오래도록 따라다니다가 그 어려움을 참지 못하고 말하기를 "이 미친 사람이 길을 골라 가지 않으니 어찌 따라갈 수 있겠는가? 포기하고 돌아가면 왕이 우리 집안을 멸절시킬 것이니 이곳에 머물러 정미한 고행을 닦는 것이 낫겠다."라고 하였다.

太子尋詣衆仚住處。見其或以樹皮草葉爲衣服者。或以草木花果爲食物
者。或事水火。或事日月。或倒荊棘之上。或臥水火之前。或一日一食。或
二日一食。苦行如此。太子問言。欲求何果。仚人答言。爲欲生天。太子乃
言。諸天雖樂。福盡輪廻。終爲苦聚。云何修諸苦因。以求苦報。皆非解脫
眞正之道。辭而去之。過山蹞谷。憍陳如等。相從旣久。不耐其艱。言此狂

人行不擇路。奚可隨之。設委而還。王滅吾家。不如止此精苦修行。

태자가 다음으로 아라라阿羅邏와 가란迦蘭 두 선인이 있는 곳으로 나아가서 그들이 태어나고 늙고 병들고 죽음을 끊은 방법을 물으니 선인이 답하기를 "중생의 시작은 어두운 태초에서 시작되었는데, 어두운 태초는 자만을 일으키고, 자만은 어리석은 마음을 낳고, 어리석은 마음은 애욕에 물듦을 낳고, 애욕에 물듦은 다섯 가지 티끌의 기운을 낳고, 다섯 가지 티끌의 기운은 다섯 가지 요소를 낳고, 다섯 가지 요소는 탐욕과 성냄과 뭇 번뇌를 낳으니, 이에 윤회하여 태어나고 늙고 병들고 죽는 근심과 슬픔과 괴로움과 번뇌가 있게 되었다."라고 답하였다.

태자가 "말씀하신 태어나고 죽음의 근본을 이미 아신다면 다시 어떤 방편으로 그것을 끊을 수 있겠습니까?"라고 물으니 선인이 "끊고자 한다면 선정을 닦아 익혀야 한다. 욕망과 악하여 선하지 않은 것들을 떠나 각覺과 관觀이 있으면 초선初禪을 얻는다. 각과 관을 없애고 정이 생겨나서 기뻐하는 마음에 들어가면 제2선을 얻는다. 기뻐하는 마음을 버리고 바른 생각을 얻고 근본적인 즐거움을 갖추면 제3선을 얻는다. 괴로움과 즐거움을 버리고 깨끗한 생각을 얻고 근본을 버리는 데 들어가면 제4선을 얻는데, 생각이 없게 되는 과보를 얻어 색이라는 생각을 떠나고, 공처空處에 들어가 상대가 있다는 생각을 없애고, 식처識處에 들어가 한량없는 생각을 없애어 오로지 식識이 식을 관찰하고, 무소유처無所有處에 들어가 갖가지 생각을 떠나고 비상비비상非想非非想에 들어가는데 이 경지를 궁극의 해탈이라고 하니, 이것이 도를 배우는 모든 이들의 저 언덕이다."라고 답하였다.

태자가 묻기를 "비상비비상처에는 내(我)가 있습니까, 없습니까? 만일 없다고 한다면 비상비비상처라고 말해서는 안 됩니다. 만일 있다고 한다면 나에게는 앎이 있습니까, 없습니까? 나에게 앎이 없다면 나무나 돌멩

이 같을 것이고, 나에게 앎이 있다면 곧 반연함이 있는 것입니다. 반연함이 있게 되면 물들어 집착함이 있게 되고, 물들어 집착하기 때문에 해탈이 아닙니다. 그대는 거친 번뇌는 다하였지만 미세한 번뇌는 아직 남아 있으니 저 언덕으로 건너간 것이 아닙니다."라고 하였다.

太子次詣阿羅邏迦蘭二仚人所。詰其所斷生老病死之法。仚人荅言。衆生之始。始於冥初。冥初起於我慢。我慢生於癡心。癡心生於染愛。染愛生於五微塵氣。五微塵氣生於五大。五大生於貪欲瞋恚及諸煩惱。於是流轉生老病死憂悲苦惱。太子又問。已知所說生死根本。復何方便而能斷之。仚人荅言。若欲斷者修習禪之。離欲惡不善之法。有覺有觀得初禪。除覺觀之生。入喜心。得第二禪。捨喜心。得正念具根樂。得第三禪。除苦樂。得淨念入捨根。得第四禪。獲無想報。離色想。入空處。滅有對想。入識處。滅無量想。識唯觀識。入無所有處。離於種種想。入非想非非想。斯處名爲究竟解脫。是諸學者之彼岸也。太子問曰。非想非非想處。有我耶。爲無我耶。若言無我。不應言非想非非想。若言有我。我爲有知。我爲無知。我若無知。即同木石。我若有知。即有攀緣。旣有攀緣。即有染著。以染著故。即非解脫。汝盡麁結。猶細結在。非度彼岸也。

태자가 두 선인을 조복하고 나서 설산으로 들어가 12년 동안 고행을 하였는데, 하루에 삼씨 한 알과 쌀 한 톨만을 먹기도 하고, 나아가 이레에 삼씨와 쌀 한 톨씩만 먹는 데까지 이르니 마른나무처럼 몸이 말랐다. 이에 '만일 내가 이 여윈 몸으로 도를 얻는다면 저 뭇 외도들은 이것을 열반이라고 여길 것이다. 그러니 내가 마땅히 먹을거리를 받아먹은 뒤에 도를 이루리라.'라고 마음속으로 생각하였다. 이렇게 생각하고 나자 정거천자가 아래로 내려와 저 숲 밖에서 소를 치고 있던 난타바라難陀婆羅라는 여인에게 권하여 우유죽을 가져다 태자에게 공양하게 하였다.

태자가 받아먹기를 마치자 몸에서 빛이 나고 윤기가 흘러 깨달음 이루기를 감당할 만하게 되었다. 과거 부처님을 관찰하니 풀로 앉을 자리를 삼았으므로 제석천이 보통 사람 모습으로 변신하여 풀을 들어 바쳤는데, 태자가 "그대 이름이 무엇인가?" 하고 물으니 "길상吉祥입니다."라고 답하였다. 태자가 기뻐하며 말하기를 "내가 불길한 것을 부수고 길상을 이루리라."라고 하였다.

염부나무 아래에서 저 풀 자리 위에 앉아 관찰하고 사유하여 하늘과 땅을 감동시키고 크고 밝은 빛을 뿜어 마귀의 궁전까지 덮었다. 파순波旬이 두려워하며 네 딸을 시켜 태자가 있는 곳으로 나아가 만 가지 요염한 자태로 유혹하게 하였으나 흔들리지 않았다. 이때 파순이 뭇 마귀의 무리를 이끌고 일부러 와서 괴롭히면서 "만일 일어나서 가지 않으면 너를 바다에 던져 버리겠다."라고 말하니, 태자가 "네가 먼저 나의 정병을 움직이게 한 뒤에야 나를 바다에 던질 수 있을 것이다."라고 답하였다. 이때 뭇 마귀의 무리가 온 힘을 다하였으나 정병을 조금도 움직이게 할 수 없었다. 나아가 갖가지 위세를 부리는 데까지 이르렀지만, 돌을 안은 이는 들지를 못하고, 들었다 해도 내려놓지를 못하며, 춤추듯 어지럽게 날리던 칼날들이 허공에 멈추고, 우레·번개·우박·비가 모두 다섯 빛깔 꽃이 되니, 뭇 마귀들이 힘을 다 써 버려서 다시 할 수 있는 것이 없었다.

太子調伏是二㐫已。入雪山中。苦行二六載。日食一麻一米。乃至七日。食一麻米。瘦若枯木。心自念言。我若以此羸身。而取道者。彼諸外道。當以是爲涅槃。因我當受食然後成道。旣作是念。淨居天子下來。勸彼林外牧女難陀婆羅門。[1] 令取乳糜供養太子。太子受食已竟。身體光閏。堪逐菩提。觀過去佛。以草爲座。帝釋化作凡人。持草以奉。太子問云。汝名何等。答曰吉祥。太子喜曰。我破不吉。以成吉祥。坐彼草褥。閻浮樹下。觀樹思惟。感動天地。演大光明。覆蔽魔宮。波旬恐怖。令彼四女。詣太子所。萬端妖媚。惑之不動。于時波旬。將諸魔衆。故來惱壞而作是言。若不起去。擲汝海中。太子荅曰。汝先動我淨缾然後。可能擲我海中。時諸魔衆。盡力不能令缾小動。乃至種種作威。若抱石者。不能勝擧。設能擧者。復不能下。飛刀舞釟。停於空中。雷電雹雨。成五色花。群魔力盡。無復能爲。

1) ㉠ '門'은 연자衍字인 듯하다.

태자가 이때 나이가 서른이었는데 12월 8일 밤 샛별이 떠오를 때 문득 크게 깨달아 평등하고 바른 깨달음을 이루었다. 삼계를 두루 관찰하니 어떠한 즐거움도 없는지라, "이 모든 중생들은 어떠한 인연으로 늙고 죽음이 있는가? 곧 늙고 죽음은 태어남을 뿌리로 삼음을 알겠다. 만일 태어남을 떠나면 곧 늙고 죽음도 없다. 인연에 따라 생겨나는데, 욕유·색유·무색유의 업으로 말미암아 생겨난다."라고 하였다.

또 삼유三有의 업은 사취四取에서 생겨나고, 취는 애愛에서 생겨나고 애는 수受에서 생겨나고 수는 촉觸에서 생겨나고 촉은 육입六入에서 생겨나고 육입은 명색名色에서 생겨나고 명색은 식識에서 생겨나고 식은 행行에서 생겨나고 행은 무명無明에서 생겨나니, 만일 무명을 멸하면 행이 멸하고, 행이 멸하면 식이 멸하고, 식이 멸하면 명색이 멸하면, 명색이 멸하면 육입이 멸하고, 육입이 멸하면 촉이 멸하고, 촉이 멸하면 수가 멸하고, 수가 멸하면 애가 멸하고, 애가 멸하면 취가 멸하고, 취가 멸하면 유가 멸하고, 유가 멸하면 생이 멸하고, 생이 멸하면 늙고 죽는 근심과 슬픔과 괴로움과 번뇌도 멸한다는 것을 관찰하였다. 이처럼 순서대로 또 거꾸로 십이인연을 관찰하여 삼십칠조도품과 십팔불공법과 사무소외와 십신통력을 갖추었다.

이때 온 땅덩이가 열여덟 가지로 흔들렸고 하늘 중생들은 음악을 연주하며 꽃을 뿌리고 향을 피웠으며 천룡팔부가 올린 공양이 허공을 가득 채웠다.

太子是年三¹⁾十。臘月八夜明星現時。霍然大悟。成等正覺。普觀三界無有一樂。云是諸衆生。以何因緣而有老死。卽知老死以生爲本。若離於生。卽無老死。從因緣生。因於欲有色有無色有業生。又觀三有業。從四取生。取從愛生。愛從受生。受從觸生。觸從六入生。六入從名色生。名色從識生。識從行生。行從無明生。若滅無明則行滅。行滅則識滅。識滅則名色滅。名色滅則六入滅。六入滅則觸滅。觸滅則受滅。受滅則愛滅。愛滅則取滅。取滅則有滅。有滅則生滅。生滅則老死憂悲苦惱滅。如是逆順。觀十二因緣。具足三十七助道品十八不共法。四無所畏。十神通力。于時大地十八相動。天作伎樂。散花燒香。龍天八部所設供養。充塞虛空。

1) ㉠ 갑본에는 '三'이 '五'로 되어 있다.

여래께서 21일 동안 사유하기를 '내가 얻은 법은 매우 깊고 이해하기 어려워서 오직 부처와 부처만이 알 수 있다. 모든 중생들은 탐욕과 성냄과 어리석음과 삿된 견해에 뒤덮이고 막혀 지혜가 없으니 내가 얻은 법을 어찌 이해할 수 있겠는가? 내가 이제 만일 가르침의 바퀴를 굴린다면 저들은 미혹되어 믿고 받아들일 수 없을 뿐만 아니라 도리어 비방하여 악도惡道에 떨어질 것이 분명하니 차라리 말하지 말고 열반에 들어가야겠다.'라고 생각하였다.

이때 대범천왕이 옆에 있다가 에워싸며 아뢰기를 "세존이시여, 태어나고 죽는 윤회 속에 오래 머무시면서 나라와 성과 아내와 자식과 머리와 눈과 뼛골과 뇌를 버린 것은 법을 구하기 위해서인데, 오늘 법의 바다가 이미 가득 찼고 법의 깃발이 이미 세워졌으니 (깨달음에 이르는 길을) 열어 (중생들을) 이끌 바로 그때인데 어찌하여 열반에 들려 하십니까?"라고 하면서 법을 설할 것을 세 번이나 청하였다.

이때 세존께서 그 청을 받아들여 바라나국의 녹야원으로 나아가 네 가지 진리와 십이인연의 가르침의 바퀴를 처음 굴리셨으며, 이로부터 300

차례 남짓 가르침을 폈는데, 말씀하신 것으로는 『화엄경』・『아함경』・『방등경』・『반야경』・『능엄경』・『법화경』・『원각경』・『능가경』・『열반경』 등 팔만의 참된 가르침이자 다함이 없는 법장이 있다. 그 신통력과 밝은 빛과 방편과 삼매는 큰 경전[68]에 실린 것과 같은데, 다 갖추어 기록하기 어렵다.

세상에 머물 기한이 다 차자 일흔아홉 되던 해에 사라쌍수 사이에 이르러 큰 열반에 들어가셨다. 초빈과 대렴이 다 끝나고 나서 가섭迦葉이 뒤늦게 도착하니 곽 밖으로 두 발을 보이셨으며, 금관이 저절로 들리고 불을 일으켜서 태웠는데, 여덟 휘 네 말이나 되는 사리가 비처럼 쏟아졌고, 세간에 두루 퍼져서 길이길이 복밭이 되었다.

이것이 각황께서 세상에 응하여 교화를 내리신 일의 시작과 끝이다. 그러니 어찌 불교가 오랑캐의 가르침이어서 중국에 펼치기가 합당하지 않다 하겠는가?

> 如來於三七日中思惟。我所得法。甚深難解。唯佛與佛。乃能知之。一切衆生。爲於貪欲瞋恚愚癡邪見之所覆障。無有智慧。云何能解我所得法。我今若爲轉法輪者。彼必迷惑。不能信受。而生誹謗當墮惡道。我寧默然。入般涅槃。時大梵天王。在側圍繞白言。世尊。久住生死。捨於國城妻子頭目髓腦。爲求法故。今日法海已滿。法幢已立。開導正時。云何涅槃。三請說法。尒時世尊。乃受其請。即詣波羅奈國鹿野苑中。初轉四諦十二行法輪。自是而爲三百餘會。其所談者曰華嚴。曰阿含。曰方等。曰般若。曰楞嚴。曰法華。曰圓覺。曰楞伽。曰涅槃等八萬眞詮無盡法藏也。若其神通光明方便三昧。具如大經所載。難可具錄。住世旣滿。七十九載。至娑羅雙樹間。入大涅槃。殯殮旣畢。迦葉後至。槨示雙趺。金棺自擧。化火而焚。舍利如雨。八斛四斗。流布世間。永作福田。此覺皇應世垂化之始終也。安得謂之夷教而

---

68 큰 경전 : 원문 '大經'은 일반적으로 『華嚴經』을 가리키지만 여기에서는 불교 경전을 총칭하는 것으로 볼 수도 있다.

不合施於中國也。

나의 좁은 생각을 한번 말해 보겠다. 법왕께서 세상에 응하신 일을 궁구해 보면 체體는 태극太極이고 용用은 하늘과 땅이니 운용하여 행하신 것이 저절로 하늘·땅과 함께 흘러 일 하나 모습 하나도 조화에 들어맞지 않는 것이 없다.

위로 높은 하늘에 태어난 것은 장주莊周가 말한 "큰 밝음의 위, 지극한 양의 근원"[69]이기 때문이다. 한밤중에 움직인 것은 하늘이 자시에 열리는 것에 호응한 것이다. 계축년에 태에 들어간 것은 땅이 축시에 열리는 것에 호응한 것이다. 갑인년에 태어난 것은 사람이 인시에 태어난 것에 호응한 것이다. 7월에 태에 들어간 것은 음기와 양기가 (한쪽으로 기울지 않고) 맞설 때이니, 부모의 기가 고르게 된 뒤에 태에 들어간 것이다. 15를 취한 것은 양의 밝음과 음의 어두움의 중간이기 때문이다. 또 5는 흙의 생수生數[70]이니 땅에 갈무리한다는 것에 호응한 것이다.

4월에 태에서 나온 것은 음이 다하여 양이 극에 이른 때이기 때문인데, 음이 다하면 태기가 사라지고 양이 극에 이르면 태어난다. 8일을 취한 것은 팔八이 연다는 뜻이기 때문이다. 또 8은 나무의 성수成數[71]인데 나무는 진震이니 "제왕이 진방에서 태어난다."[72]는 것에 호응한 것이다. 황금 연꽃으로 받든 것은 더러운 곳에 있으면서도 물들지 않는 것을 말한다.

아홉 마리 용이 물을 뿜어 금빛 몸을 씻겨 주었다는 것은 9가 양수이고

---

69 『莊子』「在宥」에 "내가 너를 위해 큰 밝음의 위에 다다라 저 지극한 양의 근원에 이르렀다.(我爲女遂於大明之上矣。至彼至陽之原也。)"라는 구절이 있는데, 큰 밝음의 의미에 대해서는 주석에 따라 차이가 있다.
70 생수生數 : 오행五行을 낳는 수로서 물(水)은 1, 불(火)은 2, 나무(木)는 3, 쇠(金)는 4, 흙(土)은 5이다.
71 성수成數 : 오행을 이루는 수로서 물은 6, 불은 7, 나무는 8, 쇠는 9, 흙은 10이다.
72 『周易』「說卦」.

물은 양기가 변화한 것이니 이를 써서 음장陰藏[73]의 기운을 씻어 없앤 것이다. 네 방위로 일곱 걸음씩을 걸어간 것은 네 방위에 저마다 칠요七曜[74]가 있음을 보인 것이다. 칠요는 음양과 오행의 조화의 으뜸이다. 4에 7을 곱하면 스물여덟 개의 별자리[75]가 되니 하늘의 법도이다. 눈으로 네 방위를 돌아보고 가운데를 겸하였으니 다섯 별이 되는데 곧 땅의 법도이다. 하늘과 땅의 법도가 갖추어지면 문채가 생겨난다. 그러므로 사자후를 한 것이다. 하늘을 가리킨 것은 공이고 양이며, 땅을 가리킨 것은 색이고 음이니 곧 음양과 공색의 안에 진여 자성의 부처가 있음을 보인 것이다. 그 자세가 홀로 있는 것은 견줄 이가 없기 때문이다.

이 하나의 부처님 나라에는 네 개의 세계가 있는데, 유독 섬부주의 가운데를 취한 것은 남쪽이 맑고 바르고 치우치지 않은 방위이므로, 그 가르침이 크게 들어맞고 크게 바르기 때문에 반드시 여기에서 유행할 것임을 보인 것이다. 이는 대대로 부처님께서 세상에 응하여 중생들에게 열어 보일 때의 최초의 방편이다.

이러한 체가 있기 때문에 이러한 용이 있으니, 진실로 세간의 성인들이 흉내 낼 수 있는 것이 아니다.

請以管見言之。原夫法王之應世也。體則太極。用則乾坤。運用施爲。自與天地流行。一事一相。無有不合於造化者。上生九天之上者。莊周所謂大明之上至陽之源也。動之於子夜者。天開於子之應也。處胎以癸丑者。地闢於丑之應也。誕生於甲寅者。人生於寅之應也。入胎以七月者。陰陽氣敵之時

---

73 음장陰藏 : 태 안을 말한다.
74 칠요七曜 : 일곱 가지 빛나는 것이라는 뜻으로서, 하늘에서 빛나는 해와 달과 금성, 목성, 수성, 화성, 토성의 다섯 별을 가리킨다.
75 스물여덟 개의 별자리 : 이십팔수二十八宿. 동아시아 고대 천문학에서는 하늘을 동서남북 네 방위로 나누고 각 방위마다 일곱 개의 별자리를 배당하였는데, 이를 합하여 말한 것이다.

也。父母氣均而後胎也。取其十五者。陽白陰黑之間也。又五者。土之生數。坤以藏之應也。出胎以四月者。陰盡陽極之時。陰盡則胎氣消。陽極則生矣。取其八日者。八者開也。又八者。木之成數。木爲震。帝出乎震之應也。奉以金蓮者。處染不染之謂也。九龍吐水。沐浴金躯者。九爲陽數。水爲陽氣所化。用以洗除陰藏之氣也。四方各七步者。示四方各有七曜也。七曜者。陰陽五行。造化之宗也。四七爲二十八宿。天之經也。目顧四方隶中則爲五星。卽地之緯也。經緯具而文彩發生。故出獅子吼。指天者。空也陽也。指地者。色也陰也。乃示陰陽空色之中。卽有眞如自性之佛。其勢獨存無有比肩者也。此一佛土世界有四。獨取於瞻部之中者。南爲明正不偏之方。示其法之大中大正。必於是而流行也。此則代佛應世。開示衆生。最初方便也。有是體故。有如是用也。固非世間之聖所能髣髴也。

그러나 이는 그저 나타난 일만 가지고 논한 것일 뿐이니 만일 이치에 나아가 말한다면 어찌 이와 같을 뿐이겠는가? 그러므로 몽산蒙山은 말하기를 "여래께서 크고 완전한 깨달음을 증득하시어 세 가지 몸이 완전히 나타나고 열 가지 칭호가 함께 드러나며 온 누리 모든 부처님과 더불어 체와 용을 같이하며 보고 듣는 것을 함께한다."[76]라고 하였다.

다만 자비로써 중생들을 마치 외아들처럼 불쌍하게 여기시며, 중생들이 미혹되고 어리석기 때문에 태어나는 모습을 보이시고, 어머니의 태에서 나오자마자 곧 네 방위마다 일곱 걸음을 걷고 하늘과 땅을 가리키며 "하늘 위 하늘 아래에서 내가 가장 높다."라고 하셨으니, 분명하고도 분명하게 여래의 정법안장 열반묘심을 부처님[77]께서 영명하고 영리한 사내대장부들에게 다 나누어 주신 것이다. 그런데도 깨달은 사람이 아무도 없으

---

[76] 『蒙山和尙六度普說』.
[77] 부처님(當陽) : 원문 '當陽'은 '북쪽에서 해가 있는 남쪽을 보고 있다.'라는 뜻으로, 제왕이나 부처를 가리킨다.

므로 다시 다른 방편을 끌어와서 황궁을 버리고 설산에 들어가 본보기를 일으키고 모양을 그렸으며,[78] 샛별을 보고 크게 깨닫고서 "기이하구나! 모든 중생들이 여래의 지혜 덕상을 갖추고 있으면서도 그저 망상 때문에 뒤집히고 집착하여 증득하지 못하는구나."라고 외치셨다. 이에 빛을 뿜어서 온 누리 모든 나라를 두루 비추고 여러 큰 보살들을 불러 모아 보리도량에서 크게 법회를 열어 『대방광불화엄경』을 펼쳐 설하시어 이 도를 발휘하셨다. 이는 법신불이 교주가 되어 현묘한 종지를 열어 드러낸 것으로, 신통과 밝은 빛과 삼매와 위신력으로 금강심의 온전한 묘함을 드러내 보였는데, 특히 중생들에게 부처님의 지견知見을 열어 보여 합당한 근기의 중생들이 묘한 도를 깨달아 들어가게 하신 것이다.

그러나 부처님께서 스스로 설하지 않으시고 여러 보살들에게 위신력을 더해 주어 이 경을 펼쳐 설하게 하신 것은, 크게 깨달으신 세존의 체와 용이 태역太易과 같아서, 억지로 함이 없는 묘함으로 자연의 지극한 덕을 베풀어 중생들을 두루 이롭게 함을 보이신 것이다.

이에 큰 가르침을 열었는데 '대방광'은 큰 법이고, 큰 법은 열반묘심이고 금강심이고, 맑고 깨끗하고 묘한 참된 마음으로, 이 마음이 허공을 품을 만큼 크므로 '대방광'이라고 한다. '불佛'은 깨달음이고 '화花'는 자비와 지혜와 행위와 서원이니, 참된 마음을 깨달으면 마땅히 자비와 지혜와 행위와 서원으로 묘한 체를 장엄하여 위없는 깨달음을 이루어야 한다. '경經'은 가르침이고 달을 가리키는 손가락이다. 손가락을 통해 달을 보면 사내대장부라 하겠지만, 혹 손가락을 붙잡고 달이라 여긴다면 어떠하겠는가? 어리석음과 미혹됨이 심한 것이다.

또 옛날 큰 스님이 말하기를 "처음 왕궁에 태어날 때 근본을 보이며 두루 일곱 걸음을 걸었고, 또 하늘과 땅을 가리키며 거듭 펼쳤지만 이해하

---

[78] 여러 가지 수행의 모습을 보였다는 뜻으로 보인다.

는 사람이 없었으며, 그저 천둥 번개 소리만 대천세계에 두루 울렸다."[79]
라고 하였으니, 이에 뜻을 두고 배우는 이들 또한 손가락을 붙잡아 공을
베풀려 해서는 안 되며, 눈이 마주치는 곳에서 구한다면 (도에) 가까울 것
이다.

然此但事而論耳。若卽理而言之。則豈直如是而已哉。故蒙山云。如來證大
圓覺。三身圓現。十號俱彰。與十方諸佛。同一體用。共一見聞。但以慈悲。
憐愍衆生。猶如一子。爲衆生迷昧故。示現受生。才出母胎。便乃四方。各
行七步。指天指地云。天上天下唯我獨尊。明明以如來正法眼藏涅槃妙心。
當陽分付靈利男兒了也。無人領悟。又累他棄皇宮入雪山。起模畫樣。見明
星大悟。唱言奇哉。一切衆生。具有如來智慧德相。但以妄想顚倒執著。而
不證得。於是放光。遍照十方諸佛國土。召集諸大菩薩。大會於菩提場中。
演說大方廣佛華嚴經。發揮此道。法身佛爲敎主者。開顯玄宗也。以神通
以光明以三昧。以威神力。顯示金剛心之全妙。特爲衆生。開佛知見。令當
機悟入妙道也。然佛不自說。以威神力。加諸菩薩。演說是經者。表現大覺
世尊體用。與太易等。任無爲之妙。施自然至德。普利群生也。開闡大敎也。
大方廣者。大法也。大法者。涅槃妙心也。金剛心也。淸淨明妙眞心也。此
心量包虛空。故曰大方廣。佛者。覺也。花者。悲智行願也。覺悟眞心。當以
悲智行願。莊嚴妙體。成無上菩提。經敎者。標月指也。因指見月可謂男兒。
其或執指爲月若何。癡迷甚矣。又古德云。初誕王宮。示本然周行七步。又
重宣指天指地無人會。獨震雷音遍大千。有志於是學者。且莫執指施功。當
求於目擊之間近矣。

묻겠다 : 처음 태어남이 이미 저와 같다면, 출가하고 중생들을 구제하

---

[79] 『禪宗頌古聯珠通集』.

고 열반에 들어간 일에 어찌 방편이 없겠는가? 다시 주석을 붙여 아직 들어 보지 못한 것을 듣게 해 달라.

> 曰降生之序。旣如彼也。出家度生。涅槃之事。豈無方便。更爲注脚。聞所未聞。

답하겠다 : 네 문을 돌아다니면서 본 것은 사람이 사대四大로 이루어진 허깨비 같은 몸이 있어서 태어나고 늙고 병들고 죽는 괴로움을 벗어나지 못함과 이를 넘어서는 것은 오로지 하나의 문밖에 없음을 보인 것이다. 열아홉 살에 성을 넘은 것은 십팔계十八界를 다 지나 비로소 출가할 수 있게 된 것이다. 설산은 작은 티끌도 이르지 못하는 곳이다. 12년 동안 고행한 것은 육근과 육식을 깨끗하게 다스린 것이다. 서른에 도를 이룬 것은 공자가 말한 "서른 살에 섰다."는 것이 이것이다. 300차례 남짓 설법하신 것은 두루 삼계에 묘한 법을 열어 보인 것이다.

대를 이어 나오신 부처님께서는 바야흐로 사람의 목숨이 100세일 때 태어나셨는데, 세상에 일흔아홉 살까지만 머무신 것은 스물한 살[80]을 덜어 상제上帝와 명왕冥王과 아라한들에게 나누어 주고, 그들이 말세의 충신 효자와 수행하는 비구들의 복과 목숨을 넉넉히 더해 주게 한 것이다.

두 나무 사이로 나아간 것은 중도제일의제를 보인 것이다. 염해져 금관에 들어간 것은 두 가지를 차단한 것이다. 곽 밖으로 두 발을 내보인 것은 두 가지를 비추는 것이다. 금관이 저절로 허공으로 들리고 불이 일어나서 스스로 탄 것은 여래의 몸은 속계의 불로 태울 수 있는 것이 아님을 보인 것이다. 사리가 여덟 휘 네 말에 이른 것은 팔만사천의 더럽고 괴로운 번뇌가 진여의 맑고 깨끗한 법신으로 바뀐 것이다.

---

[80] 스물한 살(三七岭) : 원문의 '岭'은 무슨 뜻인지 알 수 없으나, 글의 흐름으로 보아 '해'나 '나이'를 뜻하는 것으로 보인다.

무릇 사람이 사대를 받아 십팔계의 울타리 속에 있게 되면 가두는 것으로는 아내라는 감옥이 있고 얽어매는 것으로는 자식이라는 쇠사슬이 있다. 그가 받는 업은 벌과 같고 그가 받는 과보는 형벌과 같으니, 비록 은혜를 베푼다고 하지만 사실은 원수를 맺는 것이며, 비록 사랑한다고 하지만 사실은 해치는 것이다. 마음의 번뇌는 물이 불에 끓는 것과 같고 몸이 업으로 나아가는 것은 나방이 등불에 날아드는 것과 같다. 누에가 실을 뽑아 스스로 그 몸을 묶듯이 쇠에 녹이 슬어서 그 형체를 삭여 없애듯이, 괴로운 상황이 이러한데도 어리석은 이들은 마음에 달게 여긴다.

> 曰四門遊觀者。示人之有四大幻身。未免乎生老病死之苦。而超之唯有一門也。十九踰城者。過盡十八界。方得出家也。雪山者。纖塵不到處也。苦行二六載者。淨治六根六識也。三十成道者。孔子所謂三十而立者是也。說法三百餘會者。普爲三界開示妙法也。代佛方生人壽百歲之時。住世七十九年者。減三七齡。分付上帝冥王及阿羅漢。俾其饒益末世。忠臣孝子。修行比丘之福壽也。詣雙樹之間者。示中道第一義諦也。殮入金棺者。雙遮也。槨示雙趺者。雙照也。金棺擧空化火自焚者。示如來之身。非三界之火所能燎也。舍利至於八斛四斗者。八萬四千塵勞煩惱。轉爲眞如淸淨法身也。夫人之禀於四大而處於十八圍圈之中者。囚之有妻獄。繫之有子鏁。其受業也若罰。其受報也若刑。雖曰恩之。其實讎之。雖曰愛之。其實害之。心之煩惱也。如湯之沸火也。身之趨業也。如蛾之赴燈也。如蠶吐絲自纏其身。如鐵生垢。消殞其形。苦狀如斯。而昧者甘心焉。

오직 여래께서 장부의 뜻을 분발하여 반야의 칼날을 쥐고 오음五陰의 마귀를 치며 탐욕과 애욕의 그물을 찢고자 이 성을 넘어 저 산에 들어가셨다. 잡되게 마음 쓰는 일 없이 육근을 깨끗하게 다스리고 한 생각으로 정근하여 여래의 위없는 지견을 완전하게 깨달으셨으며, 그 깨달음으로 두루 사람과 하늘 중생들을 기쁘게 해 주셨다. 할 일을 다 마치시자 열반에 들어가려 하시면서 두 가지를 차단하고 두 가지를 비추어서 제일의를 보이셨고, 자기의 목숨을 덜어 말세의 후손들에게 넉넉하게 내리셨으며, 법신을 나누어 세간의 복밭을 널리 여셨다.

중생들을 위하는 큰 자비는 몸은 비록 다함이 있어도 뜻은 다함이 없으니, 성인 가운데 지극한 성인, 사생四生의 자애로운 아버지가 아니라면 누가 이럴 수 있겠는가? 이로 보자면 부처님을 배척하는 것은 부모를 배척하는 것이 아닌가? 부처님을 욕하는 것은 부모를 욕하는 것이 아닌가? 부모를 욕하고 배척한다면 그 죄가 어떠하겠는가? 이러한 악업으로 받는 것으로는, 현세에는 하늘이 내리는 형벌과 사람이 끼치는 화가 번갈아 공격할 것이고, 죽은 뒤에는 끓는 구리를 마시고 혀를 뽑히는 깊은 처벌이 있다. 위험이 닥쳐서야 후회하고 자책한들 자기 배꼽을 깨물려는 것과 같으니 어찌 미칠 수 있겠는가?

> 唯有如來奮丈夫之志。秉般若之鋒。擊五陰之魔。裂貪愛之網。踰是城入彼山。無雜用心。淨治六根。精勤一念。圓悟如來無上知見。普以吾覺。悅可人天。能事已畢。將入涅槃。雙遮雙照。示第一義。以至減已壽。垂裕末世之兒孫。分法身。廣闢世間之福田。其爲衆生之大悲。身有盡而意無窮。非聖中至聖。四生慈父者。疇能若是乎。以此觀之。則斥佛者。其斥父母乎。謗佛者。其謗父母乎。謗斥父母者。其罪爲如何哉。以是惡業感之。則現世即有天刑人禍之交攻。身後即有融銅拔舌之深誅。臨危悔責。噬臍何能及歟。

묻겠다 : 그대의 말대로 부처는 체가 태극이고 용이 하늘과 땅이어서 움직이고 변화하는 것이 하늘과 땅과 함께 유행함을 알겠다. 그렇다면 하늘과 땅의 조화의 묘한 뜻은 하도·낙서보다 더 자세한 것이 없는데, 부처

가 논하지 않은 것은 왜인가?

> 問如子之言佛。體則太極。用則乾坤運動變化。與天地流行則審矣。然則天地造化之妙旨。莫詳於圖書。而佛之不及論。何也。

답하겠다 : 부처님께서 하도·낙서의 뜻을 사람들에게 다 보여 주었지만 사람들이 스스로 살피지 못한 것이니, 비유하자면 장님이 밝은 햇빛을 보지 못하는 것과 같다.

부처님께서 나타나 보이실 때에는 반드시 세 몸을 갖추고 있는데, 세 몸이란 법신, 보신, 화신이다. 법신의 손 모양은 왼손과 오른손을 하나로 모아 쥐는데 그 체를 보이는 것이다. 역易의 무극無極에서 태극太極이 되는 것이 이것이다. 무극이라는 것은 가만히 고요하고 텅 비어 밝으면서 온 우주를 감싸는 것을 말한다. 무극 가운데 극에 이르러 영묘함이 일어나려는 것을 태극이라 말한다. 태극이라는 것은 묘한 밝음을 품어 온 세상에 가득 찬 것을 말한다.

보신의 손 모양은 펼쳐서 왼손과 오른손을 펴고 있는데, 그 상象을 보여 주는 것이다. 역의 태초에서 태시太始가 되고, 태시에서 태소太素가 되어 음양이 이미 갈라지고 사상四象[81]이 이미 나뉜 때이다. 왼손은 양이 되고 오른손은 음이 되며, 사상은 팔꿈치 (위아래의) 두 마디이니 왼손과 오른손을 합하여 넷이 된다. 세간에서 네 계절을 네 마디(四節)라 하는 것은 충분한 이유가 있다.

> 曰圖書之旨。佛之示人盡矣。而人自不察。比猶盲者。而不知日之明也。佛之示現。必具三身。而三身者。法報化也。法身之結手。合左右爲一拳示其

---

81 사상四象 : 『周易』에서 우주의 모든 현상을 음과 양이 서로 결합하는 네 가지 경우로 나누어 설명한 것으로서 태음太陰, 태양太陽, 소음少陰, 소양少陽을 말한다.

體也。易之自無極而太極是也。無極者。湛寂虛明。抱括十虛之謂也。極乎無極之中。靈妙將發。謂之太極。太極者。含畜妙明。充塞六合之謂也。報身之結手。闢而展左右。示其象也。易之自太初而爲太始。自太始而爲太素。陰陽已判。四象已分之時也。左爲陽右爲陰。而四象則肘之二節也。左右合而爲四矣。世以四時爲四節者。良有以也。

화신의 손 모양은 왼손은 펴고 오른손은 오므렸는데, 그 작용을 보여 주는 것이다. 편 것은 양이고 오므린 것은 음이다. 왼손 손가락은 세 개를 펴고 두 개를 굽혔으며, 오른손 손가락은 세 개를 굽히고 두 개를 폈는데, 편 것은 모두 하늘의 수이고, 굽힌 것은 모두 땅의 수이다. 두 손의 손가락이 굽히고 편 것이 서로 엇갈리는 것을 오행五行을 낳고 이루는 것에 짝지어 보자면, 왼손의 새끼손가락은 하늘의 1로서 물을 낳고, 무명지는 땅의 2로서 불을 낳고, 장지는 하늘의 3으로서 나무를 낳고, 검지는 땅의 4로서 쇠를 낳고, 엄지는 하늘의 5로서 흙을 낳는다. 이는 아래부터 쌓아 올라가 위에 이르는 것이다. 오른손의 새끼손가락은 땅의 6으로서 물을 이루고, 무명지는 하늘의 7로서 불을 이루며, 나아가 엄지손가락이 땅의 10으로서 흙을 이루는 데에 이르기까지 저마다 같은 기운끼리 서로 구하는 것이다. 이것은 부처님께서 오행이 생겨나고 이루어지는 바탕을 보인 것이다.

팔괘八卦[82]가 상象을 이루는 것으로 짝지어 보자면, 왼손의 굽힌 세 손가락이 합하여 건乾괘가 되고, 편 두 손가락이 아래의 굽힌 손가락과 함

---

82 팔괘八卦 : 사상四象에 음과 양을 한 번씩 더 결합하여 이루어진 여덟 가지 경우의 수를 가리키는 것으로서, 건乾, 곤坤, 감坎, 이離, 간艮, 손巽, 진震, 태兌를 말한다. 이 팔괘는 구체적인 자연현상에 적용되어 건괘는 하늘, 곤괘는 땅, 감괘는 물, 이괘는 불, 간괘는 산, 손괘는 바람, 진괘는 벼락, 태괘는 연못을 가리키기도 하고, 방위에 적용되어 건괘는 서북쪽, 곤괘는 서남쪽, 감괘는 북쪽, 이괘는 남쪽, 간괘는 동북쪽, 손괘는 동남쪽, 진괘는 동쪽, 태괘는 서쪽을 가리키기도 한다.

께 진震괘가 되고, 편 두 손가락이 가운데의 굽힌 손가락과 함께 감坎괘가 되고, 편 두 손가락이 위의 굽힌 손가락과 함께 간艮괘가 되는데, 이것은 건괘, 진괘, 감괘, 간괘가 양으로서 왼손에 나타난 것이다. 오른손의 편 세 손가락이 합하여 곤坤괘가 되고, 굽힌 두 손가락이 아래의 편 손가락과 함께 손巽괘가 되고, 굽힌 두 손가락이 가운데의 편 손가락과 함께 이離괘가 되고, 굽힌 두 손가락이 위의 편 손가락과 함께 태兌괘가 된다. 이것은 부처님께서 건괘, 곤괘 등의 괘상의 뿌리를 보여 주는 것이다.

  기의 흐름으로 짝지어 보자면, 한 손의 네 손가락은 각각 세 마디로 모두 열두 마디이고, 두 손을 합하면 (스물네 마디로) 스물넷의 기氣[83]가 된다. 이 기가 서로 뒤섞여 오행이 생겨나고 이루는 것이 다 갖추어진다. 이것은 부처님께서 하늘과 땅의 조화의 근원을 보인 것이다. 엄지손가락을 제외하는 것은 그 가운데를 비워 놓는 것이다. 네 손가락은 이미 물, 나무, 불, 쇠가 되어 사방에 자리 잡았으니, 엄지손가락은 흙이 되어 네 손가락에 합하지 않음이 없다. 이는 흙이 올바른 자리를 얻어 어디나 두루 응하고, 가운데 자리에 있으면서 이리저리 얽혀 조화하는 것이다.

化身之結手。左舒右縮。示其用也。舒者陽。而縮者陰也。左手之指。三伸二屈。右手之指。三屈二伸。伸者皆天數而屈者皆地數也。兩手之指。屈伸相錯以五行生成配之。則左手之小指。爲天一而生水。無名指爲地二而生火。長指爲天三而生木。次指爲地四而生金。母指爲天五而生土。自下而積。至于上者也。右手之小指。爲地六而成水。無名指爲天七而成火。以至母指爲地十而成土。各以同氣相求也。此佛之所以示五行生成之本也。以八卦之成象配之則左手之三屈。而合成乾卦。二伸與下屈爲震。二伸與中屈爲坎。二伸與上屈爲艮。此所以乾震坎艮爲陽。而象於左手也。右手之三

---

83 스물넷의 기氣: 이십사절기를 말한다.

伸。合成坤卦。而二屈與下伸爲巽。二屈與中伸爲离。二屈與上伸爲兌。此
佛之所以示乾坤卦象之根也。以氣之流行配之則手之四指各爲三節。捻爲
十二而合二手。則爲二十四氣也。以是氣錯綜。而五行之生成備矣。此佛之
所以示乾坤造化之源也。除其母指者。虛其中也。四指旣爲水木火金。而位
於四方。則大指爲土。無有不合於四指。此土之所以得正位。而普應無方。
居中宮而錯綜造化者也。

　이로 보자면, 부처님께서 사람들에게 보여 주는 것이 매우 절실하고도 분명한데, 조화의 묘함은 그 몸을 벗어나지 않는다. 이것이 부처님께서 하늘과 땅의 조화의 근원인 까닭이니, 이에 어둡고서 밝다 할 수 있겠는가? 유교는 사물을 관찰하지만 불교는 한 몸에 다 아우르고, 유교는 자기 밖을 궁구하지만 불교는 자기 안을 밝히는데, 유교가 되고 불교가 된 까닭이 이것이다.

　하도·낙서가 불교 경전에 실리지 않은 것은, 그것이 인도에서 일상적으로 행해지던 불교 밖의 가르침으로, 결국 지푸라기 인형처럼 이미 진부한 것인데 여래께서 어찌 이어받아 말하겠는가? 그저 그것이 말미암은 근원을 밝힐 뿐이다. 그러므로 『능엄경』에서 오행의 연기를 스스로 다 분석하였으니 이에서 충분히 알 수 있다.

　또 부처님의 지견은 넓고 크고 깊고 멀리 미치며, 부처님의 눈으로 보는 것은 갠지스강의 모래알 같은 세계를 끝까지 밝게 다 보는데 하도·낙서만 모르시겠는가? 『화엄경』의 다지바라문 같은 경우 감로화왕의 안팎의 덕상을 찬탄하면서 으뜸가는 거북을 끌어다 증명을 삼았으니, 인도에서도 이 법을 쓴다는 것이 이미 믿을 만한 것이다. 또 하물며 인도는 세계의 중심으로서 세상의 온갖 교법이 모두 그곳에서 나왔기 때문에 주겁住劫의 시초에 오지五地·육지六地·칠지七地의 보살들이 본래 세운 서원의 힘을 받아 세간에 나투어서 임금이 되고 신하가 되고 온갖 학문의 학자가 되고 수많은 공인이 되어서 세간의 갖가지 여러 법을 닐리 일으켜 세계를 장엄하고 중생들을 열어 이끌면서 모든 문헌을 하나도 갖추지 않은 것이 없으며, 서로 다른 책들이 많게는 예순네 가지나 되는데 어찌 하도·낙서만 그 안에 없겠는가? 『유마경』에서 말하는 "경서와 주금술, 뭇 기예가 공교로워, 이 일 행하는 것 다 나타내어, 뭇 중생들을 이롭게 하네."라고 한 것이 이것이다.

유교가 이로써 불교보다 뛰어난 점을 구한다고 한다면, 하백河伯[84]이 스스로 물이 많다고만 여길 뿐 다시 바다가 있는 것은 알지 못하는 것과 어찌 다르겠는가?

그 문자를 범서梵書라고 부르는 것은 세계가 처음 이루어져서 어떤 사람이나 사물도 없이 텅 비어 있을 때, 광음천인이 과보가 다하여 아래로 내려오니, 몸에는 밝은 빛이 있고 발로는 구름을 밟을 수 있었지만, 땅에서 나는 것을 먹은 것 때문에 그 몸이 단단하고 무거워져서 발이 땅을 떠나지 못하게 되어 세간에 살게 되었는데, 저 하늘의 문자와 말을 그대로 가지고 와서 세간에 유포하였기 때문에 범서라고 부른 것이다. 곧 그 문자가 사람이나 사물과 더불어 생겨났으니 이 땅에서 결승문자를 써서 다스린 것과 같지 않다.

중국에서 성인이라고 하는 사람들은 또한 모두 큰 방편을 지닌 보살들이 나툰 것이다. 그러므로 『수미사역경須彌四域經』에서는 말하기를 "응성應聲보살은 복희씨伏羲氏이고, 길상吉祥보살은 여와女媧이다."라고 하였으며, 『공적소문경空寂所問經』에서는 말하기를 "가섭보살을 저들 (중국인들은) 노담老聃이라 부르고, 유동儒童보살을 저들은 공구孔丘라 부른다."라고 하였으니, (하도·낙서의) 법이 인도에서 시작되어 동쪽으로 이곳까지 전해졌다는 것이 분명하다.

---

84 하백河伯 : 『莊子』에 나오는 황하의 신을 말한다.

以此觀之。則佛之示人深切著明。而造化之妙。不過乎自己。此佛之所以爲乾坤造化之宗者也。而昧此可爲明乎。儒者觀乎物。而佛則捴乎身。儒者攻乎外。而佛則明乎內。此其所以爲儒佛也。若圖書之不載佛書者。是乃天竺。常行外典之教。遂爲已陳芻狗耳。如來何襲而控之哉。但明其所自耳。故楞嚴經中。五行之緣起。儘自分析。盖可見也。且佛之知見。廣大深遠。佛眼所矚。明極沙界。而獨圖書之不審乎。如華嚴多智婆羅門。讚甘露火王內外德相。乃引元龜爲證。則天竺之用是法。亦已諒矣。又況天竺乃世界之中心。諸有教法。皆從中出故。住劫之初。五地六地七地菩薩承本願力。示現世間。爲君爲臣爲九流爲百工。廣興世間種種諸法。莊嚴世界開導衆生。一切典籍。無不畢備。其書之異。至於六十四種之多。豈獨圖書而不在其中耶。維摩經所謂經書呪禁術工巧諸伎藝。盡現行此事。饒益諸衆生是也。儒者以是而求勝於佛教。何異乎。河伯。自多於水而不知復有海乎。稱其文字爲梵書者。世界初成。曠無人物。光音天人。報盡下來。身有光明。足若御雲。因餐地味。其體堅重。足不離地。處於世間。仍將彼天文字語言。流布世間。故號梵書。即其文字。與人物並生非若此方結繩而爲政也。東夏之所謂聖人者。亦皆大權菩薩之示現。故須彌四域經云。應聲菩薩爲伏羲。吉祥菩薩爲女媧。空寂所問經云。迦葉彼稱老聃。儒童彼稱孔丘。則其法之始於天竺。而東漸于此明矣。

묻겠다 : 부처님께서 나투신 것이 주나라 소왕 때라면 어찌하여 그때 이 땅까지 아울러 교화하지 않으셨는가? 교법은 한나라 때 들어왔고 선법이 이른 것은 양나라 때이니 천 년이나 뒤늦게 된 것은 왜인가?

曰佛之示現。在於周昭之時。何不其時並化此方。教法之流於漢。禪法之至於梁。乃遲于千載之後者。何也。

답하겠다 : 불법佛法의 유행은 반드시 시절 운수에 의지해야지 억지로 할 수 없는 것은 자연의 시간을 당기거나 물릴 수 없는 것과 같다. 부처님께서 열반에 드신 뒤에 다섯 가지 견고함이 있었는데 손가락에 더 많거나 모자람이 없듯이 모두 500년을 기한으로 삼았다. 세상의 흐름은 500년마다 한 번씩 변하는데 또한 오행이 감응하여 된 것이다. 맹자가 "500년이면 반드시 왕 될 이가 일어난다."[85]라고 하였는데 또한 이것을 말하는 것이다.

다섯 가지 견고함이라는 것은 첫째는 해탈이고 둘째는 선정이고 셋째는 많이 듣는 것이고, 넷째는 복덕이고 다섯째는 다툼이다. 이것은 법문이 시대에 따라 바뀌어 가는 순서이다.

해탈과 선정은 법 가운데 가장 묘하며 흔들리지 않는 것이다. 그 종지는 또한 말로 하는 가르침 밖으로 벗어나 있다. 교법이 그 당시에 이르지 않은 까닭이 이것이다.

많이 듣는 것으로 한정된 시대에 이르게 되면 사람들이 많이 듣는 것이 견고하여 교법이 유행하기에 알맞으므로 이에 움직인 것이다. 그래서 후한 명제가 꿈에 금빛 모습을 보고 뭇 신하들에게 묻기를 "짐이 어젯밤에 침전에서 자다가 꿈속에서 색다른 종류의 신령스러운 조짐을 보았는데 경들 가운데 누가 꿈을 풀이할 수 있겠는가?"라고 하였다. 그때 승상 한헌韓憲이 "폐하께서 말씀하십시오."라고 아뢰니, 명제가 말하기를 "짐이 꿈에 금빛 사람을 보았는데 몸길이가 1장 6척이고 얼굴 빛깔은 자금색이고 목에는 둥근 빛을 둘렀고 가슴에는 만자卍字가 새겨져 있고 머리에는 나계螺髻가 있고 이마는 털에서 나오는 빛을 띠었으며, 마음대로 날아올라 어디든 걸림이 없었는데, 입으로 말하기를 '나는 석가모니불로서 천축에서 태어나 열반에 들어간 지 이미 천 년이 지났다. 내게 큰 가르침이 있

---

85 『孟子』「公孫丑 下」.

는데 이 땅에 전하는 것이 합당하다.'라고 하였다. 누가 이를 자세히 아는가?"라고 하였는데, 한헌과 허고許藁 등이 모두 근거 없는 일이라고 생각하였다.

그때 사인舍人 전의傳毅가 자기 지위를 넘어 아뢰기를 "신이 『주서기周書記』를 읽어 보았는데, 소왕 24년에 큰 성인이 서역에서 태어나니 여러 가지 밝은 빛과 신령스럽고 상서로운 조짐이 이 나라를 비추었으며, 그때 태사관 소소유가 아뢰기를 '(성인이) 세상을 떠나고 천 년 뒤에야 성스러운 가르침이 이 땅에 흘러 전해지기에 합당합니다.'라고 하니 소왕이 사자를 보내어 낙양성 남쪽 교외의 단 아래에 비석에 기록하여 묻게 하였다고 합니다. 공왕이 즉위하고 3년 뒤인 임신년에 열반에 들어간 뒤로 딱 천 년이 지났으니 폐하께서 꿈꾸신 것은 반드시 이 때문일 것입니다. 신이 설명한 말을 의심하신다면 주나라 때의 비석 기록을 살펴보시기 바랍니다."라고 하였다.

명제가 승상 한헌에게 성 남쪽으로 가서 옛 비석을 취하여 살펴보게 하였는데, 그 비문을 다 적어 아뢰니 명제가 크게 기뻐하며 국자박사 왕준王遵과 중랑장 진경秦景과 정원장군 채음蔡愔에게 18명을 이끌고 나라의 예물과 칙서를 지니고 서쪽으로 가서 성스러운 가르침을 구하게 하였다.

영평永平 3년 4월 8일 왕준 등이 명을 받들어 궁궐 아래에서 작별하고 떠나 여러 나라를 두루 거친 뒤 5년에 서역의 월지국에 이르렀고, 길 위에서 문득 두 명의 인도 승려를 만났는데, 한 명은 성이 가섭에 이름이 마등摩滕이고, 한 명은 성이 축竺에 이름이 법란法蘭이었다. 그들은 부처님께서 설한 범어 경전인 『금강반야경』・『묘법연화경』・『유마경』・『사십이장경』을 지니고 한나라 땅으로 오려던 참인데, 한나라 사신을 보고는 온 곳을 물었다.

왕준 등이 대답하기를 "제자들은 한나라에서 왔습니다. 한나라의 천자께서 꿈속에 금빛 사람을 보았는데, 입으로 부처라고 말하면서, 이제 멸도한 지 천 년이 지났으니 큰 가르침이 동쪽 땅으로 흘러 전해지기에 합당하다고 하였습니다. 그래서 제자 등을 보내어 멀리 길을 떠나 서쪽의 성스러운 가르침을 찾게 하였습니다."라고 하였다.

이에 두 명의 인도 승려가 찬탄하며 말하기를 "한나라의 사신이 불법을 구하고자 서쪽 나라로 온 것은 모두 성스러운 힘이 가만히 도와주신 것으로, 인연이 맞아 여기에서 서로 만나게 되었습니다. 한나라에는 아직 불법이 없음을 제대로 알고서 빈도들이 지금 불법을 지니고 여기에 왔습니다. 천사天使[86]들께서는 번거롭게 서쪽으로 가지 않아도 됩니다."라고 하였다.

왕준 등이 매우 기뻐하며 경건하게 절하고 불경을 받들어 받아 백마에 싣고 두 명의 승려와 함께 낙양으로 오니 바로 영평 14년 10월 8일이다.

왕준 등 세 사람이 명 받은 일에 대해 황제에게 아뢰고 불경을 바치니 황제가 크게 기뻐하며 저마다 황금 천 냥씩을 내려 주고 두 명의 승려는 홍려관에 머물며 경전을 번역하게 하였다. 황제가 생각하는 것이 이에 그치지를 않아서, 백마가 멀리 다녀온 피로 때문에 병이 생겨 죽자 칙명으로 낙양성 서쪽에 장사 지내게 하고 그 자리에 절을 하나 지었는데, 이에 '백마사'라고 이름을 붙였다.

曰佛法之流行。必依時數不可苟然者。若天時之不可進退也。佛滅度後。有五牢固。皆以五百歲爲限。如手指之無過不及者。凡世之運。五百歲一變。而亦五行之所感也。孟子曰。五百年必有王者興。亦謂此也。所謂五牢固者。第一爲解脫。第二爲禪之。第三爲多聞。第四爲福德。第五爲鬪諍。此法門隨世移變之漸也。盖解脫禪之。法之最妙而不動者也。其

---

86 천사天使 : 황제의 사신을 말한다.

旨又離乎言敎之外。此敎法之所以當是期而不至也。若逮于多聞之限。則人以多聞爲牢固。宜乎敎法之流行。於是運也。故後漢明帝之夢金像也。問於群臣曰。朕於昨夜寢殿中。夢見異種靈瑞。卿等能誰圖夢。時有承相韓憲奏曰。請陛下說之。帝曰朕夢見金人。身長丈六尺。紫金容色。項佩圓光。胸題卍字。頭安螺髻。額帶毫光。飛騰自在。東西無礙。口稱吾是釋迦牟尼佛生在天竺。滅度已經千載。吾有大敎。合傳此方。誰能委知。韓憲許藁等。皆以爲無稽。時有舍人傳毅越班奏曰。臣讀周書記云。昭王二十四年。有大聖人生於西域。有異種光明靈瑞。照於此國。其時大史官蘇少游奏曰。滅後一千年。合有聖敎。流傳此土。昭王遣使。於洛陽城南郊壇之下。碑記埋之。恭王即位三年壬申之歲。入滅已來。的有一千年。陛下所夢。必是其由。恐臣辨言。請檢周家碑記。帝令承相韓憲。徃取檢城南古碑。具錄其碑文奏聞。帝大悅。以國子博士王遵中郞將秦景之遠將軍蔡愔將從十八人。賫持國賂及勅書。遣於西域。以求聖敎。永平三年四月八日。王遵等奉命。辭闕下。巡歷諸方。五年到西天月支國。忽於路中。相逢二梵僧。一僧姓迦葉。名摩騰。一僧姓竺。名法蘭。持佛梵字金剛般若妙法蓮經維摩經四十二章經。欲來漢土。見漢使。而問所從。王遵等對曰。弟子等。從漢國而來漢朝天子。夢見金人。口稱是佛。滅度已來。今經千歲。合有大敎。流傳東土以故遣弟子等。遠涉程途。尋覓西方聖敎。於是二梵僧嘆曰。漢使欲求佛法來於西國。盡是聖力潛扶。因緣會遇在此相逢。情知漢土未有佛法。貧道等。今將佛法。來於此矣。天使等不煩西去。王遵等喜悅非常。作禮虔敬。奉受佛經。以白馬駄。與二僧。同來洛陽即永平十四年十月八日也。王遵等三人復命。以佛經獻於皇帝。皇帝大悅賜黃金各千兩。令二僧在鴻盧舘。勅譯經。帝乃持念不已。白馬遠涉疲勞。因病而死。勅葬於洛陽城西。當其處。造一伽藍。額曰白馬寺。

이때 오악五岳[87]의 도사와 활대소滑大素, 신문신新文信 등이 문도 600명 남짓을 거느리고 있었는데, 서로 의논하여 말하기를 "어찌하여 황제께서 갑자기 미친 마음을 일으켜 우리 도교의 문을 버리고 멀리 오랑캐의 가르침을 구하여 오늘만 중시하고 옛날을 가벼이 여기며 귀만 귀하게 여기고 눈은 천시하는가? 오랑캐 신의 가르침을 없애라고 누가 간하겠는가?"라고 하였다.

그때 남악도사 저선신楮善信이 말솜씨가 꿰뚫어 넘치고 덕이 넓고 행위가 고상하므로 무리들이 추천하여 마침내 표문表文을 닦아 황제에게 간하였다.

표문에서는 이렇게 말하였다.

"남악도사 저선신 등 아흔 명[88]은 죽을죄를 무릅쓰고 또 무릅쓰며 황제 폐하께 말씀을 올립니다. 신들이 듣기에 하늘과 땅에 훤히 통달하는 것은 다스릴 바를 글에 의지하고, 나라의 평안과 화평은 그 요체가 도를 받듦에 있으며, 어진 풍속을 퍼뜨리는 것은 예악에 달려 있고, 아름다운 덕을 널리 펴는 것은 흉악하고 완고한 이들을 바로잡는 데 있다고 하였습니다. 엎드려 생각하건대 황제 폐하께서는 순임금의 해를 밝히고 요임금의 구름을 펼쳐 뭇 생명들을 채찍질하고 온갖 것들의 조종祖宗이 되시니, 사방의 오랑캐가 발돋움하여 기다리고 온 세상 사람들이 마음으로 귀의하여, 서쪽 나라에서는 서왕모의 복숭아를 바치고 동쪽 바다에서는 마고의 단술을 바칩니다.

다시 유교의 술법을 존중하시니 선비들이 위의가 있고, 우리 도교의 문을 일으키시니 누런 관을 쓴 이들이 번듯합니다. 이 태상노군의 가르침은

---

87 오악五岳 : 고대 중국에서 명산으로 꼽던 다섯 산을 말한다. 전승에 따라 다소 차이가 있지만 일반적으로 동악 태산泰山, 남악 형산衡山, 서악 화산華山, 북악 항산恒山, 중악 숭산嵩山을 꼽는다.

88 아흔 명 : 전체 내용으로 볼 때는 690명이어야 하는데 글자가 빠진 듯하다.

원기를 받아 예를 이루고 맑고 텅 빈 곳에 의탁하여 마음을 다스리며 현묘한 문에서 동물과 식물을 다스리고 중국에 법과 가르침을 펼칩니다. 그래서 백왕이 취하면 천년토록 풍교를 흠모하여 세속을 다스리고 백성을 편안하게 하며 생기를 조섭하여 타고난 것을 잘 기를 수 있습니다.

하물며 폐하께서는 서릿발 같은 칼을 손에 쥐고 밝은 거울을 마음에 두고 계신데, 어찌하여 우리 도교의 종지를 버리고 멀리 오랑캐의 가르침을 구하십니까? 단지 오랑캐 신의 법 같은 것은 대개 요사스럽고 거짓되어 나라를 망하게 하고 집안을 망하게 하므로 중화의 문물에는 참여하지 못하고, 사람의 후사를 끊고 머리카락을 자르고 더러운 옷을 입고서 변방 사막 지역에나 번역하여 전하고 말로 타일러 교화할 뿐입니다.

엎드려 빌건대 황제 폐하께서 저것과 이것을 비교하여 검증해 보시면 선하고 악함을 알 수 있을 것이며, 주색朱色을 갈아 붉은색에 더해 보면 참되고 거짓됨이 저절로 나타날 것입니다.

신 등은 맑은 물과 흐린 물을 가려내어 뛰어나고 뒤떨어지는 등급을 매기기를 바랍니다. 만약 부처가 영험하다면 삼가 오랑캐 신의 가르침에 의지하겠습니다.

신이 어리석은 견해로 성스러운 귀를 어지럽혔습니다. 엎드려 빌건대 해의 밝은 빛을 돌려 비추시면 해바라기가 진실로 그쪽으로 기울어질 것입니다.[89] 신 등은 진실로 황공하고 또 황공합니다. 죽을죄를 무릅쓰고 또 무릅쓰며 삼가 말씀드립니다."

영평 15년 4월 5일 저선신 등이 표문을 상덕전에 올리니, 황제가 말하기를 "오늘의 높은 도사들을 삿된 도사라고 부르려고 멀리서 복과 이익을 구한 것은 아니지만, 짐이 불교와 도교 두 가르침을 한 곳에 모아 그 뛰어나고 뒤떨어짐을 살펴볼 것이니 도사 등은 저마다 뛰어난 술법으로 그 승

---

[89] 해바라기가 해를 향해 돌듯이 황제에게 충성하는 한결같은 마음을 알아 달라는 뜻으로 보인다.

부를 정하라. 이에 임금의 뜻을 처리하는 관청에서는 백마사에 재 지낼 자리를 설치하라. 짐이 몸소 나아가 보면서 두 가르침을 비교하여 시험해 볼 것이다."라고 하였다.

時五岳道士及褚大素新文信等。將門徒六百餘人。相謂曰。如何皇帝。忽起狂心。棄我道門。遠求胡敎。重今輕古。貴耳賤目。誰諫減却胡神之敎。時南岳道士褚善信。辯才透溢。德廣行高。衆人推許。遂修表文諫於皇帝。表曰南岳道士褚善信等九十。死罪死罪。上言皇帝陛下。臣聞天地廓達。所理籍文。國家安和。要在奉道。播仁風者。在其禮樂。敷文德者。格其凶頑。伏惟皇帝陛下。暉舜日布堯雲鞭百靈朝萬品。四夷蹻足。六合歸心西天貢王母之桃。東海獻麻姑之醴。更有尊其儒術。士類蹌蹌。興我道門。黃冠濟濟。是老君之敎。禀元氣而成體。託淸虛而玩心。宰動植於玄門。布法敎於中國。所以百王取則千載欽風。濟俗安民。攝生養性。況陛下霜刀在手。明鏡居心。如何弁我道宗。遠求胡敎。只如胡神之法。多是妖訛敗國亡家。不粂華夏。絶人後嗣。削髮染衣。譯傳流沙。口諭敎化。伏乞皇帝陛下。彼此參驗。善惡可知。姸朱益丹。眞僞自現。臣等請揀涇渭。俾科優劣。佛若有靈。謹依胡神之敎。臣將愚見。輒煩聖聽。伏乞廻照大陽。諒傾葵藿。臣等誠惶誠恐死罪死罪謹言。永平十五年四月五日褚善信等。奉表於像德殿。皇帝曰。遠求福利。不圖今日尊師。喚作邪師。朕以佛道二敎。會于一處。觀其優劣。師等各以勝術。芝其勝否。於是聖旨所司白馬寺鋪設齋筵。朕親臨視。比試二敎。

맡은 관청에서 칙명을 받들어 백마사 앞을 물 뿌리고 쓸어 내어 깔끔하게 정리한 뒤 도량을 배치하여 마련하였는데, 세 개의 단을 나누어 설치하고 도교 경전류인 『노자』·『장자』·『열자』·『학혜자』·『광성자』 등 37가의 책 365권을 동쪽 단 위에 올려놓고, 유교 문헌인 『주역』·『상서』·『모시』·『삼례』·『삼전』·『논어』·『효경』 등 374권을 가운데 단 위에 올려놓고, 불교 경전인 『금강반야경』·『묘법연화경』·『유마경』 등 3부를 서쪽 단 위에 올려놓았다.

이날 이른 아침에 황제가 비와 빈과 채녀들을 거느리고 뭇 관료들에게 에워싸여 도량에 와서 그 뛰어나고 뒤떨어짐을 관찰하였는데, 저선신 등 690명은 동쪽 가에 서쪽을 향해 서고, 유생들은 남쪽 가에 북쪽을 향해 서고, 가섭마등과 축법란은 서쪽 가에 동쪽을 향해 섰으며, 이 뛰어난 일을 보러 온 서울의 남자와 여자들은 그 수를 알 수도 없을 정도로 많았다.

도사 등이 저마다 요술을 보이는데, 칼 사다리 위로 올라가기도 하고, 송곳 사다리 위에 올라가기도 하고, 끓는 기름을 밟기도 하고, 큰 불 속에 서 있기도 하고, 주문과 부적으로 날아가기도 하고, 주문으로 큰 돌을 부수기도 하고, 숨을 들이쉬고 내쉬어 바람과 눈을 일으키기도 하고, 귀신들을 몰아 부리기도 하니, 황제가 그 별난 술법을 기이하게 여기고, 이를 본 많은 사람들은 모두 일찍이 없던 일이라고 말하였다.

이때 가섭마등과 축법란 두 승려는 말없이 서 있었다. 황제가 두 승려에게 묻기를 "화상들에게 신통력이 있다면 어찌하여 술법을 지어 이 무리들에게 보여 주지 않는가?"라고 하자, 두 승려가 황제 앞으로 걸어 나와 아뢰기를 "이는 환술로서 외도들이나 짓는 것입니다. 부처님의 가르침 속에서는 오직 다툼이 없는 삼매를 행할 뿐이니, 빈도들이 어찌 감히 임금의 앞에서 이에 대항하여 술법을 다투겠습니까? 다른 술법으로 그 참되고 거짓됨을 징험하고자 합니다. 세간의 무정물 가운데에는 불보다 더 심한 것이 없으니, 세 가르침의 경서들을 한 곳에 모아 놓고 불붙여 태우면 참되고 거짓됨을 알 수 있을 것입니다."라고 하였다.

이들이 아뢴 말에 따라 명제가 곧바로 공봉관供奉官에게 명하여 도교와 불교 두 가르침의 (경전들을) 가운데 단에 (유교 경전과 함께) 모으고, 향나무 장작들을 그 위에 쌓은 뒤 불을 질러 태웠다. 그러자 연기와 불꽃이 허공으로 치솟으며 도교와 유교 두 가르침의 경전들은 순식간에 모두 불타 버렸지만, 3부의 불경은 그대로 다 남아 열두 줄기 밝은 빛을 뿜었는데, 그 빛이 해를 꿰뚫고 하늘과 땅을 크게 비추니, 도사 등은 전전긍긍하고 모여서 본 대중은 부처님의 덕을 찬탄하였다.

이에 가섭마등과 축법란 두 승려가 단 위에 올라가 경전을 받들어 명제에게 바쳤다.

황제가 통사사인通事舍人 송상宋庠에게 명하여 저선신 등에게 "도사들이 표문을 올려 불교와 승부를 다투게 되었는데, 오늘 도교 경전은 모두 불에 타 버렸으니 다시 할 말이 있는가?"라고 물었다. 이때 저선신 등은 입이 막히고 혀가 묶인 듯 다시 한마디 말도 없다가, 뭇 사람들의 앞에서 땅에 거꾸러져서 기가 막혀 죽으니 문도들이 남악에 장사 지냈다.

이때 도사 여혜통 등 630명은 머리카락을 깎고 승려가 되었고 정원장군 강순예 등 120명은 가사를 걸쳤으며 장혜진·왕지통 등 130명의 백성은 승려가 되기를 청하였고, 비와 빈과 채녀 하류 등 170명의 궁녀와 낙양의 부녀자 2천 명과 관을 쓴 유대업·최동허 등 90명의 여관女官 등은 비구니가 되기를 청하였다. 황제가 칙명으로 낙양성 안에 열 곳의 큰 절을 짓고 일곱 곳의 절에는 비구들을 두고 세 곳의 절에는 비구니들을 두니 금구金口[90]에서 나온 참된 가르침을 집집마다 생각하고 여래의 성스러운 가르침을 저마다 따라 행하였다.

그러므로 불법이 일어난 것은 반드시 은밀한 운수에 따르는 것이지 우연이 아님을 알 수 있다.

所司奉勅。於白馬寺前。精修洒掃。排立道場。分設三壇。道經類老子莊子列子學惠子廣成子等三十七家書三百六十五卷。置於東壇之上。儒書周易

---

90 금구金口 : 금빛 나는 입이라는 뜻으로서 부처의 입을 가리킨다.

尙書毛詩三禮三典論語孝經等三百七十四卷。置於中壇之上。佛經金剛般若妙法蓮經維摩經等三部。置於西壇之上。其日早朝。帝將嬪妃彩女。百僚圍繞。幸御道場。觀其優劣。楮善信等六百九十人。東邉西面而立。儒生等。南邉北面而立。騰蘭二僧。西邉東面而立。京師士女。觀其勝事者。莫知其數。道士等各呈妖術。或上刀梯。或上錐梯。踏煎油。立大火。或呪符飛去。或呪破大石。呼吸風雪。驅使鬼神。帝奇其異術。眾看此者。皆言未曾有也。是時滕蘭二僧。默然而立。帝問於二僧曰。和尙等若有神通。何不作術示此眾也。二僧進步而前奏曰。此是幻術。外道所作。佛敎之中。唯行無諍三昧。貧道等豈敢對此諍術於君王之前。請以別術驗其眞僞。世間無情之物。莫甚於火。但以三敎經書。集于一處。下火焚燒。以知眞僞。帝乃依奏。便令供奉官。取道佛二敎。會于中壇。香木諸薪。積於其上。以放火焚之。烟焰騰空。須臾之間。道儒二敎。盡爲煨燼。三部佛經。完然具在。放十二道光明。其光貫日。大照乾坤。道士等戰戰兢兢。聚觀大眾。讚歎佛德。於是滕蘭二僧。乃登壇上。奉經獻帝。帝令通事舍人宋庠。問於楮善信等曰。道士等進表。得與佛敎爭勝否。今日道典。盡被焚焰。更有言乎。時楮善信等。緘口結舌。更無一言。眾人之前。倒地氣咽而死。門徒葬于南岳中。其時道士呂惠通等六百三十人。削髮爲僧。尐遠將軍姜荀猊等一百二十人方袍。百姓張惠進王智通等一百三十人請爲僧。嬪妃彩女河類等百七十宮女洛陽婦女二千人。冠柳大業崔同虛等九十女冠等請爲尼。皇帝勅造十大伽籃於洛陽城內。七伽籃安僧。三伽籃安尼。金口眞詮。家家轉念。如來聖敎。箇箇遵行。故知佛法之興。必依冥數。而非偶然可知矣。

또 선법이라는 것은 교학 밖에 따로 행하는 가장 뛰어난 종지이다. 부처님께서 영산의 법회에서 대범천왕 등이 금빛 바라꽃을 바치고 몸을 버려 법상과 법좌가 되어 중생들을 위해 설법해 주실 것을 부처님께 청하니, 이에 세존께서 자리에 오르시어 꽃을 들어 무리에게 보였는데, 100만

명의 사람과 하늘 중생들은 모두 어찌해야 할지 몰랐지만 오직 대가섭만은 얼굴을 펴고 미소 지었다. 세존께서 말씀하시기를 "내게 정법안장 열반묘심 실상무상이 있는데 마하가섭에게 맡긴다."라고 하였다. 이로부터 서로 전해 주고 받아 28대 달마대사에 이르렀고, 반야다라의 유촉을 받아 동쪽으로 이 땅에 와서 문자를 세우지 않고 곧바로 사람의 마음을 가리켜 들어가 본성을 보아 부처가 되게 하였다.

 28은 하늘의 법도인데, 법도는 움직이지 않으므로 28 이전에는 그 법이 아직 이르지 않았다. 하늘의 법도가 갖추어진 뒤에 땅의 법도가 생기니, (하늘과) 땅의 법도는 서로 주는 것이다. 그러므로 달마에 이르러 동쪽으로 와서 초조初祖가 되었으며, 장사 지내고 3년 뒤에 신발 한 짝을 들고 서쪽 땅으로 다시 돌아갔으니 바로 복덕이 견고한 때이다. 달마 뒤로 부처님의 옷과 발우를 전한 것이 5대에서 그쳤는데, 이는 다섯 별이니 땅의 법도이다. 하늘의 법도와 땅의 법도가 갖추어지니 문채가 드러나므로 육조 뒤로는 법이 모래알처럼 많은 모든 세계에 두루 퍼지고 오가五家로 나뉘었으며 종장들이 많이 나왔다. 옷과 발우로써 신표를 삼던 것이 5대에서 그치고 전하지 않는 까닭이 이것이다.

 또 복덕의 시대에는 세상 사람들이 다만 복을 짓는 것만으로 일을 삼을 뿐 본성을 보아 부처가 되는 지름길이 있음을 알지 못해서, 많이 들으면 미친 지혜로 치달리게 되고, 복을 닦으면 사람이나 하늘 중생이라는 상相에 머물게 된다. 이는 또한 불교를 공부하는 이들의 큰 흠집이기 때문에 달마가 서쪽에서 와서 하나하나 다 내려놓게 하여 마음 쓰는 곳이 없게 하였으니, 이것이 선법이 된 까닭이다.

 양무제의 경우 "짐이 일생 동안 불탑과 절을 짓고 보시하고 공양하며 수없이 많은 승려들을 득도시켰는데 어떠한 공덕이 있는가?"라고 물으니, 달마가 "조금도 공덕이 없습니다."라고 하였고, "어떤 것이 참된 공덕인가?"라고 하니, "깨끗한 지혜는 묘하고 완전하며 체가 텅 비어 고요한

데, 이러한 공덕은 세간의 일로 구할 수 없습니다."라고 답하였다. 다시 "어떤 것이 성스러운 진리의 으뜸가는 뜻인가?"라고 물으니, "휑하니 어떠한 성인도 없습니다."라고 하였고, "짐과 마주하고 있는 이는 누구인가?"라고 하니 "모르겠습니다."라고 하였다.

　무제와 이미 맞지 않으므로 달마가 곧 갈대를 꺾어 타고 강을 건넜다. 뒤에 신광神光[91]처럼 보통을 넘어서는 근기를 갖춘 이가 없었다면 조사의 심인心印을 누가 전할 수 있었겠는가? 이것은 부처님과 조사께서 들어 올리고 억누르는 자리에는 펼칠 때도 있고 말아 들일 때도 있지만, 한 번 억누르고 한 번 드날리는 것이 모두 중생들이 부처님의 지혜를 이루게 하려는 방편이 아닌 것이 없다는 것이다.

蓋又禪法者。敎外別行最上宗旨也。佛於靈山會上。因大梵天王。獻金色波羅花。捨身爲[1]床座。請佛爲衆生說法世尊登座。拈花示衆。人天百萬。悉皆罔措。唯大迦葉。破顔微笑。世尊云。吾有正法眼藏涅槃妙心實相無相。付囑摩訶迦葉。自此遞相傳受。至二十八代達摩大士。受般若多羅遺囑。東來此土。不立文字。直指人心。見性成佛。二十八者。天經也。經不動故。四七之前。其法未至。經備而後緯生。緯。相授者也。故至達摩東來爲初祖。葬後三年。携隻履。還歸于西土。正當福德牢固之時也。達摩之後。傳佛之衣鉢者。止五代也。是爲五星。地緯也。經緯備而文彩呈露故。六祖之後。法周沙界。分爲五家。而宗匠多矣。此衣鉢之信。止五代而不傳也。又且福德之時。世徒以作福。爲事而不知有見性成佛之捷徑。多聞而馳騁於狂慧。修福而住相於人天。亦學佛之大讐故。達摩之西來也。一一將下無處用心。玆其所以爲禪法也歟。如梁武帝問曰。朕一生造佛塔寺。布施供養。度僧無數。有何功德。達摩曰。片無功德。曰如何是眞功德。答曰。淨智妙圓。體自

91　신광神光 : 선종의 제2조인 혜가慧可를 가리킨다. 본래 법명이 신광이었으나 달마대사를 만나 가르침을 들은 뒤 혜가로 바꾸었다.

空寂。如是功德。不以世求。又問如何是聖諦第一義。曰廓然無聖。曰對朕者誰。曰不識。武帝旣不契。達摩便拆[2]蘆渡江矣。末後若無神光具過量之機者祖師心印。誰能傳者。此是佛祖攛掇處有舒有卷。一抑[3]一揚。無非爲衆生。成就佛智之方便也。

---

1) ㉮ 갑본에는 '身爲'부터 상권의 마지막까지가 결락되어 있다. 2) ㉮ '拆'은 '折'인 듯하다. 3) ㉮ '抑'는 '抑'인 듯하다.

세웅, 성안, 수미, 지운, 극능, 선호, 설징, 의등, 연희, 조계, 불계, 처인, 인해, 지정, 성묵, 인은, 성숭, 혜인, 옥수, 영우, 학총, 운섬, 옥섬, 혜안, 일옹, 지경, 성균, 영준, 능보, 도진, 학경, 사열, 경잠, 계희, 성은, 해매, 경희, 공수, 성심, 법순, 관준, 진응, 경운, 극숭, 옥청, 지견, 도순, 최진, 사오, 만희, 희준, 각징, 근숭, 조근, 능민, 옥정, 각련, 행전, 신언, 능제, 영희, 도희, 학경, 성조, 언수, 계행, 설청, 의돈.[92]

世雄。性安。守眉。智雲。克能。禪浩。雪澄。義燈。衍熙。祖戒。仸戒。處仁。印海。智正。省默。印崟。性崇。惠仁。玉修。靈祐。學聰。云暹。玉暹。慧安。一翁。智冏。性均。英俊。能寶。道眞。學敬。思悅。敬岑。戒熙。聖恩。海梅。敬熙。空修。性心。法淳。寬准。眞應。敬云。克崇。玉淸。志堅。道純。崔進。思悟。萬熙。希俊。覺澄。仅崇。祖仅。能敏。玉精。覺連。行全。信彦。能濟。靈熙。道熙。學冏。性祖。彦修。戒行。雪淸。義敦。

---

[92] 이 명단은 목판 판각에 관여한 승려들의 명단으로 보인다.

유석질의론 하권

儒釋質疑論卷下

세상에 통하는 것은 하나의 도道이고, 변화를 지어내는 것은 하나의 기氣이며, 만물에 균등한 것은 하나의 이理이다. 그러나 얕고 깊음이 같지 않으므로 성인의 가르침이 세 가지가 있다. 불교에서는 진공眞空이라 하는데 성性의 체體를 들어 말하는 것이다. 노장사상에서는 곡신谷神이라 하는데 변화를 밝혀 말하는 것이다. 유교에서는 대본大本이라 하는데 사물에 의지하여 말하는 것이다.

지극히 커서 개별적 자아가 없고, 지극히 깊어서 억지로 함이 없고, 지극히 텅 비어 시작이 없고, 지극히 영묘하여 다함이 없으며, 온갖 묘함을 품고 고요하니 움직이지 않으나 삼재三才[1]의 뿌리가 되고 모든 존재의 근원이 된다. 그러므로 진공이라 한다. 하나의 기가 성해져서 영묘함이 드러나고 조화의 조짐이 되니 아무것도 없을 수가 없다. 그러므로 곡신이라 한다. 사물에는 근본과 지말이 있고 일에는 시작과 끝이 있으니, 사물을 탐구하여 앎에 이르면 만 가지 차별된 것들이 하나의 이치로 통한다. 그러므로 대본이라 한다.

삼교가 비록 다르지만 도는 하나이다. 비유하자면 나무를 심는 것과 같으니, 땅이 품어 키우는 것 같은 것을 진공이라 하고, 씨앗에서 싹이 나는 것 같은 것을 곡신이라 하며, 가지와 잎의 뿌리가 같은 것 같은 것을 대본이라 한다. 뿌리와 줄기가 서로 돕고 땅에서 배양하면 꽃과 열매가 번성하고 무성하여 봄이나 가을이나 모자람이 없을 것이다. 삼교가 서로 의지하여 세상을 교화하여 이룬다면 저절로 음양이 어긋나지 않고 바람과 비가 때에 맞추게 되니, 사람과 신들이 기뻐하며 화합하여 백성들의 풍속이 나쁘지 않게 되고, 임금과 신하, 윗사람과 아랫사람이 그 본분을 잃지 않

---

1 삼재三才 : 하늘과 땅과 사람을 가리킨다. 『周易』 「說卦」에서는 다음과 같이 말하고 있다. "따라서 하늘의 도를 세우니 음과 양이라 하고, 땅의 도를 세우니 부드러움과 강함이라 하고, 사람의 도를 세우니 인과 의라 한다. 삼재를 다 아울러서 두 배로 하므로 역易에서는 여섯 획으로 괘가 이루어진다.(是以立天之道曰陰與陽。立地之道曰柔與剛。立人之道曰仁與義。兼三才而兩之。故易六畫而成卦。)"

으며, 물고기와 사슴과 곤충들이 각자 그 천성을 지킬 것이다. 이와 같으면 평화롭게 잘 다스려진 시대라 할 수 있다.

> 通天下一道也。工變化一氣也。均萬物一理也。然有淺奧之不同。故聖人之教處三焉。釋曰眞空。擧性體而言也。老曰谷神。明變化而言也。儒曰大本。依事物而言也。至大無我。至蹟無爲。至虛無始。至靈無竭。包含衆妙。寂然不動。爲三才之祖。爲萬法之源。故曰眞空。一氣盛矣。靈妙發矣。兆於造化。未能無物。故曰谷神。物有本末。事有終始。格物致知。萬殊一理。故曰大本。三教雖殊。道則一也。比猶種樹也。如地含養之謂眞空。如種生芽之謂谷神。枝葉同根之謂大本。根幹相資培養后土。則有花實之繁茂。而春秋不歇矣。三教相因。而化成天下。自然陰陽不忒。風雨順時。人神悅和。民俗不惡。君臣上下。不失其分。魚鹿昆虫。各守其天。如是則可謂治平之世矣。

노장사상과 불교는 세상에 이익이 없다고 말하는 이들이 있는데, 나는 믿지 않는다. 이제 한 덩어리 뼈와 살로 이루어진 몸뚱어리 같은 것도 본성의 하늘에 근원을 두고 오행으로 바탕을 마련하여 아홉 개의 구멍을 열고 여섯 가지 식識을 갖춘 뒤에야 삼강三綱,[2] 오상五常,[3] 임금과 신하, 아비와 자식의 도리가 있음을 알게 되는데, 자신을 닦고 집안을 다스리고 나라를 다스리고 천하를 평안하게 하는 것이 모두 이로부터 시작된다. 만일 바탕인 몸뚱이와 마음의 본성을 잃어버리고서 자신을 닦고 집안을 다스

---

2 삼강三綱 : 유교에서 제정한 임금과 신하, 아비와 자식, 지아비와 지어미 사이의 도덕적 질서로서, 임금은 신하의 벼리가 되고, 아비는 자식의 벼리가 되고, 지아비는 지어미의 벼리가 된다는 것이다. 이는 수평적인 질서가 아니라 상하 차등적인 질서로서 각각 임금, 아비, 지아비를 상대적으로 높이고 있다.

3 오상五常 : 유교에서 말하는 다섯 가지 떳떳한 덕으로서 인仁·의義·예禮·지智·신信을 말한다.

리고 나라를 다스리고 천하를 평안하게 하고자 한다면 누가 그럴 수 있겠는가?

유교인이면서 노장을 배척하는 것은 꽃을 감상하면서 나무가 있음을 알지 못하는 것이고, 노장사상가로서 불교를 배척하는 것은 나무를 키우면서도 뿌리가 있음을 알지 못하는 것이니, 지혜롭다 할 수 있겠는가? 『화엄경』의 큰 가르침을 근본적인 가르침의 수레바퀴라고 하는 것은 좋이 그럴 만한 뜻이 있는 것인데, 멋대로 헐뜯고 물리치는 것은 나무를 심으면서 뿌리를 없애는 것이니 오래도록 무성하기를 바랄지라도 그럴 수 있겠는가?

과거에 세 명의 무武 자 들어가는 임금[4] 이래로 불교를 헐뜯는 이가 왕조마다 한두 명씩 있었지만 발 돌릴 틈도 없이 화가 닥쳤으니 어찌 증험이 없다 하겠는가? 세간에서 죄 없는 사람을 멋대로 헐뜯는 것도 오히려 형벌의 화를 부르거늘 하물며 아무 까닭 없이 경박하게 큰 성인을 헐뜯는 일이겠는가?

> 有謂佛老。無益於世者。吾不信也。且如一塊骨肉之身原於性天。質於五行。開九竅。具六識而後。知有三綱五常君臣父子之道。而修身齊家治國平天下。自是而漸矣。若喪其形質心性。而欲修身齊家治國平天下。其誰得乎。儒而排老者。賞花而不知有樹也。老而排佛者。養樹而不知有根也。可謂智乎。華嚴大敎。謂之根本法輪。良有旨也。恣意毁斥者。樹而撤根也。雖欲久榮。其可得乎。自昔三武以降毁佛者。代有一二人。而禍不旋踵豈無驗歟。世間無罪之人。橫加毁謗尙招刑禍。況無故輕薄以毁大聖人哉。

---

4 세 명의~들어가는 임금 : 중국에서 불교를 탄압하였던 북위의 태무제太武帝, 북주의 무제武帝, 당나라의 무종武宗을 말한다. 중국 불교의 역사에서 이 세 임금과 후주의 세종世宗이 유독 강하게 불교를 탄압하였기 때문에 이들이 일으킨 불교 탄압을 삼무일종三武一宗의 법난法難이라 부른다.

큰 깨달음을 얻은 분께서 세상에 응하시는 것을 궁구해 보면, 본체는 진공이고 작용은 하늘과 땅이어서 때에 따라 변화하여 움직이는 것이 하늘·땅과 함께 흐른다. 그 가르침을 세우심은 만 곳의 나라에 봄이 찾아오고 천 곳의 나라에 비가 쏟아져서 하늘과 땅 어디나 똑같은 하나의 조화로운 기운이 가득한 것과 같지만, 중생들이 교화를 받아들임은 널리 무성한 풀과 나무 가운데 뿌리가 큰 것은 이를 얻어 큰 나무가 되는 것과 같은데 이를 대승大乘이라 하고, 뿌리가 작은 것은 이를 얻어 작은 나무가 되는 것과 같은데 이를 소승小乘[5]이라 하며, 믿지 않고 받아들이지 않는 이들은 싹과 종자를 태워 버려서 영원히 생겨날 수 없는 것과 같은데 이를 천제闡提[6]라 하니 스스로 포기하여 구할 수 없는 이들이다.[7]

原夫大覺之應世也。體則眞空。用則乾坤。機動變化。與天地同流故。其設教也。如春行於萬國。雨霈於千邦。普天匝地。同一和氣。而衆生之受化。

---

[5] 소승小乘 : 작은 수레라는 뜻으로서 대승불교 운동이 일어나면서 대승불교인들이 그 이전의 불교 전통에 대하여 붙인 이름으로, 자신의 깨달음만을 추구할 뿐 중생을 구제하려는 의지가 없다 하여 이렇게 불렀다. 이처럼 소승이라는 이름은 객관적인 명칭도 아니고 스스로 붙인 이름도 아니며, 대승불교인들이 일반적으로 붙인 이름이기 때문에 정당성을 지녔다고 보기 어려우며, '소승'이라고 불리는 전통이 모두 이기적이었다고 말할 수도 없다. 따라서 과거의 문헌 속에서 사용된 것은 어쩔 수 없겠지만 오늘날까지 소승이라는 이름을 사용하는 것은 온당하지 않다.

[6] 천제闡提 : 일천제一闡提라고도 하며, 욕망이 지나치게 강하여 수행을 하지 못하는 이들을 말한다. 그러나 이는 현상적인 상태에 대해 붙인 이름이지 그 사람의 본질이 일천제인 것은 아니다.

[7] 만일 이 구절이 일천제는 성불할 수 없다는 주장을 담고 있는 것이라면 이는 불교적으로 옳지 않다. 왜냐하면 일천제라는 이름이 그 사람의 현상적인 상태에 대해 붙인 이름일 뿐 그 사람의 본질은 아니기 때문이다. 그가 욕망에 빠져 있을 때에는 일천제로서 당연히 성불할 수 없을 것이지만, 이를 반성하고 욕망을 제어하며 수행의 길로 들어선다면 그는 더 이상 일천제가 아니기 때문에 분명코 수행에 따라 성불할 수 있다. 그런데도 일천제를 그 존재에 대한 결정적 성품으로 이해한다면, 이는 수행하면 누구나 부처가 될 수 있다고 보는 불교의 인간관에 정면으로 배치되는 주장으로서 결코 불교적인 주장이라 할 수 없다.

如草本之敷榮。大根者得之則成大樹。是之謂大乘。小根者得之則成小樹。是之謂小乘。不信不受者。焦芽種子。永不得生。是之謂闡提。自暴自棄。不可救者也。

작은 소견이나마 간략하게 펼쳐 보자면, 부처님의 참된 법신은 허공과 같아서 온 우주를 다 꿰뚫고 음양을 감싸 안으며, 본래 생겨나고 없어지거나 가고 오는 모습이 없다. 다만 자비가 광대하고 이루려는 서원이 크고 깊어서, 모든 중생들이 나고 죽는 흐름에 빠져 끝없이 윤회하는 것을 불쌍히 여겨, 모두 부처님의 경계에 깨달아 들어가게 하고자, 염부제에 성인의 조짐을 보여 주나라 소왕 계축년 7월 15일 한밤중에 저 높은 하늘에서 해로 변하여 하얀 코끼리를 타고 왕궁으로 내려와 오른쪽 옆구리로 마야부인의 태 속에 들어갔다가 열 달이 다 찬 뒤 갑인년 4월 8일 어머니가 룸비니 동산을 거닐다가 무우수無憂樹를 잡자 다시 오른쪽 옆구리로 태어났다. 아홉 마리 용이 물을 뿜어 금빛 몸을 씻겨 주니 왼손으로는 하늘을 가리키고 오른손으로는 땅을 가리키며 두루 일곱 걸음을 걸으면서 눈으로 사방을 돌아보고서 "하늘 위에 하늘 아래에 오직 나만이 존귀하다."라고 사자후를 하셨다.

열아홉 살에 출가하여 6년 동안 고행하고 서른 살에 도를 이루셨으며 79년 동안 세상에 머무르시면서 300차례 남짓의 법회에서 가르침을 설하시니 중생의 근기에 맞춘 가르침이 다 갖추어졌다.

위에서 보여 주신 일 하나 변화 하나가 중생을 위하여 법도를 만들고 본보기를 보이며 삼재가 하나의 도임을 보이지 않은 것이 없다.

略陳管見。佛眞法身。猶若虛空。彌綸八極。包括二儀。本無生滅去來之相。但以慈悲廣大。行願弘深。哀見一切眾生。沉淪生死。輪廻不已。欲令悟入佛之境界。將兆聖於閻浮。於周昭癸丑七月十五日夜半。從九天之上。化日輪駕白象。下降王宮。從右脇而入摩耶胎藏。十月旣滿。於甲寅四月八日。母遊毘藍園。攀無憂樹。還從右脇而生。九龍吐水。沐浴金軀。左手指天。右手指地。周行七步。目顧四方。作獅子吼。天上天下唯我獨尊。十九出家。六年苦行。三十成道。住世七十九年。說法三百餘會而待衆生機備矣。如上示現一機一變無非爲群生作則。做介榜樣。示三才一道也。

7월 15일은 음기가 땅에서 생겨나고 양기는 밖에서 일어나 하늘과 땅이 제자리를 잡기 때문에 양을 타고 음의 영역에 들어갈 수 있다. 높은 하늘은 장주가 말한 '큰 밝음의 위, 지극한 양의 근원'이다. 한밤중에는 하나의 기도 아직 발하지 않았기 때문에 음기와 양기가 아직 갈라지지 않고 맑고 흐린 기운이 아직 나뉘지 않았으니, 이른바 자시의 한가운데인 정위正位이다. 발하고 나서는 해로 변화하여 하얀 코끼리를 타고 오른쪽 옆구리로 들어간 것은, 해는 양기의 정수이고 하양은 치우친 위치로서 만 가지 형상이 있다. 코끼리는 위세가 충족되고 오른쪽 옆구리는 쇠에 속하는데 쇠의 빛깔은 하양을 취한다. 치우친 것을 타고 치우친 곳으로 들어간 것은 세상에 나투려는 것이다.

음의 영역에 들어가고 나서는 오히려 열 달을 머물러 있었으니 곧 오행의 낳고 이루는 수를 다 갖춘 것이다. 한 달에는 검정과 하양이 있어서 중기와 절기가 있는데, 더하고 빼서 20이 된다. 겁劫이 이루어질 때에도 이 수를 거치는데 이에 준한다. 긴 것을 겁이라 하고 짧은 것을 찰나라 하며 해와 달과 날이 차례로 오는데, 점차 쌓이는 것은 비록 다르지만 낳고 이루는 수는 같다.

七月十五則陰生于地。陽發于外。天地位焉故。可以乘陽而入於陰界也。九天之上。則莊周所謂大明之上至陽之源也。當夜之半。一氣未發故。則陰陽未判。淸濁未分。所謂正位子之半也。旣發而化日輪駕白象。右脇而入。則日者陽之精。白者偏位。有萬形像。象者足威勢。右脇屬金。金色白取。其乘偏入偏。而將欲出現也。旣入陰界。猶有十月之停。則五行生成之數備矣。一月有黑白。中節而成二十增減。劫成之時。亦經斯數。盖准此也。遠則言劫。近則刹那。而年月日次之。積漸雖異。而生成之數則同也。

4월은 여섯 양기가 이미 극에 이른 때로서 음을 가르고 양의 영역으로 나올 수 있기 때문에 다시 오른쪽 옆구리로 나온 것이다.

움직인 것은 자정이고 태에 들어간 것은 축丑의 해이고 태어난 것은 인寅의 해인 것은 곧 하늘이 자子에서 열리고 땅이 축에서 열리고 사람이 인에서 태어나기 때문임을 알 수 있다.

아홉 마리 용이 물을 뿜어 금빛 몸을 씻겨 준 것은 9는 양의 극수이고 물은 양기가 변한 것이니 이를 뿜어 씻겨 주어 음장陰藏의 기운을 씻어 낸 것이다.

몸이 순금 빛깔인 것은 노랑은 가운데에 있으면서 두루 응하여 정해진 방소가 없으니 모든 형기形氣가 있는 것들은 그 은혜를 입지 않은 것이 없다. 이는 억지로 그렇게 한 것이 아니라 법이 이와 같다.

四月。六陽已極之時。可以剖陰而出於陽界故。還從右脇而得出現也。動之子牛。處胎以丑。示生以寅。則天開於子。地闢於丑。人生於寅可知矣。九龍吐水。沐浴金軀。九者。陽之極數。水者。陽氣所化。吐而浴之。洗除陰藏之氣也。身眞金色。則黃色居中。普應無方。凡有形氣者。莫不承恩。此非强爲。法如是也。

왼손은 하늘을 가리키고 오른손은 땅을 가리키며 사방으로 일곱 걸음씩을 걸은 것은 이십팔수二十八宿이니 이른바 하늘의 법도이다. 눈으로 사방을 돌아본 것은 가운데까지 합해서 오성五星이니 이른바 땅의 법도이다. 하늘의 법도와 땅의 법도를 자기 한 몸에 모두 모아 갖추니 마치 황하가 도圖를 내고 낙수가 서書를 내어 조화의 묘함이 그 사이에 다 갖추어 나타나듯이, 안팎과 하늘과 땅이 온전히 저것이고 온전히 이것이어서 움직이고 변화하는 것이 둘이 없고 다름이 없는 것이니, 하늘과 땅을 용으로 삼고 조화의 근원을 통어하는 이가 아니라면 이럴 수 있겠는가?

　태어날 때에 사람에게 보여 준 이치가 깊다. 이는 실로 선천명세라 말할 수 있고 실로 큰 성인이라 말할 수 있으니, 복희씨나 대우大禹의 후천後天의 학學과 같지 않다. 그러니 홀로 존귀한 분이 아니면 무엇이겠는가? 그러므로 큰일의 인연을 한 생애에 다하셨으니, 진실로 탁월한 자가 있다면 눈이 마주치는 곳에 도가 있을 것이니, 만년이 지난 뒤라도 그 가르침을 듣는다면 부처님께서 부처님이신 까닭을 바로 알고 단번에 초월하여 여래의 지위에 곧장 들어갈 것이다. 그러니 어찌 꼭 모습과 목소리를 기다리겠는가?

> 左手指則天。右手指則坤。四方各七步。則二十八宿。所謂天經也。目顧四方。箕中則五星。所謂地緯也。天經地緯。摠於一己。如河之出圖。洛之出書。而造化之妙。備現於其間。內外乾坤。全彼全此。運動變化。無二無別。非以乾坤爲用。統造化之原者。其若是乎。降誕之際。示人之理深矣。此則實謂先天命世。實謂之大聖而非若義[1]皇大禹後天之學也。非獨尊而何。然則大事因緣。盡於一期。苟有卓越者。目擊而道存。雖降萬歲之下。聞其風則便知佛之所以爲佛而一超直入如來之位矣。何待於容聲乎。
>
> 1) ㉮갑본에는 '羲'가 '義'로 되어 있다.

　그러나 이러한 근기의 사람은 얻기 어렵기 때문에 부득이하게 사자후를 내어 "오직 나 홀로 존귀하다."라고 하셨다. 여기에서 말하는 '나'란 '너-나'의 '나'가 아니라 사람마다 본래 갖추고 있고 하나하나마다 완전히 이루어져 있는 것이니, 또한 사물과 나 사이에 무슨 차이가 있겠는가? 이른바 사물을 탐구하여 머물 곳을 아는 것의 지극함이다. 그러므로 옛 스님이 말하기를 "처음 왕궁에 태어나실 때 근본적인 것을 보여 주셨고, 똑같이 일곱 걸음을 걸어 또한 거듭 펴셨으며, 하늘을 가리키고 땅을 가리켜도 이해하는 사람은 없고, 오직 우레 같은 소리만이 대천세계에 두루 울렸네."라고 하였으니, 이런 옛 스님 같은 이는 그 가르침을 듣고서 이 도를 체득한 이라고 할 만하다.

'사람마다 본래 갖추고 있다.'고 한다면 어찌 여래만이 이 법을 가지고 있겠는가? 부처와 중생은 같은 하나의 법성으로서 인드라망의 그물에 꿰인 구슬처럼 서로 포섭하여 들어가 아무런 차별이 없다. 그러므로 세존께서 처음 바른 깨달음을 이루시고 탄식하시며 "기이하구나! 모든 중생들이 여래의 지혜 덕상을 갖추고 있는데, 그저 망상 집착 때문에 증득하지 못하고 있구나."라고 하셨으며, 이에 법계의 본성에 맞추어 『대방광불화엄경』의 원돈의 가르침을 설하시어 훤하게 열어 드러내셨다.

그 제목을 보면 곧 경의 적확한 뜻을 알 수 있으니, 이른바 찰나 찰나 설하고, 티끌처럼 많은 수만큼 설하고, 정해진 때가 없이 설하고, 정해진 장소가 없이 설하, 불꽃이 활활 타오르듯이 설하여서 그침이 없기 때문이다. 상부에 있는 열 개의 삼천대천세계의 티끌 수만큼의 게송과 하나의 사천하四天下[8]의 티끌 수만큼 많은 품에서 설한 것은 어떤 법인가? 이 법이다. 그 당시에 문수보살이나 보현보살처럼 큰 산 같은 근기를 지닌 이들은, 비유하자면 해가 먼저 높은 봉우리를 비추는 것처럼 보자마자 알았고, 이승二乘[9]은 귀머거리나 벙어리처럼 그저 자리에 앉아 있었는데, 왜인

---

8 사천하四天下 : 사주四洲라고도 한다. 불교의 우주관에서 수미산을 중심으로 한 사방의 세계, 곧 남쪽의 섬부주贍部洲, 동쪽의 승신주勝神洲, 서쪽의 우타주牛陀洲, 북쪽의 구로주俱盧洲를 함께 일컫는 말이다.
9 이승二乘 : 성문승聲聞乘과 연각승緣覺乘을 말한다. 성문은 본디 석가모니의 가르침을 듣고 깨달음을 얻은 아라한을 가리키며, 연각은 석가모니의 가르침을 듣지 않고 홀로

가? 원돈의 큰 법은 얕은 식견으로 알 수 있는 것이 아니기 때문이다. 이는 마치 장님이 햇빛을 보지 못하는 것과 같으니 어찌 해와 달의 허물이겠는가? 단지 알지 못할 뿐만 아니라 도리어 비방하니 이는 마치 작은 비둘기가 하늘 못을 비웃는 것과 같다.

然而此根人難得故。不獲已而出獅子吼而曰唯我獨尊。所謂我者。非尒我之我。人人本具。介介圓成。亦何物我之有間哉。所謂物格而知止之至也。故古德有言曰。初誕王宮示本然。同行七步又重宣。指天指地無人會。獨震雷音遍大千。若古德者。可謂聞其風而體斯道矣。如曰人人本具。則何獨如來有是法哉。佛與衆生。同一法性。如帝網珠。互相攝入。無有差別。故世尊初成正覺。嘆曰奇哉。一切衆生。具有如來智慧德相。但以妄想執著而不證得。於是稱法界性。說大方廣佛華嚴經圓頓之敎。洞然開顯。見其題目。便見經之的旨。所謂利說塵說無時說無方說熾然說無間歇故。上部有十三千大千世界微塵數偈一四天下微塵數品所說者。何法耶。曰此法也。當是之時。若文殊普賢大山王機。則見而知之。譬如日出先照高峰。而二乘在座如聾若啞。何也。圓頓大法。非淺識之所能知。是猶盲者。不見日光。豈日月之咎哉。非唯不知。反生毁謗。是猶鷽鳩之笑天池也。

만일 가없는 국토와 바다에서 자기와 남은 털끝만큼도 떨어져 있지 않고 십세十世의 과거와 현재는 처음부터 끝까지 이 찰나를 떠나지 않는다고 한다면 세계의 티끌 수 또한 한량이 있는데 백성들이 날마다 쓰면서도 알지 못하니 애달파하지 않을 수 있겠는가? 이에 각황께서 차마 말이 없을 수가 없어서, 밑으로 중·하의 사람들에게 거듭 펴시고자 비로법계의

깨친 사람을 가리킨다. 대승불교에서는 성문이나 연각이 자신의 깨달음만을 추구할 뿐 중생을 구제하는 일에는 소홀하다고 비판하면서 이들을 소승이승小乘二乘이라고 불렀다.

몸을 나투어 보이시어, 보리도량에 앉아 한량없는 맑고 깨끗한 밝은 빛을 뿜어 세간을 두루 비추셨으며, 보리도량에서 움직이지 않으면서도 다시 보광명전에 나타나시고, 보리수 아래와 보광명전을 떠나지 않으면서도 다시 도리천궁으로 올라가셨으며, 차례로 올라가 유정천에 이르셨으니, 마치 하늘과 땅이 덮지 않는 것이 없는 것과 같다.

다만 위신력을 뭇 보살들에게 더해 주시니 뭇 보살들이 부처님의 신통한 힘을 받아 저마다 법문을 설하여 수행하는 사람이 올라가는 단계를 열어 보였다. 이러한 온 누리 천백억 세계의 모든 법회에 모인 이들은 저마다 늘 부처님과 마주 보고 있다고 여기지 않는 이가 없으니, 마치 해가 하늘에 있으면 그 영상이 온갖 물에 다 비치는 것과 같다.

경에서 말하기를 "육체의 모습은 부처님이 아니고, 목소리 또한 그러하네. 또한 육체와 목소리를 떠나지 않고도, 부처님의 신통한 힘을 보네."[10]라고 하였고, 또 말하기를 "과거 현재 미래 모든 부처님을, 남김없이 알고자 한다면, 법계의 본성을 관찰해야 하리니, 모든 것은 마음이 만들어 내네."[11]라고도 하였다. 이것이 『화엄경』이 근본이 되는 까닭으로, 시간에 빗대어 보면 해가 뜨는 때이다. 그다음 『법화경』은 정오에 빗댈 수 있고, 그다음 『열반경』은 해 질 녘이 된다. 이 세 경전은 그물을 들어 올리는 큰 벼리와 같고, 『아함경』·『방등경』·『반야경』·『능엄경』·『유마경』·『사익경』·『원각경』 등 뭇 경전과 널리 팔만의 법장에 이르는 경전들은 두루 그물눈이 되어, 삼계의 번뇌의 바다에 두루 펼쳐서 중생들을 걸러 건져 내어 함께 저 언덕에 오르게 하니, 훌륭하지 않을 수 있겠는가?

若曰無邊刹海。自他不隔於毫端。十世古今。始終不離於當念。則世界微

---

10 『大方廣佛華嚴經』 권6.
11 『大方廣佛華嚴經』 권19.

塵。亦有限量矣。百姓日用而不知。可不悲乎。於是覺皇。不忍無言俯爲中下之士。欲重宣。示現毘盧法界之身。坐菩提場中。普放無量淸淨光明遍照世間。不動覺場。而復現於普光明殿。不離菩提樹下及普光明殿。而復上昇忉利天宮。次第而昇。至于有頂。如乾坤之無不覆幬也。但以威神。加諸菩薩。而諸大士。承佛神力。各說法門。開示行人昇進之階。如是十方千百億世界一切衆會。靡不自謂恒對於佛。如日麗空而影含衆水矣。經云色相非是佛音聲亦復然。亦不離色聲。見佛神通力。又云若人欲了知。三世一切佛。應觀法界性。一切唯心造。此華嚴之所以爲根本也。萬[1]之於時。則日出時也。次有法花爲萬中。次有涅槃爲日晡。三經者如大綱之斯擧。而阿含方等般若楞嚴維摩思益圓覺諸經。廣而至於八萬法藏。遍爲衆目。遍張三界煩惱海上。撈攄群生。共登彼岸。可不韙歟。

[1] 역 '萬'은 '寓'의 오자인 듯하다. 다음도 같다.

  가르침이 비록 많지만 그 요체를 잡아 보면 계율과 선정과 지혜일 뿐이다. 계율의 그릇이 원만히 이루어지는 것은 과거의 더러움을 바꾸는 것을 말한다. 선정의 물이 맑게 고여 있는 것은 멈출 곳을 안다는 것을 말한다. 지혜의 달이 비로소 나타나는 것은 감응하여 마침내 통한다는 것을 말한다.
  계율에는 간략히 다섯 가지가 있다. 첫째는 죽이지 말라는 것이니 인仁의 단서를 여는 것이다. 둘째는 훔치지 말라는 것이니 의義의 단서를 여는 것이다. 셋째는 음란한 짓을 하지 말라는 것이니 예禮의 단서를 여는 것이다. 넷째는 망령된 짓을 하지 말라는 것이니 신信의 단서를 여는 것이다. 다섯째는 냄새나는 채소와 술을 먹고 마시지 말라는 것이니 지智의 단서를 여는 것이다. 그저 '오상이 인륜의 큰 도이다.'라고만 말할 뿐 단서를 열어 보여 주지 않는다면, 집을 아름답게 지어 놓고도 문을 만들어 놓지 않는 것과 같을 것이니, 거기에 들어가는 것이 또한 어렵지 않겠는가?[12] 부처님의 다섯 가지 계율은 오상의 단서를 열어 보여서 어리석은 이들까지 모두 깨달아 들어가서, 가까운 데서부터 먼 데까지 이를 수 있게 하는 것이다.

> 教法雖衆。而撮其樞要。戒之慧而已。戒器圓成。革其舊染之謂也。㝎水凝淸。知其所止之謂也。慧月方現。感而遂通之謂也。戒之略有五。一曰不殺。開仁之端也。二曰不盜。開義之端也。三曰不婬。開禮之端也。四曰不妄。開信之端也。五曰不茹葷飮酒。開智之端也。徒曰五常爲人倫之大道。而不開端以示之。則如美宮室。而不置門戶也。其入之不亦難乎。佛之五戒。所以開示五常之端。使其愚蒙。皆可悟入。自近而至遠也。

하나의 기가 나뉜 뒤에 하늘과 땅 사이를 가득 채운 것이 사물인데, 만 가지로 서로 달라도 근본은 하나로 함께 묘하게 밝은 참된 성품 가운데에서 나왔으니, 비록 종류는 서로 다를지라도 본성은 하나이다. 본성이 이미 하나이니 저들의 여러 가지 모습 모두 나의 하나의 본성의 작용이다.

---

[12] 불교의 오계五戒와 유교의 오상五常을 짝지어 일치시키는 것은 북위 때인 460년 무렵에 담정曇靖이라는 승려가 위작한 『提謂波利經』에서 시작되었는데, 그 이후로 천태 지의天台智顗를 비롯한 많은 승려들과 안지추顏之推 같은 유학자들도 이를 인정하였으며, 조선 초에 활동한 기화己和도 이를 따르고 있다. 그런데 이들의 방식이 오계가 곧 오상이라고 말하는 데 비하여, 여기에서는 오계가 오상의 단서를 여는 것이라고 본다는 점에서 기존의 관점과는 사뭇 다른 양상을 보이고 있다. 이는 단순한 방식의 차이에 그치지 않고 성리학 전반에 대한 이해의 차이를 노정하고 있다는 점에서 중요한 의미를 지닌다. 성리학에서는 인간이 태어나면서부터 인·의·예·지·신의 다섯 가지 덕을 지니고 태어난다고 본다. 따라서 오상은 덕성德性이다. 그런데 불교의 오계는 덕성이 아니라 구체적인 행위이다. 기존의 방식대로 오계가 바로 오상이라고 말한다면, 이는 '덕성'을 '행위'와 동일하게 본 것이기 때문에 다른 범주에 속하는 것을 동일시하는 오류를 범하게 된다. 하지만 여기에서처럼 오계가 오상의 단서를 여는 것, 곧 덕을 이루어 가는 혹은 덕을 실천하는 행위라고 한다면 이는 아무런 문제가 없다. 따라서 지은이는 성리학에 대한 상당한 수준의 이해를 갖추고 덕성과 행위의 관계를 명확하게 이해하고 있었던 것으로 보인다.

마치 사람의 몸에 사지四肢가 있고, 사지에 다섯 손가락 발가락이 있는 것과 같아서 저것이 오히려 이것이고 이것이 오히려 저것이다. 그러므로 몸이라는 것으로써 동등하게 생각하여 해치지 않고, 친척이라는 것으로써 동등하게 생각하여 죽이지 않는다. 손가락이 편안하면 사지도 편안하고, 사지가 편안하면 온몸이 편안하다. 손에서 시작하여 몸을 거두어들이고 마음을 거두어들이는 데에 이르고, 마음을 잡는 데서부터 성품을 이루는 데까지 이르며, 큰 자비를 미루어 넓혀 은택이 온 누리를 덮는데, 이것이 부처님의 인仁이다. 도둑질을 끊고, 음란한 짓을 끊고, 망령된 짓을 막고, 술을 버리는 뜻도 모두 이와 같다.

유교인들은 죽이는 것에 대하여 "촘촘한 그물을 연못에 집어넣지 않으면 물고기와 자라가 다 쓸 수 없을 만큼 많게 된다."[13]라고 말하고, 도둑질하는 것에 대해서는 "함부로 두는 것이 도둑질을 가르친다."[14]라고 말하고, 음란한 짓에 대해서는 "아름다운 여자를 좋아하듯이 덕을 좋아하는 것을 보지 못하였다."[15]라고 말하니 어찌 금함이 있겠는가? 이것이 이른바 얼음과 석탄처럼 서로 반대되는 까닭이다.

盖一氣旣分之後。盈於天地之間者。物也。萬殊一本。同出於妙明眞性之中。則品類雖殊。而性則一也。性是旣一則彼之紛拏。皆我一性之用。如人之身。有四肢。肢有五指也。彼猶此也。此猶彼也。故等之以身而不害。等之以親而不殺。指寧而肢頤。肢頤而身穩矣。始手攝身而至於攝心。自其攝心而至於成性。推廣大慈而澤被大千。此佛氏之仁也。絶盜絶婬杜妄去酒。意皆倣此。儒者之於殺則曰數罟不入汚池。魚鱉不可勝用也。於盜則曰謾藏誨盜。於婬則曰未見好德。如好好色。則何禁之有哉。此所以氷煤而

---

13 『孟子』「梁惠王 上」.
14 『周易』「繫辭 上」.
15 『論語』「子罕」.

相反也。

문겠다[16] : 위에서 말한 삼재의 시작이 유학자들이 말하는 혼돈混沌과 반고盤古 등의 말과 같지 않은 것은 왜인가? 자세히 설명하여 남은 의심을 없애 주기 바란다.

問上之所言。三才之始。與儒者之言混沌盤古等語不同。何也。請爲辨說以祛餘疑。

답하겠다 : 삼재의 시작에 대해서는 내가 아직 자세히 알지 못하니 어량語量[17]에 의거하여 설명해 보겠다. 밖은 세계라 하고 안은 근신根身이라 하는데 모두 오행의 기를 받아 모습을 이룬다. 비록 크고 작고 길고 짧은 것이 같지 않지만 이루어지고 부서지는 이치는 같다. 세계로 보면 이루어짐·머묾·부서짐·없어짐이 되고, 때로 보면 봄·여름·가을·겨울이 되며, 사람으로 보면 태어남·머묾·변함·사라짐이 되는데, 빙빙 돌며 왔다갔다 하여 미래가 다하도록 끝이 없는 것이다.

부처님께서 나투어 계셨던 현겁賢劫[18]은, 세상에서 네 철을 통틀어 한 해라고 하는 것처럼 이루어짐·머묾·부서짐·없어짐을 통틀어 말한 것으로, 겁 가운데 큰 것이다. 한 해에 네 철이 있는 것처럼 이 현겁 속에 이루어짐·머묾·부서짐·없어짐의 네 겁이 있는데, 겁 가운데 중간의 것이다. 때에 달이 있는 것처럼,[19] 이 네 겁 속에 늘어나고 줄어드는 20개의 겁이

---

16 문겠다 : 원문은 '曰'이지만 문맥에 따라 '문겠다', '답하겠다'로 번역하였다.
17 어량語量 : 지식의 근거가 되는 말이라는 뜻으로, 말로 표현된 주장이나 가르침을 가리킨다.
18 현겁賢劫 : ⓈⓈ bhadrakapa를 의역한 것으로, 석가모니를 비롯한 1천의 부처가 세상에 나오는 현재의 겁을 가리킨다. 과거의 겁인 장엄겁莊嚴劫, 미래의 겁인 성수겁星宿劫과 더불어 삼대겁三大劫이라고 한다.
19 한 해에 열두 달이 있는 것을 말한다.

저마다 있는데, 겁 가운데 작은 것이다. 이른바 늘어나고 줄어든다는 것은 사람의 목숨을 들어 말하는 것으로, 사람의 목숨은 8만 4천 살부터 시작해서 100년마다 1년씩 줄어드는 것으로 정해져 있는데, 사람의 목숨이 열 살에 이르게 되면 하나의 줄어드는 겁이 된다. 열 살부터 또 100년마다 1년씩 늘어나는데, 다시 8만 4천 살로 늘어나면 하나의 늘어나는 겁이 된다. 마치 달에 처음 밝은 면이 생겨나면 점점 더 늘어나서 보름이 되면 가득 차는데 이를 흰 달이라고 하고, 처음 어두운 면이 생겨나면 점점 밝은 면이 줄어들어 그믐에 이르면 다 없어지는데 이를 검은 달이라고 하는 것과 같다.

어찌 천도天道만 그러하겠는가? 무릇 두 기氣 사이에 있는 것[20]들은 그 덜고 더함이 모두 이러하지 않음이 없다. 그러므로 옛 시에서 이르기를 "어찌하여 물고기의 뇌가 줄어드는가, 이는 달이 비어 가기 때문임을 알아라."라고 한 것이 이것이다.

무릇 음기와 양기가 덜고 더하는 것을 늘여서 겁으로 삼으면 늘어나는 겁과 줄어드는 겁이 있고, 줄여서 달로 삼으면 차는 것과 비는 것이 있으니, 차고 빈 것으로 늘어나고 줄어드는 것에 맞추어 보면 서로 어긋나지 않는다. 검고 흰 두 달을 합하여 한 달이라고 한 것은 역수의 법칙이다. 이 예에 따르면 늘어나고 줄어드는 두 겁 또한 합하여 하나의 겁이 된다.

曰三才之始。余所未詳。請依語量辨之。外爲世界。內爲根身。皆稟於五行之氣乃得成形焉。雖大小延促之不同。而成壞之理則均也。在世界爲成住壞空。在時爲春夏秋冬。在人爲生住異滅。循環往復。窮未來際而無有已焉者也。佛以現在賢劫者。揔成住壞空而言之。如世之揔四時爲一年。劫之大

---

[20] 양기와 음기를 받아 생겨난 것들을 말한다.

者也。此賢劫中。有成住壞空四劫。如年之有四時。劫之中者也。此四劫中。各有二十增減劫。如時之有月。劫之小者也。所謂增減者。擧人壽而言之。則人壽始自八萬四千歲。百歲減一年爲㞢。或至人壽十歲時。爲一減劫。從十歲。又百歲。增一年。還登八萬四千歲。爲一增劫。如月以才生明。漸積而增。至望則盈矣。是謂白月。又以才生魄。漸積而減。至晦則盡矣。謂之黑月。豈特天道爲然哉。凡處二氣之間者。其損益無不皆然。故古詩云。有何魚腦減。知是月輪虛是也。夫陰陽之爲損益。延而爲劫則爲增減。促而爲月則爲盈虧。以盈虛配增減則不相忒矣。合黑白二月而謂之一月者曆數之法也。例是則增減二劫。亦合而爲一劫矣。

세계가 처음 이루어지는 것은, 큰비가 콸콸 흘러 바람 바퀴에 실려서 육합六合[21]을 가득 채웠다가, 바람이 불어 점점 줄어들고 차례로 물방울이 맺혀서, 위에서 아래에 이르기까지 이전 모습대로 세워지며, 이처럼 열 겁을 지난 뒤에 이루어지는데, 바로 사람이 태 속에서 열 달을 채운 뒤에 태어나는 것과 일치하는 것으로, 오행이 낳고 이루는 것이 갖추어지기를 기다리는 것이다.

이른바 오행이라는 것은 하늘 1이 물을 낳고, 땅 6이 이를 이루어 주며, 땅 2가 불을 낳고 하늘 7이 이를 이루어 주며, 하늘 3이 나무를 낳고 땅 8이 이를 이루어 주며, 땅 4가 쇠를 낳고 하늘 9가 이를 이루어 주며, 하늘 5가 흙을 낳고 땅 10이 이를 이루어 주는데,[22] 이것이 오행이 반드시 10이

---

21 육합六合 : 육허六虛라고도 한다. 하늘·땅·동쪽·서쪽·남쪽·북쪽을 말하며 온 누리를 가리킨다.
22 이는 송나라 소옹邵雍의 상수학에 따른 것이다. 소옹의 상수학은 하도와 낙서를 도형화圖形化한 것으로, 이에 따르면 하도는 기수奇數를 양점陽點으로, 우수偶數를 음점陰點으로 해서 1~10의 모두 55점을 사방과 중앙에 배치한 도상圖象이다. 즉 북방에는 1점과 6점, 남방에는 2점과 7점, 동방에는 3점과 8점, 서방에는 4점과 9점, 그리고 중앙에 5점과 10점을 이중으로 배치하였다. 이 가운데 1~5를 낳는 수(生數), 6~10을 이루는 수(成數)라고 하였다. 낙서는 기수인 1점을 북방에, 3점을 동방에, 5점을 중앙에, 7

라는 숫자를 기다려서 안팎을 낳고 이루어 조금도 차이가 없는 까닭이다.

또 오행의 기는 밖으로 하면 사방에 자리하여 네 철에 유행하고, 안으로 하면 장기에 모여 다섯 가지 감각기관으로 드러난다. 나무는 동쪽에 자리하여 봄에 행하는데, 사람에게는 간이 되고 코로 숨을 쉬니, 발생을 주관하는 것이 이것이다. 불은 남쪽에 자리하여 여름에 행하는데, 사람에게는 심장이 되고 눈으로 보니, 기름을 주관하는 것이 이것이다. 쇠는 서쪽에 자리하여 가을에 행하는데, 사람에게는 허파가 되고 입에서 소리를 내니, 성숙을 주관하는 것이 이것이다. 물은 북쪽에 자리하여 겨울에 행하는데, 사람에게는 신장이 되고 귀로 들으니, 갈무리를 주관하는 것이 이것이다. 흙은 가운데 자리하여 네 철에 행하는데, 사람에게는 비장이 되고 몸으로 느끼니, 사물을 싣는 것을 주관하는 것이 이것이다. 이 가운데 하나라도 빠지면 하늘은 하늘이 될 방도가 없고 땅은 땅이 될 방도가 없으며 사람은 사람이 될 방도가 없다. 그러므로 삼재의 시작은 모름지기 오행의 낳고 이룸이 갖추어지는 것을 기다린 뒤에야 육합이 자리를 잡고 형질이 갖추어진다.

다만 세계가 생겨나고 이루어지는 것은 겁으로써 하고, 사람이 생겨나고 이루어지는 것은 달로써 하니 이는 크고 작은 것의 등급이 있고 안팎이 나뉘는 것이다. 작고 안이 되는 것은 사람들이 또한 알고 있지만, 크고 밖이 되는 것은 부처님 말고는 아무도 알 수 없다. 그러므로 우리 각황께서 이를 밝혀 가르치시어 이해할 수 있게 하셨다.

무릇 근신과 세계는 안팎으로 하나의 기이고, 이루어지고 부서짐도 하나의 법도이다. 하나의 기를 밝혀서 둘이 아닌 데로 쫓아가고, 이루어지고 부서짐을 알아서 생겨남이 없는 데로 돌아가는 것을 근원으로 돌아가

점을 서방에, 9점을 남방에 배치하고, 우수인 2점은 서남방에, 4점은 동남방에, 6점은 서북방에, 8점은 동북방에 배치하였다.

는 가르침이라고 한다.

혼돈과 반고 등의 말 같은 것은 그저 억측으로 상상해서 말한 것일 뿐, 부처님께서 참된 밝음과 묘한 지혜로써 과거 현재 미래를 관통하여 말씀하신 것과 같지 않다.

> 盖世界之始成也。大雨洪注載於風輪。彌滿於六合之中。風吹漸減次第結沫。從上至下。依舊建立。洒經如是十劫而後成。正與人之胞胎。足滿十月而後生者。是待五行生成之備也。所謂五行者。天一生水而地六成之。地二生火而天七成之。天三生木而地八成之。地四生金而天九成之。天五生土而地十成之。此五行之所以須十數。而生成於內外。無小異焉者也。且五行之氣者。外之則位於四方。而流行於四時。內之則鍾於藏[1]腑。而開發於五根。木位東而行於春。在人則爲肝而息於鼻。主乎發生者是也。火位南而行於夏。在人則爲心而視於目。主乎長養者是也。金位西而行於秋。在人則爲肺而聲於口。主乎成熟者是也。水位北而行於冬。在人則爲腎而聽於耳。主乎藏者是也。土位中而行於四季。在人則爲脾而覺觸於身。主乎載物者是也。闕一於此則天無以爲天。地無以爲地。人無以爲人。故三才之始也。須待五行生成之備。而六合位焉。形質具焉。但世界之生成以劫。人之生成以月者。大小之等也。內外之分也。小而爲內者。人亦得而知之。大而爲外者。除佛而無能知者焉。故我覺皇。明此以教之得以會。夫根身之與器界。內外一氣也。成壞一規也。明一氣以趨乎不二。知成壞以返乎無生。是之謂還源之敎也。若其混沌盤古等語。但以臆度想象而言之。非若佛之眞明妙智。貫通三世以言之也。

1) ㉮ '藏'은 '臟'과 통한다.

묻겠다 : 그대가 세계를 잡아다 몸에 짝지었는데 오행이 생겨나고 이루어지는 수가 부절을 맞추듯이 잘 들어맞으니 진실로 은미한 뜻을 얻은 듯

하다. 세상에서는 복희씨 이후로 도를 역易에 담아 사람들에게 보여 주었는데, 그것은 하도와 낙서의 수에 뿌리를 두고 있을 뿐이다. 그런데 하늘 1에서 물이 생겨나는 등 오행이 생겨나고 '이루는 수'에 대해서는 그 수가 그런 까닭이 아직 밝혀지지 않았는데, 만일 이에 실오라기 하나까지 다 보고 밝게 드러내어 어두운 이들도 모두 밝게 알게 한다면 또한 남을 위한다는 뜻에 더욱 좋지 않겠는가?

> 曰爾之攬世界。以配于身。而五行生成之數。若合符契。誠若得於微旨者也。世自羲皇以來。寓道於易。以示人者。但本於河圖之數。且由天一生水等五行生成之數。而未有明夫其數之所以然。而如於是也。視縷發明。使夫冥者皆明則不亦益善乎爲人之意歟。

답하겠다 : 역이란 연기緣起[23]이니, 본성적인 깨달음에 근원을 둔 것으로서 우리의 가르침과 서로 겉과 속을 이룬다. 이 또한 근원으로 돌아가 법에 들어가는 시작이 되는 문이니 밝히지 않을 수 없다.

역의 도는 태극에 근원을 두는데, 태극은 또한 무극에 근본을 두고 있다. 무극이란 맑고 고요하고 텅 비고 밝으면서 우주를 다 품고 있는 것을 말하는데, 바로 부처님의 법신이 이것이다.

무극 가운데에서 극에 이르러 영묘靈妙함이 일어나려고 하는 것을 태극이라 이른다. 태극이란 하나의 참됨을 품고 우주를 가득 채우고 있는 것을 말한다. 영묘함이 일어나면 하나의 기가 왕성해지는데 이를 태초

---

[23] 연기緣起 : 불교의 근본 가르침으로서 인연因緣이라고도 한다. 세상의 모든 존재는 영원하지 않고 끊임없이 변해 가는데, 그 변화는 우연적이거나 운명적인 것도 아니고, 하나의 원인에 의해 그 결과가 결정되는 결정론적 인과율에 따르는 것도 아니며, 원인(因)과 그것을 둘러싼 여러 가지 조건(緣)의 상호작용에 의해 결과(果)가 발생하는 방식으로 이루어짐을 뜻한다. 이처럼 연기의 이법은 객관적이고 영원하며 어떠한 예외도 없는 보편타당한 진리로서 조건성을 그 내용으로 한다.

太初라 하고, 기가 움직여 도는 것을 태시太始라 하며, 영묘하고 순수하고 참된 것을 태소太素라 한다. 두 가지 기가 갈라져 맑고 흐린 것이 나뉜 것을 양의兩儀[24]라 하고, 맑아서 위로 올라가는 기를 양이라 하며, 흐려서 아래로 내려가는 것을 음이라 하는데, 바로 부처님의 보신이 이것이다.

음과 양이 저마다 열두 가지로 나뉘어 스물네 가지의 기가 되고, 이 스물네 가지의 기가 서로 엉키고 뒤섞여서 오행이 그 가운데에서 생겨난다. 마치 한 알의 씨앗처럼 처음에는 뒤섞여서 나누어지지 않은 듯하지만 온갖 묘함이 그 속에 모두 들어 있는데, 바로 법신으로 태극의 체體이다.

싹이 틀 때에 뿌리는 아래에 서리고 싹은 위로 돋는데, 바로 보신으로 양의의 상象이다. 위와 아래에서 뿌리와 가지가 나뉘고, 한 가지 모습의 기맥氣脈이 엇갈리고 섞여서 가지와 잎과 꽃과 열매가 생겨나는데, 바로 부처님의 화신으로 조화의 작용이다.

曰易也者緣起。原乎性覺之中。盖與吾敎相爲表裏。是亦還源入法之初門。不可不明也。夫易之爲道。原於大極。而太極又本乎無極。無極者。湛寂虛明。抱括十虛之謂也。即佛之法身是也。極乎無極之中。靈妙將發。謂之太極。太極者。含畜一眞。充塞六合之謂也。靈妙發矣。一氣盛矣。謂之太初。氣之轉旋謂之太[1])始。靈妙純眞。謂之太素。二氣判而淸濁分。謂之兩儀。氣淸而上者。謂之陽。氣濁而下者。謂之陰。即佛之報身是也。陰陽各分。二六爲二十四氣四六錯綜。而五行生乎其中矣。如有一顆種子。初若混沌未分。然衆妙摠在裏許。即法身太極之體也。及其萌動也。根盤于下。芽中于上。即報身兩儀之象也。上下根枝分擺。一狀氣脉錯綜。而枝葉花果生

---

24 양의兩儀 : 음과 양의 두 기氣를 말한다.

焉。即佛之化身造化之用也。

1) ㉮ 갑본에는 '太'가 '大'로 되어 있다.

스물네 가지의 기는 입춘立春·우수雨水·경칩驚蟄·춘분春分·청명淸明·곡우穀雨·입하立夏·소만小滿·망종芒種·하지夏至·소서小暑·대서大暑·입추立秋·처서處暑·백로白露·추분秋分·한로寒露·상강霜降·입동立冬·소설小雪·대설大雪·동지冬至·소한小寒·대한大寒이다.[25] 이 기들이 엉키고 뒤섞여서 변화하여 생겨난 것이 물·불·나무·쇠·흙이다. 물은 1의 기로 생겨나므로 "하늘의 1이 물을 낳는다."라고 하고, 불은 2의 기로 생겨나므로 "땅의 2가 불을 낳는다."라고 하며, 나아가 흙은 5의 기로 생겨나므로 "하늘의 5가 흙을 낳는다."라고 하기에 이른다. 성수成數라고 하는 것은 오행이 5인 흙으로 말미암아 이루어지지 않는 것이 없기 때문이다. 가령 1인 물이 5를 얻으면 6이 되고, 2인 불이 5를 얻으면 7이 되며, 나아가 5인 흙이 5를 얻으면 10이 되는 데에 이른다. 흙이 바른 위치를 얻어 두루 응하여 특정한 방위가 없으며, 한가운데 자리에 있으면서 엉키고 뒤섞이게 하여 변화를 만들어 내는 까닭이 바로 이것이다.

물·불·나무·쇠·흙은 스물네 가지의 기를 따르지만, 다시 나무·불·흙·쇠·물을 따라 기를 움직여 그 모습을 이루고, 모습으로 기를 운용하니, 모습과 기가 서로 짜서 변화를 만들어 내는 다함이 없는 묘함이 나타난다.

그 의문에 대한 징험은 그림에서 볼 수 있다.

---

25 곧 이십사절기이다.

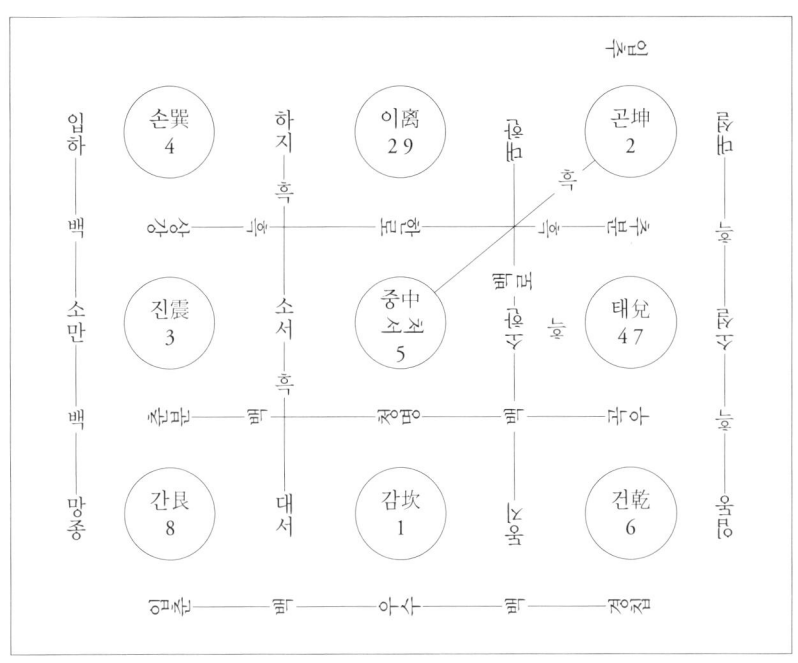

二十四氣。曰立春雨水驚蟄春分淸明穀雨立夏小滿芒種夏至小暑大暑立秋處暑白露秋分寒露霜降立冬小雪大雪冬至小寒大寒。以是氣而錯綜化生者。曰水火木金土。水以一氣生。故曰天一生水。火以二氣生。故曰地二生火。以至土以五氣生。故曰天五生土。其言成數者。五行無不因於五土而成也。如一水得五則六。二火得五則七。以至五土。得五則十也。此其所以土得正位普應無方。居中宮而錯綜造化者也。水火木金土。從二十四氣。還從木火土金水行氣。以成其形。形以運其氣。形氣相織而造化無窮之妙著矣。唯質其疑者。可於圖上見之。

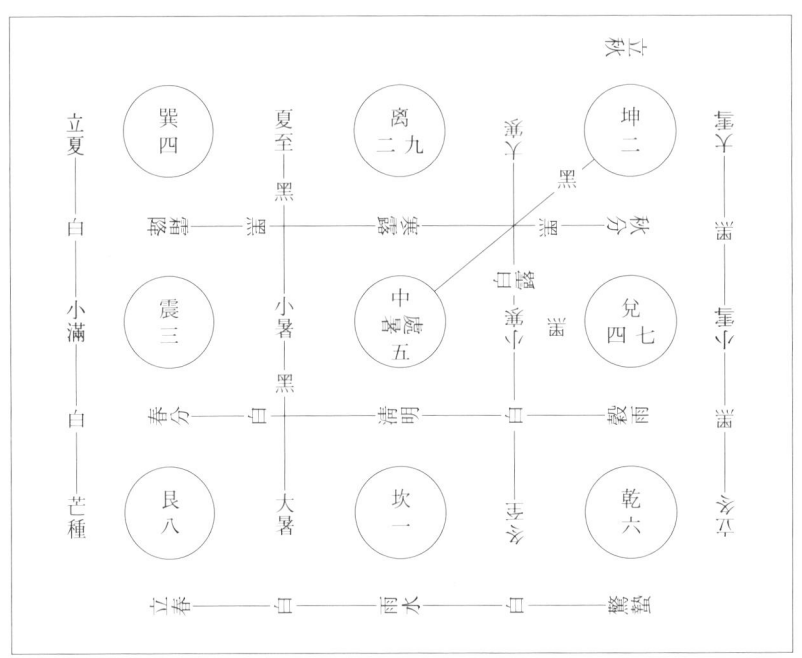

　이는 스물네 가지의 기가 구궁九宮에서 엉키고 뒤섞여서 오행을 낳고 '이루는 수'가 손바닥을 가리키듯 또렷하니, 복희씨·문왕[26]·주공·공자 네 성인[27]이 발휘한 것이 다 같이 하나의 마음에서 나왔음을 충분히 볼 수 있고, 변화를 만들어 내는 낳고 낳는 묘한 이치 또한 나타나 있다. 역을 공부하는 이들이 마땅히 잘 참구하여 하나의 기가 아직 일어나기 이전으로 마음을 돌려 한번 보면 곧 자기의 태극을 볼 것이고, 자기의 태극을 보면 곧 자기의 하늘과 땅을 볼 것이며, 자기의 하늘과 땅을 보면 곧 자기의 조화를 볼 것이고, 자기의 조화를 보면 곧 하늘·땅과 나란히 설 수 있을 것이다.

---

26 문왕文王 : 주 왕조 건립에 기반을 닦은 인물로, 아들 무왕 때에 이르러 마침내 은 왕조를 무너뜨리고 주 왕조를 세웠기 때문에 무왕과 함께 성인으로 칭송받는다.
27 전설에 따르면 복희씨가 괘卦를 만들고 문왕이 괘사卦辭를 짓고 주공이 효사爻辭를 짓고 공자가 십익十翼을 지었다고 한다.

此以二十四氣。錯綜於九宮。而五行生成之數。了如指掌。足以見羲文周孔
四聖人之發揮同出一心。造化生生之妙而亦現矣。學易者。宜善叅詳。向一
氣未發已前。回光一覽。便見自己太極。見自己太極。則便見自己乾坤。見
自己乾坤。則便見自己造化。見自己造化。則可以與天地參矣。

또 말하기를 "모든 기의 운행은 반드시 삼후三侯에서 극에 이른다."라
고 하는데, 삼후라는 것은 5일이다. 낙서의 수가 가로 세로 합해서 모두
15가 되는 것은 다 기의 수이다. 3은 삼재三才이고 5는 오행이다. 이것이
곧 하나의 기가 조화를 갖추는 까닭이다.

기가 엉키고 뒤섞이는 것으로 보면 '입' 자 들어가는 네 절기[28]가 간방
(동북)·손방(동남)·건방(서북)·곤방(서남) 네 귀퉁이의 자리에 있으면서 네
가지 가운데 절기[29]와 합한다. 중기中氣[30]는 모두 네 가지 바른 자리[31]에
있으며 네 가지 마지막 절기[32]와 이어진다. 역에서는 말하기를 "3과 5가
변화하여 그 수를 뒤섞는다. 그 변화에 통하면 온 세상의 문文을 이루고,
그 수를 극하면 온 세상의 상象을 정한다."[33]라고 하였으니 이를 말함이
아니겠는가?

又曰凡氣之運行必極於三侯。三侯者。五日也。洛書之數。縱橫十五者。皆

---

28 네 철의 여섯 절기에서 첫 번째인 입춘·입하·입추·입동을 말한다.
29 네 철의 여섯 절기에서 네 번째이며 뒤의 세 절기의 시작인 춘분·하지·추분·동지를
   말한다.
30 중기中氣 : 이십사절기를 열두 달로 나누어 한 달에 두 절기씩 맞춘 뒤 앞의 것을 '절
   기節氣', 뒤의 것을 '중기'라고 하였는데, 입춘·경칩·청명·입하·망종·소서·입추·백
   로·한로·입동·대설·소한은 절기가 되고, 우수·춘분·곡우·소만·하지·대서·처서·
   추분·상강·소설·동지·대한은 중기가 된다.
31 동·서·남·북에 해당하는 진방·태방·이방·감방을 말한다.
32 네 철의 여섯 절기에서 여섯 번째이며 끝인 곡우·대서·상강·대한을 말한다.
33 『周易』「繫辭 上」.

氣之數也。三爲三才。而五爲五行。此則一氣之所以具造化也。以氣之錯綜觀之。四立居於艮巽乾坤四隅之位。而四仲之節氣合焉。中氣皆位於四正。而四季之節氣連焉。易曰三五以變錯綜其數。通其變。遂成天下之文。極其數。遂之天下之象。非斯之謂歟。

봄과 여름에 엉키고 뒤섞이는 것으로 보기를 들자면, 처서와 백로의 기는 이离(남, 여름)와 손巽(동남, 봄)으로 가는 것이 마땅하지만 사巳(동남)와 오午(남)는 쇠의 기운이 두려워하여 꺼리는 곳이기 때문에[34] 움츠러들어 피하고 가운데로 들어가서 태兌(서)로 되돌아온다. 이것이 이의 불이 홀로 허명하고, 음기와 양기에 펼치고 움츠러듦이 있는 까닭이다. 건乾은 하늘인데 서북쪽에 치우쳐 자리 잡고, 손은 바람인데 홀로 동남쪽에 덜 차 있다. 치우쳤기 때문에 하늘은 서북쪽으로 기울어 해와 달과 별들이 그쪽으로 나아가고, 덜 차 있기 때문에 땅은 동남쪽이 가득 차지 못하여 온갖 물길이 그쪽으로 돌아간다.[35] 건곤에 모자람과 넘침이 있는 까닭이 이것이다. 펼치고 움츠러듦과 모자라고 넘침이 있기 때문에 서로 밀치고 흔들어서 변화가 끝이 없는데, 오행이 이로 말미암아 생겨나고 이루어지고 만물이 이로 말미암아 변화하면서도 정순하다. 조화의 기관이 갖추어지고 건곤의 큰 작용이 나타나니, 이에 의지하여 따르면 인륜의 도가 다하게 된다.

以春夏錯綜。例之則處暑白露之氣。宜趨乎离巽。而巳午金氣之所畏忌故。縮而避之。入于中而返乎兌。此离火之獨虛明。而陰陽之所以有舒縮也。乾

---

34 오행의 상극으로 보면 불이 쇠를 이기기 때문에 쇠의 기운이 강한 가을의 절기인 처서와 백로는 불의 방위인 남방을 꺼린다는 뜻이다.
35 이는 중국의 지형으로 설명한 것이다. 중국의 지형은 동쪽이 낮고 서쪽이 높기 때문에 대부분의 물줄기가 동쪽 황해로 흘러든다.

爲天而偏位於西北。巽爲風而獨闢於東南。惟偏故。天傾於西北而日月星辰就焉。惟闢故。地不滿東南而百川水潦歸焉。此乾坤之所以有欠嬴也。惟其有舒縮欠嬴故。互相推盪。變化以無窮。五行以之而生成。萬物以之而化醇。造化之機關備矣。乾坤之大用著矣。由是以資焉而人倫之道盡矣。

삼재는 하나의 도이다. 물이 하늘의 1에서 생겨나지만 세 기[36]가 솥발처럼 모인 것은 감坎이 1을 밟는 방위로서 세 기를 갖추어 하나로 돌아가기 때문이다. 흙이 네 개의 마지막 절기[37]를 모아 가운데 자리에 있으면서 처서가 주가 되는 것은 가운데가 5 흙의 자리로서 1을 얻어 5가 되기 때문이다.[38] 감에는 동지가 있으므로 양기를 회복할 수 있고,[39] 이离에는 하지가 있으므로 음기를 만날 수 있다.[40] 이것이 음기와 양기가 서로 뿌리가 되는 까닭이다.

三才一道也。水生於天一而三氣鼎聚者。坎爲履一之方。盖備三而歸一也。土鐘四季之節氣。位於中宮而處暑主焉者。中爲五土之位。盖得一而爲五也。坎有冬至故能復陽。离有夏至故能姤陰。此陰陽之所以互根也。

여름의 기가 감으로 가면 대서가 되고, 겨울의 기가 이离로 가면 대한이 된다. 이것이 음기와 양기가 서로 이기는 까닭이다. 비와 이슬이 함께 거처하여 태兌의 못이 되고, 바람과 쇠가 서로 흔들어서 진震의 우레가 된

---

36 세 기 : 우수·대서·동지를 말한다.
37 청명은 봄, 소서는 여름, 한로는 가을, 소한은 겨울의 마지막 절기이다.
38 네 개의 절기에 중기인 처서 하나를 더하였다는 뜻이다.
39 동지의 복復괘는 다섯 개의 음 아래에 하나의 양이 있는데, 이는 굳센 양기가 돌아온다는 뜻이다.
40 하지의 구姤괘는 다섯 개의 양 아래에 하나의 음이 있는데, 하나의 부드러운 음기가 다섯의 강한 양기를 만난다는 뜻이다.

다. 이것이 봄과 가을이 만물을 낳고 이루는 까닭이다.

　진은 춘분인데 이離 3이 숨고 나타나고, 태는 추분인데 감 6이 차고 이지러진다. 이는 동쪽과 서쪽이 해와 달을 운행시키는 까닭이다.

> 夏氣適坎而爲大暑。冬氣適离而爲大寒。此陰陽之所以相勝也。雨露共居而爲兌澤。風金相盪。而爲震雷。此春秋之所以生成萬物也。震爲春分而离三隱現焉。兌爲秋分而坎六盈虧焉。此東西之所以運行日月也。

　망종은 오午(남, 여름)로서 인寅(동북동, 봄)에 합하고, 경칩은 묘卯(동, 봄)로서 신申(서남서, 가을)에 합한다.[41] 진辰과 술戌과 축丑과 미未는 흙에 속하여 여덟 방위에서 합하지 않는 것이 없기 때문에 진이 신과 자子와 합하고, 술이 인과 오와 합하고, 축이 사巳와 유酉와 합하고, 미未가 해亥와 묘와 합한다. 이를 일컬어 셋이 합하는 것이라고 하는데 합이 모퉁이에 속하므로[42] 하늘과 땅이 그릇이 되는 것이 견고하고 오행의 교감이 밀접하다.

　간艮과 곤坤과 건乾의 세 모퉁이로 예를 들자면, 백로는 유酉(서, 가을)로서 마땅히 손(남동)을 따라야 하는데 이를 등지고 태(서)로 돌아간다. 그러므로 "사(남남동)와 유가 마땅히 합해야 하지만 합하지 않는다."라고 말한다. 또 신과 유가 다섯 가지 떨어짐이 되는 것은 이 때문이다. 신과 유는 인과 묘의 상대인데 오로지 떨어지는 것만 담당하여, 신과 유의 기가 합하는 것은 모두 인과 묘에서 찾아볼 수 있으니, 다섯 가지 합함을 살펴 알 수 있다.[43]

41　이 부분은 오류가 있다. 도표에서 경칩은 입동·동지와 함께 있는데 이는 겨울이고 북쪽이다.
42　진·술·축·미는 모두 간방이다.
43　『欽定協紀辨方書』의 「五合五離」편에 "다섯 가지 합함과 다섯 가지 떨어짐이 『의례속술의속술義例俗術』에 보이는데, 또한 갑인·을묘에는 해와 달이 합하고, 병인·정묘에는 음과 양이 합하고, 무인·기묘에는 사람들이 합하고, 경인·신묘에는 쇠와 돌이 합하고,

芒種爲午而合乎寅。驚蟄爲卯而合乎申。辰戌丑未屬土。而無有不合於八方故。辰合申子。戌合寅卯。[1] 丑合巳酉。未合亥卯。此之謂三合。以合屬隅。而乾坤之爲器固矣。五行之交感密矣。以艮坤乾三隅例之。則白露爲酉而當從乎巽。背之而歸兌。故曰巳酉。當合而不合。又以申酉爲五離者此也。申酉爲寅卯之對。而獨專乎離。則申酉之合氣。皆尋乎寅卯而五合審矣。

1) ㉮ '卯'는 '午'인 것 같다. ㉯ 번역은 『韓國佛敎全書』 편찬자가 교감한 것을 따랐다.

또 문왕의 팔괘를 하도와 낙서를 참고하여 곱씹어 보면 건·감·간·진은 양이 되고 손·이·곤·태는 음이 된다. 음은 씨줄이고 양은 날줄이다. 날줄은 곧바르고 오로지 순종하며, 씨줄은 굽었고 순종과 거역을 겸한다. 하도의 1과 6은 물이 북쪽에 있는 것이고, 3과 8은 나무가 동쪽에 있는 것이고, 2와 7은 불이 남쪽에 있는 것이고, 5와 10은 흙이 가운데 있는 것이고, 4와 9는 쇠가 서쪽에 있는 것이다. 이는 왼쪽으로 돌며 생수가 된다. 낙서의 4와 9는 굴러서 남쪽이 되고 2와 7은 돌아서 서쪽이 되니 이는 오른쪽으로 돌아서 성수가 되는 것이다. 음의 방위는 서로 바뀌고 양의 방위는 본디 그대로이다. 이것이 날줄은 오직 순종하고 곧바르며, 씨줄은 거역과 순종을 겸한다는 것이다.

또 물과 나무라는 사물은 하늘을 아버지로 삼고 땅을 어머니로 삼아

임인·계묘에는 물줄기들이 합하며, 갑신·을유에는 해와 달이 떨어지고, 병신·정유에는 음과 양이 떨어지고, 무신·기유에는 사람들이 떨어지고, 경신·신유에는 쇠와 돌이 떨어지고, 임신·계유에는 물줄기들이 떨어진다(甲寅乙卯爲日月合。丙寅丁卯爲陰陽合。戊寅己卯爲人民合。庚寅辛卯爲金石合。壬寅癸卯爲江河合。甲申乙酉爲日月離。丙申丁酉爲陰陽離。戊申己酉爲人民離。庚申辛酉爲金石離。壬申癸酉爲江河離)고 한다. 오행으로 이름을 세우는 것이 다섯 가지 합함과 다섯 가지 떨어짐의 본래 뜻만은 아닐 것이다. 그런데 갑을은 왜 해와 달이고 병정은 왜 음과 양인지 모두 알 수 없다. 그렇지만 세속에서 이를 따라 무인·기묘를 크게 길하다 여기고, 무신·기유를 크게 흉하다 여기니 또한 괴이한 일이다. 견강부회하는 것의 해로움이 이치로 따져 보면 거의 다 이와 같다."라는 말이 있다. 이에 따르면 인과 묘는 다섯 가지 합함이 되고, 신과 유는 다섯 가지 떨어짐이 된다.

이치의 순종함을 얻었기 때문에 동북쪽에 있으면서 양이 되고, 불과 쇠라는 사물은 땅에서 생겨나고 하늘에 의해 이루어져 이치의 거역함을 얻었기 때문에 서남에 속하여 음이 된다. 음과 양이 거역하고 순종하는 이치가 이와 같을 뿐이다.

또한 낮은 양이 되고 밤은 음이 되는 경우, 낮은 해가 떠서 질 때까지를 다 해서 하루가 되고, 밤은 자시에 꺾여 반으로 나뉘어서 이틀에 걸치게 되어, 자시 이후는 순종이고 자시 이전은 거역인데, 거역과 순종이 서로 짜인 뒤에야 조화와 문명의 고운 빛깔이 드러난다. 이는 하도와 낙서가 날줄과 씨줄이 되어 조화의 근원이 되는 것이다.

又以文王八卦。叅於圖書而玩之。則乾坎艮震爲陽。巽离坤兌爲陰。陰者。緯也。陽者。經也。經直而惟順。緯曲而兼順逆。河圖之一六水在北。三八木在東。二七火居南。五十土居中。四九金居西。此左旋而爲生數。洛書之四九轉爲南。二七旋爲西。此右旋而爲成數。陰方互換而陽方自若也。此經唯順直。而緯兼逆順者也。且水木之爲物也。以天爲父。以地爲母。得理之順故。居東北而爲陽。火金之爲物也。以地爲生。以天爲成。得理之逆故。屬西南而爲陰。陰陽逆順之理。如是而已。亦如晝爲陽夜爲陰。而晝則盡日之出沒爲一日。夜則折於子半分居二日。子以後順。子以前逆。逆順相梭而後。造化文明之彩著焉。此圖書之爲經緯而爲造化之原也。

대개 하도와 낙서가 하도와 낙서가 된 것은 기氣일 따름인데, 기라는 것은 움직여 쉬지 않는 것을 말한다. 움직이지만 그 근원으로 돌아오지 않음이 없는 것이 삼재의 도이다. 인의 나무가 우수이므로 진에 모였다가 감으로 돌아가는 것이 마땅한데, 이는 봄의 작용이 근본으로 돌아가는 것이다. 사의 불은 소만이므로 이离로 달려갔다가 진으로 돌아가는 것이 마땅한데, 이는 더운 여름의 작용이 근본으로 돌아가는 것이다. 신의 쇠는 처서이므로 유로 들어갔다가 가운데로 돌아가는 것이 마땅한데, 이는 가을의 작용이 근본으로 돌아가는 것이다. 해의 물은 소설이므로 감으로 흘러들었다가 태로 돌아가는 것이 마땅한데, 이는 겨울의 작용이 근본으로 돌아가는 것이다.

근본으로 돌아갈 수 있기 때문에 낳고 이루는 힘을 드러내고, 조화의 공을 나타내어 하늘과 땅이 자리를 잡고 만물이 자라난다. 근원으로 돌아가는 가르침이 진실로 하늘과 땅의 조화가 지닌 오묘함에 크게 합함이 있음을 이에서 대략 볼 수 있다.

부처님의 세 가지 몸이 『주역』의 도에 합하는 것은 그럴 만한 충분한 이유가 있다. 만일 하늘·땅과 그 덕을 합하고, 해·달과 그 밝음을 합하고, 네 철과 그 질서를 합하고, 귀신과 그 길하고 흉함을 합하여 세상에서 지극히 정미하고 지극히 신묘하게 되고자 한다면 이 가르침을 버리고 무엇으로 하겠는가? 네 철은 생각이 없으면서도 오히려 그 근본을 잊지 않는데, 하물며 사람은 만물 가운데 영명한 존재인데 버릴 수 있겠는가?

蓋圖書之爲圖書。氣而已。氣者運動不息之謂也。動而莫不還其原。三才之道也。寅木爲雨水。則宜叢乎震而歸乎坎。此春行之所以返本也。巳火爲小滿。則宜犇乎离而歸乎震。此炎行之所以返本也。申金爲處暑。則宜入於酉而歸乎中。此秋行之所以返本也。亥水爲小雪。則宜注乎坎而歸乎兌。此冬行之所以返本也。惟其能返本故。顯生成之力。呈造化之功。天地位焉。萬物育焉。於焉盖見還源之敎。誠有大合乎乾坤造化之妙者矣。佛之三身而合於易道者。良有以也。如欲與天地合其德。日月合其明。四時合其序。鬼神合其吉凶。而爲至精至神於天下者。捨是敎奚以哉。四時無思而尙不忘其本。況人爲萬物之靈而可遺之乎。

이른바 근원으로 돌아가는 가르침이란 정情을 돌이켜 성性으로 들어가는 것이다. 성은 근본이고 정은 지말이다. 성이라는 근본은 지극히 텅 비어 끝이 없으나 체성이 항상 존재하며, 지극히 영명하여 다함이 없으나 묘한 작용이 갠지스강의 모래알처럼 많이 있다. 체성이 항상 존재하기 때문에 티끌 수[44]만큼 많은 겁에 걸쳐 변하지 않고, 묘한 작용이 갠지스강의 모래알처럼 많으므로 조화를 운용하여 다함이 없다. 이것이 근본이 되는 까닭이다.

정이 지말인 것은 참됨에서 등 돌리고 흘러넘쳐 어지러이 흔들려 멈춤이 없으며, 대상을 끌어들여 집착하는 모습으로 삼으니 뒤섞여 흐려서 깨끗하지 않다. 어지러이 흔들려 멈춤이 없기 때문에 생겨나고 사라짐이 서로 이어지고, 뒤섞여 흐려서 깨끗하지 않으므로 대상에 대한 욕심이 번갈아 가려 덮는다. 대상에 대한 욕심의 감응으로는 고뇌가 이를 잇고, 생겨나고 사라짐의 감응으로는 나고 죽음이 이에 응한다. 이것이 지말인 까닭이다. 그러니 정으로써 가르침을 삼는 것은 윤회의 길이 아니겠는가? 성으로써 가르침을 삼는 것은 나고 죽음을 벗어나는 길이 아니겠는가?

> 所謂還源之敎者。反情而入於性者也。性者本而情者末也。性之爲本也。至虛無極。而體性常住。至靈無竭。而妙用恒沙。體性常住故。亘塵劫而不變。妙用恒沙故。運造化而無窮。斯其所以爲本也。情之爲末也。背眞流蕩。而紛擾不停。吸塵爲相。而渾濁不淨。紛擾不停故。生滅相續。渾濁不淨故。物欲交蔽。物欲之感。苦惱繼之。生滅之感。生死應之。斯其所以爲末也。以情爲敎者。其輪廻之道乎。以性爲敎者。其出生死之道乎。

마음과 성에 대해서는 유교와 노장사상에서 또한 말하지 않음이 없지

---

44 티끌 수 : 온 우주를 부수어 티끌로 만들었을 때의 숫자를 말하는 것으로서 헤아릴 수 없이 많음을 나타낸다.

만 말한 바가 지극하지 못하다. 지극한 것은 불교이다. 아직 지극하지 못하여 이미 사이가 있으니 도가 이에 따라 멀고 가까움이 있다. 가까운 것은 귀와 눈으로 듣고 보는 것에 제한된 도이니 세간의 도이다. 먼 것은 삼세三世[45]를 꿰뚫고 시방을 다하는 도이다. 노장사상에서 "곡신谷神은 죽지 않으며, 현빈玄牝은 하늘과 땅의 뿌리이다."[46]라고 한 것은 그 성을 말함이다. "도라고 하는 것은 아리아리하고 아득하고 흐릿한데 그 가운데 정미精微한 것이 있다."[47]라고 한 것은 그 마음을 말함이다. "하나를 품어 기를 오롯하게 한다."[48] "그칠 줄을 알면 위태롭지 않다."[49] "억지로 하지 않아도 이루어진다." "성스러움을 끊고 지혜를 버린다."[50]라고 한 것은 그 도를 말함이다. 유교에서 "하늘의 명령을 성이라 하니 온갖 차별적인 것들의 하나의 근본이다."[51]라고 한 것은 그 성을 말함이다. "텅 비고 영명하여 어둡지 않으니 온갖 이치를 갖추어 모든 사태에 대응한다."[52]라고 한 것

---

45 삼세三世: 과거, 현재, 미래를 말한다.
46 『老子』6장. 전문은 "곡신은 죽지 않는다. 이를 현빈이라 한다. 현빈의 문을 하늘과 땅의 뿌리라고 한다.(谷神不死。是謂玄牝。玄牝之門。是謂天地根)"이다.
47 『老子』21장. 전문은 "도라는 것은 아리아리하다. 아리아리한데 그 가운데 모습이 있다. 아리아리한데 그 가운데 사물이 있다. 아득하고 흐릿한데 그 가운데 정미한 것이 있고, 그 가운데 믿을 만한 것이 있다.(道之爲物。惟恍惟惚。惚兮恍兮。其中有象。恍兮惚兮。其中有物。窈兮冥兮。其中有精。其中有信。)"이다.
48 『老子』10장. 전문은 "하나를 품어 기를 오롯하게 하는 것에서 떠나지 않을 수 있다.(抱一。能無離乎專氣)"이다.
49 『老子』32장. 전문은 "그칠 줄을 알면 위태롭지 않을 수 있다.(知止。可以不殆。)"이다.
50 『老子』19장.
51 "하늘의 명령을 성이라 한다."라는 말은 『中庸章句』1장에 나오지만 구절 전체는 분명한 출처가 없다. "온갖 차별적인 것들의 근본이다."라는 표현은 『性理大全』「性理二」 '氣質之性' 편에 "천지의 성(天地之性)은 태극의 본연의 묘함이고, 온갖 차별적인 것들의 하나의 근본이다."라는 주자朱子의 말이 실려 있지만, 『性理大全』이 조선에 들어와 유통된 시기를 고려해 보면 저자가 이를 보았는지는 의문이다. 역자가 생각하기에, 저자가 『四書集註』의 『論語』「里仁」이나 『中庸章句』 제29장의 주석 등에 보이는 '온갖 차별적인 것들의 근본'이라는 표현으로 『四書集註』에 실린 『中庸章句』의 이 구절에 대한 주석을 간략하게 정리한 뒤 『中庸』 본문과 합쳐서 기술한 것으로 보인다.
52 『四書集註』「大學章句」경1장 "大學之道。在明明德。在親民。在止於至善。"의 '明德'에

은 그 마음을 말함이다. "인심人心은 위태롭고 도심道心은 미약하니, 마음을 정미하고 단일하게 하여 그 가운데를 꽉 잡으라."[53]라고 한 것은 그 도를 말함이다. 두 기 사이에 있는 것이 오직 기인데 그 기를 해칠 수 있겠는가? 만물에서 영명한 것은 오직 마음인데 그 마음을 어지럽힐 수 있겠는가? 하나의 기를 오롯하게 하면 어떠한 삿됨도 이를 해칠 수 없고, 하나의 마음을 닦으면 어떠한 욕망도 이를 공격할 수 없다. 이것은 노장사상과 유교의 두 가르침이 몸과 마음을 급하게 하여 세상에서 오래도록 유지되는 도가 되는 것이다.

> 心與性。儒老亦莫不言之。而其所言未至也。至之者。佛也。未至旣有間而道隨有遠近也。近也者。限耳目所見聞之道也。世道也。遠也者。貫三世盡十方之道也。老曰谷神不死。以玄牝爲天地之根者。謂其性也。其曰道之爲物惟恍惟惚。窈兮冥兮。其中有精者。謂其心也。其曰抱一專氣。知止不殆。不爲而成。絶聖棄智者。謂其道也。儒曰天命之謂性。萬殊之一本者。語其性也。其曰虛靈不昧。具衆理而應萬事者。語其心也。其曰人心惟危。道心惟微。惟精惟一。允執厥中者。語其道也。居二氣之間者。惟氣耳。可以暴其氣乎。爲萬物之靈者。惟心耳。可以汨於其心乎。專一氣而群邪莫能殄。修一心而衆欲莫能攻。此二敎之急於身心。而爲天下萬世之道也。

그러나 그들이 말하는 성이란 하늘의 명령으로서의 성일 뿐이어서 불교에서 말하는 완전한 큰 깨달음의 성이 아니다. 그들이 말하는 마음이란 육체와 함께 생겨났다 사라지는 마음이어서 불교에서 말하는 진여眞如[54]로서 청정한 마음이 아니다. 그들이 말하는 도란 성에 따르는 것일 뿐이

대한 주석.
53 『尙書』「虞書」 '大禹謨'.
54 진여眞如 : 존재의 참으로 있는 그대로의 모습을 말한다.

어서[55] 불교에서 말하는 나고 죽음에서 벗어나 윤회를 면하는 묘한 도가 아니다.

큰 깨달음의 성은 이미 앞에서 밝힌 것과 같다. 이른바 진여로서 청정한 마음이란 큰 깨달음의 성 위에 있는 묘하게 밝은 참된 지혜로서 법계 어디에나 있는데, 깨달음의 성과 똑같이 맑고 항상 고요하며 큰 작용은 장소의 제한이 없다. 진여라고 한 것은 거짓되지 않고 변하지 않음을 이르는 것이고, 청정이라고 한 것은 여섯 가지 인식의 대상[56]에 물들지 않음을 이르는 것이다. 영가永嘉가 말한 "마음의 거울 밝아 비춤에 걸림이 없고, 툭 틔어 또렷하게 온 우주를 두루 꿰뚫으니, 온갖 사물들이 빽빽하게 그림자처럼 비치는 가운데, 한 알갱이 원만한 빛 안팎이 따로 없네."[57]라고 한 것이 이것이다.

> 然其所謂性。天命之性耳。非佛之謂圓滿大覺之性也。其所謂心肉團生滅之心耳。非佛之謂眞如淸淨之心也。其所謂道。率性之道耳。非佛之謂脫生死免輪廻之妙道也。大覺之性。已如前析。所謂眞如淸淨之心者。大覺性上妙明眞智。周亘法界。與覺性等。湛然常寂。大用無方。其曰眞如者。不妄不變之謂也。其曰淸淨者。不染六塵之謂也。永嘉所謂心鏡明鑑無礙。廓然瑩徹周沙界。萬像森羅影現中。一顆圓光非內外者是也。

부처님께서 세로로 과거 현재 미래를 다하시고, 가로로 시방에 두루 계시며, 밝기는 해와 달을 꿰뚫어 지나고, 덕은 하늘과 땅보다 뛰어나며, 공은 조화를 뛰어넘고, 크기는 태허太虛[58]를 벗어나서 삼계에 있는 사생의

---

55 「中庸章句」 1장에 "성을 따르는 것을 도라고 한다.(率性之謂道)"라는 구절이 있다.
56 여섯 가지 인식의 대상 : 눈의 대상 모양, 귀의 대상 소리, 코의 대상 냄새, 혀의 대상 맛, 몸뚱이 살갗의 대상 닿음, 정신의 대상 법을 말한다.
57 영가 현각永嘉玄覺의 〈證道歌〉.
58 태허太虛 : 온 우주를 말한다.

자애로운 아버지가 되는 까닭이 모두 이를 얻어서일 따름인데, 세간에서 성현이라고 하는 이들 가운데 누가 이를 얻어서 어깨를 나란히 하겠는가?

그러므로 감택闞澤이 오나라의 주인 손권孫權에게 말하기를 "공자와 노자의 두 가르침은 하늘을 본받아 작용을 정하였으므로 감히 하늘을 어기지 못합니다. 여러 부처님께서 시설한 가르침은 뭇 하늘 중생들이 받들어 행하여 감히 부처님을 어기지 못합니다. 이로써 관찰해 보면 같은 수준에서 비교할 상대가 아니라는 것이 분명합니다."[59]라고 하였는데 이는 올곧은 말이다.

부처님의 가르침에서 말하는 '세상을 벗어난다'는 것은 그 육체를 벗고 뒤섞여 아득한 곳으로 들어간다는 말이 아니다. 만일 역량이 보통을 넘어서는 사람이라면 단계를 거치지 않고 바로 부처님의 경지에 올라가는데, 꿈에서 깨어나는 듯하고 연꽃이 피는 듯하며 구름을 걷어 내고 해와 달을 보는 듯하여 새것도 아니고 옛것도 아니며, 당당하게 홀로 드러나 누가 될 만한 형기의 몸과 마음이 없고, 쳐서 없애야 할 나고 죽는 윤회가 없다. 이것이 세상을 벗어나는 도가 되는 까닭이다.

佛之所以竪窮三際。橫遍十方。明透日月。德勝乾坤。功超造化。量越大虛。而爲三界四生慈父者。盖得諸此而已。其所謂世間聖賢者。誰得而比肩哉。故闞澤之對吳主孫權也。卽曰孔老二敎。法天制用。不敢違天。諸佛設敎。諸天奉行。不敢違佛。以此觀之。得非比對明矣。此直言也。佛敎之所謂出世者。非謂蛻其形骸。入於混茫之謂也。如有過量之人。不歷階梯便登佛地者。如睡夢覺。如蓮花開。如披雲見其日月。非新非舊。獨露堂堂無有形氣身心之足累。亦無有生死輪廻之可討。玆其所以爲出世之道也。

---

[59] 『佛祖統紀』・『佛祖歷代通載』・『廣弘明集』 등 많은 중국 불교 문헌에 실려 있는데 원문은 조금씩 차이가 있다.

아아, 중생들이 같이 하나의 근원에서 나와 이 같은 지혜 덕상을 모두 갖추고 있건만, 몸뚱이에 갇혀서 등지고 달리며 돌아올 줄을 모른 채 보고 인식하는 것 속에 빠져 있으니, 나무가 희준犧樽[60]으로 다듬어져 푸르고 누렇게 모습이 바뀌는 것 같고, 흙이 물레에 실려 크고 작게 그 형체가 바뀌는 것 같다. 또한 바닷물을 길어 여러 그릇에 담고 흙탕물을 섞어 흔들어 대는 것 같아서, 그 혼탁함이 극에 이르고 그 본성을 잃어버림이 심하다.

그 본성을 잃어버리고 혼탁함 속에 빠져 있으므로 업의 바다에 물결이 드높아 삼악도三惡途[61]가 오래도록 들끓으며 윤회가 그치지 않아서 나고 죽음이 끝이 없으니 상심하지 않을 수 있겠는가?

그러므로 우리 각황께서 그러한 모습을 차마 앉아서 보고 있을 수가 없어서, 큰 자비와 서원의 힘으로 노사나불의 보배로운 옷을 벗고 석가의 해지고 더러운 옷을 입고서, 청하지 않아도 오는 벗이 되어 뭇 세간에 들어가서, 먼저 깨달은 이로서 미혹한 무리를 두루 열어 이끄시며, 갖가지 신통과 갖가지 지혜와 갖가지 위엄 있는 빛과 갖가지 방편과 갖가지 말씀과 갖가지 법문으로 원인과 결과를 설하시고, 죄와 복을 설하시고, 선악에 따른 보응을 설하시고, 천당과 지옥을 설하시고, 부처님 나라와 중생 세계를 설하시고, 방편의 가르침과 참된 가르침을 설하시고, 점점 나아가는 가르침과 한꺼번에 드러나는 가르침을 설하시어, 바로 보여 주시고, 교묘하게 보여 주시고, 홀로 보여 주시고, 겹쳐서 보여 주셨는데, 모두 중생들이 헛된 것을 돌이켜 참된 세계로 돌아가서 깨달음이라는 묘하게 장엄한 영역에 곧바로 이르기를 바라신 것이다.

---

60 희준犧樽 : 옛날 중국의 술 단지인데 제사에서 희생으로 바치는 소의 모양으로 만들었다고도 하고, 술 단지 옆면에 소 그림을 그렸다고도 한다.
61 삼악도三惡途 : 윤회하는 여섯 부류의 중생 가운데 좋지 않은 상황에 놓인 지옥 중생, 아귀, 축생의 세 가지 부류를 가리킨다.

嗚呼。生靈之同出一源也。具有如是智惠德相。而區爲形質。背馳不返。陷於見見識識之中。如木之杍犧樽。靑黃變其狀。若土之載陶鈞。大小易其形。又如挹海貯於衆器。泥之混之。攪之動之。其渾濁也極矣。其失性也甚矣。由其失性。而溺於渾濁故。業海波騰。三途長沸。輪廻不息。而生死無窮。得不爲其傷心乎。故我覺皇。不忍坐視其然。以大慈悲誓願力故。脫舍那珎御之服。著釋迦弊垢之衣。作不請友。入諸世間。普以先覺。開導迷倫。以種種神通。種種智惠。種種威光。種種方便。種種言辭。種種法門。說因說果。說罪說福。說善惡說報應。說天堂說地獄。說佛利說世界。說權說實。說漸說頓。直示之。巧示之。單示之。複示之。皆欲含靈。返妄歸眞。直至菩提妙莊嚴域故。

그 가르침은 어둑한 데[62]에도 통하고, 하늘과 땅을 꿰뚫어 지나며, 널리 대천세계에 미쳐서 사람들이 귀의하여 따르는 것이 바람에 눕는 풀과 같은데, 온갖 마귀들이 원망하면서도 막고 가리지 못하는 것은 그 진실함 때문이다. 만일 진실하지 않다면 우선 하늘이 싫어한 지가 오래되었을 터인데, 어찌 그 가르침과 그 도가 끊임없이 천고의 세월에 이어지고, 두루 시방에 퍼져 있으며, 하늘 중생과 용과 신과 귀신들이 흠모하여 떠받들지 않는 이가 없고, 보살과 성현들이 서로 갈마들며 널리 교화하게 하였겠는가? 이로써 논하자면 하늘이 싫어하지 않음이 확실하다. 만일 싫어하지 않는다면 없애고자 하지 않을 것이 틀림없다. 하늘이 싫어하지 않고 없애고자 하지 않으니, 이른바 '하늘과 땅의 조화와 크게 합한다'는 것이 이것이다. 하늘이 싫어하지 않는데 사람이 싫어한다고 해서 하늘을 이길 수 있겠는가? 하늘이 없애지 않는데 사람이 없애려 한다고 해서 꼭 그럴 수 있겠는가? 이길 수 없고 그럴 수 없는데도 억지로 하려 한다면 (사태를)

---

62 어둑한 데 : 저승이나 귀신들의 세계를 가리킨다.

헤아릴 줄 안다고 할 수 있겠는가?

> 其爲敎也。通幽通冥。透天透地。廣及于大千。而人之向化。若偃風之草。有衆魔怨而不能壅蔽者。以其誠也。如其不誠。則天且厭之久矣。安能俾諸其敎其道。綿亘千古。周帀十方。天龍神鬼。無不欽崇。菩薩賢聖。遞相弘化。職此論之。天而不厭信矣。如其不厭。其不欲去必矣。其不厭而不欲去。是所謂大合乎乾坤造化者也。天不厭而人厭之。其能勝乎。天不去而人去之。其可必乎。以不勝不必而强之。可謂知量乎。

또한 유교에서 닦는 것은 하늘의 마음이고, 따르는 것은 하늘의 성품이다. 하늘에 거스르면서 자기 마음대로 행한다면 하늘의 마음에 합한다고 할 수 있겠는가? 하늘에 등 돌리고 성인을 욕한다면 하늘의 성품을 따른다고 할 수 있겠는가? 하늘의 성품, 하늘의 마음에 합하지 않고 따르지 않는다면 또한 어떻게 유교인이라고 할 수 있겠는가? 세상의 군자들이 진실로 바른 마음, 진실한 뜻으로써 생각하여 치우침에 빠지지 않는다면 우리 성인(부처님)을 모멸할 수 없다는 것을 진실로 알게 될 것이다.

> 且儒之所修者。天心也。所率者。天性也。忤天而行其情。可謂合其天心乎。反天而謗其聖。可謂率其天性乎。旣不率合乎天性天心。則亦將何以爲儒者哉。世之君子苟以正心誠意思之。而不溺於偏儻。則信知吾聖之不可侮也。

묻겠다 : 그대가 오행이 생겨나게 이루는 수를 분석하고 이십사절기가 엉키고 뒤섞이는 근원을 파헤친 것이 이미 저처럼 정미하여 내가 아직 듣지 못한 것을 들었으니 가르침에 보탬이 된다고 할 수 있다. 불교에서 말하는 해와 달의 운행과 차고 빔과 춥고 더움에 대한 주장이 역상曆象과 같

지 않은데,⁶³ 그 까닭은 무엇인가?

> 日子之析五行生成之數. 源於二十四氣之錯綜. 旣如彼其精矣. 余得聞於
> 未聞. 可謂有補於敎矣. 佛氏之言. 日月運行盈虛寒暑之說. 不同於曆象.
> 其故何歟.

답하겠다 : 부처님께서 가르침을 내리심에 자기를 밝히는 것을 귀하게 여기셨다. 자기는 이치이다. 자기의 하늘과 땅의 조화와 밖의 하늘과 땅의 조화가 둘이 아니고 다르지 않으며, 현상이건 이치건 모두 참된 영역으로 돌아간다는 것을 훤히 밝히는 것, 이것이 묘한 뜻이다. 그래서 이전부터 영명한 바탕이 있는 사람은 한 번 듣고서 천 가지를 깨달아 의심의 장애를 한꺼번에 잊게 된다. 가운데나 아래의 근기인 사람들은 손가락⁶⁴을 붙잡고 힘쓰니 옳다 그르다 따지는 일이 벌 떼처럼 일어난다.

부처님께서 이미 세계를 몸이라는 그릇에 비유하셨으니 세우신 모든 것들이 서로 같지 않은 것이 없다. 경에서 "수미산은 땅에서 나온 부분과 땅속에 들어가 있는 부분의 양이 똑같이 8만 4천 유순으로 나뉘어 하늘과 땅이 된다."라고 말한 것은, 사람의 허리 위와 허리 아래처럼 그 세력이 똑같이 나뉘어 위는 양이 되고 아래는 음이 되는 것이다.

수미산 꼭대기는 도리천인데 제석천이 그 안에 머물고 있으며, 해와 달과 별들이 차례로 그 아래에 있는 것은, 사람의 머리뼈가 몸의 꼭대기가 되어 귀 밝고 눈 밝은 뭇 감각기관들이 얼굴에 모여 있는 것과 같다.

해와 달은 눈을 말한다. 네 대륙은 사방의 세계이다. 사람이 보는 것은 남쪽은 온전하지만 북쪽은 모자람이 있고 동쪽과 서쪽은 반으로 나뉘므

---

63 불교에서 말하는 천문 현상에 대한 설명이 중국 고대의 전통적인 주장과 맞지 않는다는 뜻이다.
64 달을 가리키는 손가락을 말하며 특히 언어적인 가르침을 가리킨다.

로, 해와 달의 운행에서 동쪽 대륙을 비추는 것은 아침부터 오시까지이고 서쪽 대륙을 비추는 것은 오시부터 저녁까지이며 남쪽 대륙을 비추는 것은 아침부터 저녁까지 전체이다. 북쪽 대륙은 밝은 빛이 미치지 않는다.

동쪽에서는 해 뜨는 시간을 아침으로 삼고 해가 중천에 뜬 시간을 저녁으로 삼아서 낮의 뒷부분이 빠졌고, 서쪽은 해가 중천에 뜬 시간을 아침으로 삼고 해가 지는 시간을 저녁으로 삼아서 낮의 앞부분이 모자라서, 방위가 치우치고 땅이 후미지며 햇빛이 온전하게 비추지 않는데, 부처님께서 이곳에서 세상에 응하여 나오지 않으신 까닭이 이것이다.

曰佛之垂敎也。貴明乎自己。自己者理也。洞明自己乾坤造化。與外乾坤造化。無二無別。若事若理。咸歸乎實際。此爲妙旨也。是以宿有靈骨者。一聞千悟。疑礙頓忘。中下之機。執指施功。是非蜂起。佛旣以世界。方之於身器。則凡所建立。無不相若者。經言須彌山出地入地。其量均爲八萬四千由旬。而分爲天地者。若人之腰上腰下。其勢等分。上爲陽而下爲陰也。須彌山頂爲忉利天。帝釋主[1]其中。而日月星辰。次居其下者。若人之頭顱。爲形質之首。而聰明諸根。會居面部也。日月者。眼目之謂也。四洲者。四方之世界也。凡人之所視。南全北闕。而東西分其半故。日月之行。東洲之所照者。自朝止於午。西洲之所照者。自午止於暮。而南洲之照則全也。若其北洲則光明不及也。東以日出爲朝。日中爲暮。而闕後日之分。西以日中爲朝。日沒爲暮。而欠初日之分。方偏地僻。光照不全。此佛之所以不於此而應世也。

1) ㉠ '主'는 '住'의 오자인 듯하다. 위치를 논하는 전체 맥락에 따라 '住'로 번역하였다. 원문대로 한다면 '그 가운데에서 주인이 된다.'라는 뜻으로 해석된다.

세상 사람들은 또 (해와 달이) 수미산을 둥글게 돈다는 말이 평상시에 보는 뜨고 지는 것과 같지 않다고 하여 의심하는데, 이는 또한 그 까닭을 모르는 것이다.

이른바 안으로는 눈이 되고 밖으로는 해와 달이 되는 것은 모두 기氣인데, 앞에서 말한 움직여 쉬지 않는 것이 이것이다. 하늘에 있으면 해와 달이 되어 세계를 둥그렇게 돌며, 사람에게 있으면 눈이 되어 또한 동그랗게 움직여 쉬지 않는데, 고양이의 눈동자가 때에 맞추어 빙 돌아 잠시도 쉬지 않는 것[65]과 같다. 옛 시에서 "고양이의 눈[66] 안에 12시를 정하면, 자시·오시에는 늘어뜨린 바늘 같고 묘시·유시에는 동그랗고, 진시·술시·축시·미시에는 달걀 같고, 인시·신시·사시·해시에는 감씨 같네."[67]라고 하였으니, 이것으로 증명할 수 있다. 또 고양이는 만물 가운데 하나의 미혹된 존재인데, 고양이가 그럴 수 있다면 다른 존재들이 어찌 그러지 않겠는가? 다만 나머지 존재들은 보이지 않게 이동하지만 이것은 드러나게 움직이는 것일 뿐이다. 또한 하늘과 땅 사이에 존재하는 사물들은 음기·양기와 오행을 갖추지 않은 것이 없는데, 하도가 말에게서 드러나고 낙서가 거북에게서 나타난 것을 통해 또한 볼 수 있다.

世人又以環遶須彌之語。與平常所見出沒不同而疑之。是亦不知其所以然也。夫所謂內爲眼目。外爲日月者。皆氣而已。前所謂運動不息者是也。在天爲日月。而環遶於世界。在人爲眼目。而亦環轉不息。且如狌兒眼中之

---

65 고양이의 눈동자가 시간에 따라 모습이 바뀐다는 말은 중국의 여러 문헌에서 찾아볼 수 있다. 예컨대 『易經存疑』 「繫辭下傳」 제2장에는 "고양이 눈 속의 검은 눈동자가 하루 12시에 따라 변한다.(猫兒眼中黑睛一日隨十二時改變)"라는 구절이 있다.
66 이때의 '고양이의 눈'은 실제 고양이의 눈이 아니라 '묘아안석猫兒眼石' 또는 '묘아안'으로 불리는 광물을 말한다. 이 광물은 고양이의 눈처럼 시간에 따라 햇빛을 반사하는 모습이 변하기 때문에 이렇게 불린다.
67 이는 옛날 중국의 여러 문헌에 실려 있는데 비유하는 물건이 정확하게 일치하지는 않는다. 예컨대 『易經存疑』 「繫辭下傳」 제2장에서는 "자시·오시에는 실 같고 묘시·유시에는 동그랗고, 인시·신시·사시·해시에는 대추 씨 같고, 진시·술시·축시·미시에는 온전한 은행 같네.(子午線兮卯酉圓。寅申巳亥如棗核。辰戌丑未杏仁全)"라고 하였다.

精。隨時廻轉。無暫休息。古詩云。狌¹⁾兒眼裏之周天。子午垂針卯酉圓。辰戌丑未如雞卵。寅申巳亥柿核然。盖可證矣。猫且萬物之一迷物耳。猫而爲然則餘物。豈不然耶。但餘皆密移而爲此顯耳。亦猶物之在天地。無不具於陰陽五行。而圖顯於馬。書現於龜。亦可見也。

1) ㉠ '狌'는 '猫'의 오자이다.

이미 만물에게 눈이 되니 아침에는 눈을 떠서 깨어나고 저녁에는 눈을 감고 자며, 자면 어둡고 깨면 밝은 것이 이치이다. 해와 달이 하늘에 있으면서 동쪽에서 떠오르면 밝고 서쪽으로 지면 어두운 것과 안팎으로 운행하는 것이 조금도 차이 나거나 어그러짐이 없으니 또한 어찌 의심하여 괴이하게 여기겠는가?

또 경에서 말한 수미산이라는 것은 세계를 포괄하여 말한 것이다. 남섬부주는 배이고 동쪽과 서쪽은 옆구리이니 가로로 세로로 말하는 것마다 그렇지 않은 것이 없다. 그저 세로만 붙잡은 채 가로에는 어두워서 (해와 달이) 둥그렇게 돈다는 것을 터무니없다고 여기는 것이 어찌 잘못이 아닐 수 있겠는가?

차고 비고 춥고 덥고 한 까닭은 음기와 양기가 서로 빼앗아서 해와 달이 나아가고 물러나는 데에 덜하고 더함이 있어서 그러한 것이다.

수미산의 모습은 북쪽은 넓고 남쪽은 좁은데, 사람 얼굴의 모습이 이것이다. 이른바 빼앗는다는 것은 겨울의 기운이 북쪽에서 왕성해지면 해의 길이 남쪽으로 달아나기 때문에 해의 운행이 짧아져서 차가운 기운이 성하게 되는데, 대한의 기가 이离로 가니 양기가 그치는 것이다. 여름의 기운이 이离에서 왕성해지면 해의 길이 북으로 치달리기 때문에 해의 운행이 길어져서 더운 기운이 극에 이르는데, 대서의 기가 감坎으로 가니 음기가 숨는 것이다. 봄·가을의 기는 이를 미루어 보면 알 수 있다.

이른바 나아가고 물러남이라는 것은, 해는 양기의 정수이고 달은 음기의 정수인데, 초하루부터 보름까지는 달의 운행이 해에서 물러나므로, 점점 물러날수록 점점 차서 보름에 이르면 극에 이른다. 보름 뒤로 그믐까지는 달의 운행이 해에 가까워지므로, 점점 가까워질수록 점점 줄어들어 그믐에 이르면 다하게 된다. 얼음이 불에서 멀리 있으면 온전하고 가까이 있으면 녹아 버리는 것과 같으니, 바로 이 이치이다.

차고 비고 덜고 더하고 나아가고 물러나고 존재하고 없어지는 이치는 한때도 그치거나 쉬지 않으니, 하늘의 도가 사람에게 보여 주는 것이 또한 부지런하지 않은가? 사람이 이에 어두우니 어리석음이 또한 심하다.

旣萬物而爲眼目也。朝則開眼而覺。暮則合眼而寢。寢而昧。覺而明。理也。與日月之在天。東昇而明。西沒而昧。內外運行。無小差忒。亦何疑恠之有哉。又經所言須彌者。括世界而言之也。南贍爲腹。東西爲脇。則橫論竪論無不可者。徒執其竪而昧其橫。以環遶爲誕者。得非謬乎。若其盈虛寒暑之故以陰陽之相奪。日月之進退。有損益而然也。夫須彌之形。北廣南俠。人面之相是也。所謂奪者。冬氣自北而旺也。日道犇南。故日行短。寒氣盛焉。盖大寒之氣。適离而陽氣休息也。夏氣自离而旺也。日道馳北。故日行長。暑氣極焉。盖大暑之氣。適坎而陰氣潛藏也。春秋之氣。推此而可知也。所謂進退者日爲陽之精。月爲陰之精。自朔至望。月行退於日故。漸退而漸盈。至望則極矣。自望後至晦。月行近於日故。漸近而漸虧。至晦則盡矣。且如氷之與火。遠則全。近則融。卽其理也。夫盈虛損益進退存亡之理。無一時而廢息。天道之示人不亦勤乎。人而昧此。愚亦甚矣。

또 일식과 월식이 아수라가 가로막기 때문이라는 주장이 세간의 역수의 법칙과 맞지 않는다고 해서 의심하는데, 이 또한 부처님의 가르침의 묘한 뜻을 알지 못하는 것이다. 일식과 월식이 일어나는 것은 음기와 양기가 부딪히고 윽박질러서 서로 화합하며 따르지 않기 때문에 그런 것이다. 아수라는 위세가 사납고 겸손하지 않아 다투는 것을 뜻하는 이름이다. 부딪히고 윽박질러서 따르지 않는 것이 아수라를 말하는 것이 아니라면 누구를 말하는 것이겠는가? 가령 세상에서 덕과 의가 종잡을 수가 없고 외설스러우며 부끄러움이 없는 이를 '사람의 얼굴을 한 짐승'이라고 하는 것은 그가 추하기 때문이 아니겠는가? 하물며 해와 달에 일식과 월식이 있는 것은 임금이 약하고 신하가 강해서 그렇게 되는 것인데, 아수라가 제석천과 권력을 다투는 것과 비슷하지 않은가? 부처님께서 보이신 것은 그 뜻이 은미하다. 이것이 이른바 저쪽(불교 이외의 가르침)은 그 드러난 자취를 연구하고 이쪽(불교)은 그 본성을 밝힌다는 것이 아니겠는가?

又以日月蝕。爲脩羅之所障者。不合世間歷數之法而疑之。是亦不知佛敎之妙旨者也。且日月之爲蝕也。陰陽激薄。不相和順而然也。脩羅者。威猛不遜鬪諍之名也。激薄不順者。不謂之脩羅而謂之誰歟。如世之不測德義而。猥猥無恥者。謂之人面之畜。不其醜歟。又況日月之有蝕。君弱臣強之致然。其不類乎脩羅之與帝釋爭權耶。佛之所示。其旨微矣。可不此之所謂彼攻其迹而此明其性者也。

묻겠다 : 위에서 증명한 것은 믿을 만하다. 유교에서는 불교의 삼세인과와 죄와 복의 응보의 교설을 터무니없다고 여겨 믿지 않는데, 무슨 증거로 그러하다는 것을 아는가?

曰上之所證則信矣。儒以佛敎三世因果罪福報應之說。爲誕而不信。何證而知其然也。

답하겠다 : 삼세의 인과와 죄와 복에 응보가 있다는 것은 하늘의 도가 저절로 그러한 정해진 이치로서 푸른 하늘의 밝은 해처럼 분명하지만 사

람들이 스스로 살피지 못하니, 이에 부처님께서 이를 밝혀 깨우쳐 주신 것일 뿐이다. 유교인들 또한 어찌 말하지 않았겠는가? 그저 그 말이 아직 지극하지 못할 뿐이다.

응보라는 것은 무엇인가? 복과 징벌을 말한다. 죄와 복이라는 것은 무엇인가? 선과 악을 말한다. 이는 유교의 황극皇極[68]의 조화에서도 분명하다. 다만 유교의 말은 삼세에 미치지 못하는데, 아직 지극하지 못한 까닭이 이것이다.

만일 정신이 한 생애에만 그치고 사라져 버린다고 한다면 단견斷見[69]이다. 이는 낳고 낳는 이치에 어두운 것이다. 사람은 항상 사람이고 축생은 항상 축생이라고 한다면 상견常見[70]이다. 이는 음양으로 변화하는 이치에 어두운 것이다. 단견과 상견, 이 두 견해는 부처님께서 꾸짖은 것이다. 부처님께서는 삼세인과의 가르침으로 세간의 사람들을 열어 깨우쳐 주셨는데, 크고 작은 사물의 이치가 모두 그렇지 않음이 없다.

이른바 삼세라고 하는 것은 낮과 밤의 도리이다. 낮이 반쯤 되어 음기가 이미 정오에 싹트지만 아직 밤은 오지 않은 세 시진時辰,[71] 이것을 일러 인因이라 한다. 어두워지고 나면 음기의 과果가 이른다. 밤이 반쯤 되어

---

[68] 황극皇極: 하늘이나 황제의 지위를 말하기도 하고, 한쪽에 치우치지 않은 중정中正의 도를 말하기도 한다.

[69] 단견斷見: 단멸론斷滅論이라고도 한다. 불교가 발생하던 무렵 인도에서 일단의 자유사상가들이 제기하였던 인간관으로서, 인간을 포함한 모든 존재에 영원한 자아가 없기 때문에 죽으면 그것으로 끝일 뿐 윤회하지 않는다고 주장한다. 나아가 윤회에 기반한 업의 법칙과 도덕률 등을 부정하여 도덕적 무정부주의로 나아가기도 하였다. 석가모니는 단견과 상견을 모두 비판하고 단상중도斷常中道의 새로운 인간론을 제시하였다.

[70] 상견常見: 상주론常住論이라고도 한다. 불교가 발생하던 무렵 인도에서 우파니샤드의 요가 수행자들이 제기하였던 인간관으로서 현상적인 자아의 내면에 인과의 흐름 속에 들어가지 않는 아트만(atman)이라고 하는 영원한 자아가 존재한다고 하는 주장이다. 그들은 이 영원한 자아가 곧 우주의 자아인 브라흐만(Brahman)이라고 하는 범아일여梵我一如 사상을 전개하였다. 석가모니는 단견과 더불어 상견도 잘못된 인간관으로 비판하고 단상중도의 새로운 인간론을 제시하였다.

[71] 미시未時, 신시申時, 유시酉時를 말한다.

양기가 이미 자정에 싹트지만 아직 낮은 되지 않은 세 시진,[72] 이것을 일러 인이라 한다. 날이 밝고 나면 양기의 과가 이른다. 이렇듯 음양과 낮밤이 인과를 벗어나지 못하니, 그 가운데 있는 사물들이 어찌 홀로 인과가 없겠는가? 음양과 낮밤이 끝없이 오고 가게 하는 것은 원기元氣가 주인이다. 삼세의 만물이 끊임없이 낳고 낳게 하는 것은 정신이 주인이다. 정신이 오음五陰[73]에 깃들이는 것은 사람이 집에 깃들이는 것과 같아서 오래된 것을 버리고 새로운 것으로 나아가는 것이니, 어찌 의심이 있겠는가? 또한 양호羊祜가 일찍이 이씨의 아들이었고,[74] 태백太白이 뒤에 공보功輔의 몸이 되었으니,[75] 이 또한 증험할 수 있다.

曰三世之爲因果。罪福之有報應。是乃天道自然之之理。皎若靑天白日。而人自不察。佛迺明而諭之耳。儒者亦豈不言乎。但言之有未至也。報應者何。福極¹⁾之謂也。罪福者何。善惡之謂也。此則明乎儒氏之皇極造化矣。但儒者之言。不及乎三世。此其所以未至也。若言精神。止一生而殄滅者。斷見也。是昧生生之理也。人恒爲人。畜恒爲畜者。常見也。是昧陰陽變易之理也。斷常二見。佛之所訶也。佛以三世因果之說。開諭世間。而巨細事物之理。無不皆然。所謂三世者。晝夜之道也。晝之將半也。陰氣已萌于午

---

72 축시丑時, 인시寅時, 묘시卯時를 말한다.
73 오음五陰 : 불교에서 말하는바 중생을 구성하고 있는 육체, 감각 작용, 표상 작용, 경향성, 의식의 다섯 가지 요소로서 오온五蘊이라고도 한다.
74 『佛祖統紀』・『佛祖歷代通載』・『鐔津文集』 등에 나온다.
75 『鐔津文集』「送郭公甫朝奉詩敍」에는 곽공보郭公甫가 글과 시를 잘 지어서 매성유梅聖俞・장표민章表民 같은 이들이 이태백이 다시 태어난 것이라 여겼다는 말이 나오는데, 북송의 관료이자 시인인 곽정상郭正祥(1035~1113)을 말한다. 자가 공보功輔인데 '功輔'로 기록된 경우도 많다. 호는 사공산인謝公山人・취인거사醉引居士・정공거사淨空居士 등 여러 가지이다. 여러 선사들과 주고받은 대화가 선종 문헌들에 실려 있으며, "관료의 몸을 나투어 불사를 일으켰으니, 욕망 속에 있으면서도 욕망이 없고, 티끌 속에 있으면서도 티끌에 물들지 않았다고 할 만하다."라는 말이 『禪林寶訓音義』에 실려 있다. 시풍이 자유분방하여 이태백과 매우 닮았다는 평이 있으며, 저서로 『靑山集』이 있다.

中。然夜猶未至者。三時。是之謂因也。既昏則陰之果至矣。夜之將半也。陽氣已萌于子中。然晝猶未至者。三時。是之謂因也。既曉則陽之果至矣。且陰陽晝夜。而不出乎。因果。則中而爲物者。果獨無之乎。使陰陽晝夜。而徃復無窮者。元氣爲之主也。使三世萬物。而生生不絶者。精神爲之主也。精神之處五陰。猶人之處屋宅耳。棄故趣新。何疑之有哉。且如羊姑[2]曾爲李氏之子。太白後爲功輔之身。斯亦可證矣。

1) ㉠ '極'은 '殛'과 통한다.　2) ㉠ '姑'는 '枯'의 오자이다.

이른바 인과라고 하는 것은 콩을 심으면 콩을 얻고, 보리를 심으면 보리를 얻는 것을 말한다. 그러므로 "봄에 한 알의 곡식을 심으면 가을에 만 알의 곡식을 얻는다."라고 하는데, 사람이 살면서 선하거나 악한 일을 하면 과보가 이처럼 되돌아온다. 또 "전생의 원인을 알고 싶으면 이생에서 받은 것이 그것이고, 내생의 과보를 알고 싶으면 이생에서 짓는 것이 그것이다."라고 하였고, 또 "가령 백천 겁이 지나도 지은 업은 사라지지 않아서, 인연이 만날 때에 과보를 다시 자기가 받는다."라고 하였는데, 이는 부처님께서 가르침을 보이실 때에 인과를 먼저 하신 것이다. 그러므로 높은 이, 귀한 이, 영화로운 이, 부유한 이는 전생에 열심히 살았음을 다행스럽게 여겨 더욱 닦는 데로 나아가고, 가난한 이, 병든 이, 낮은 이, 괴로운 이는 전생의 잘못을 뉘우치고 날마다 선으로 옮아가서 원망하는 마음을 그치고 멋대로 악을 행하는 마음을 없애는데, 이것이 백성들이 변하는 까닭이다. 그런데도 유교에서 이를 터무니없다고 하는 것은 불교의 이치를 자세히 알지 못할 뿐만 아니라 황극의 도리조차도 모르는 것이다.

所謂因果者。種菽得菽種麥得麥之謂也。故曰春種一粒粟。秋收萬顆子。人生爲善惡。果報還如此。又曰欲知前世因。今生受者是。欲知未來果。今生作者是。又曰假使百千劫所作業不亡。因緣會遇時。果報還自受。是佛之示敎。先乎因果也。故尊者貴者榮者富者。自幸其前烈。而益進乎修。貧者病者賤者苦者。自悔其前非。而日遷乎善。息尤怨之心。滅縱惡之情。此民之所以於變也。儒之以是爲誕者。不惟不詳其佛理。而不知皇極之道者矣。

세상의 일로써 이를 징험해 보겠다. 세상에서 잘 다스려진 시대라고 말하는 것은 삼대인데, 삼대의 조짐은 당요唐堯[76] 우순虞舜[77] 임금 때 일어났는데, 이는 이른바 원인이다. 삼대는 하와 상과 주이고, 삼대의 임금은 우禹임금[78]과 탕왕湯王[79]과 문왕·무왕[80]이다. 탕왕의 선조는 설契[81]이고, 문왕과 무왕의 선조는 후직后稷[82]인데 모두 우임금, 익益,[83] 고요皐陶[84]와 더

---

[76] 당요唐堯 : 요임금을 말한다. 제곡帝嚳의 아들로서 성은 이기伊祁(또는 伊耆)이고 이름은 방훈放勳이다. 처음에는 도陶에 봉해졌다가 다시 당唐에 봉해졌기 때문에 도당씨陶唐氏라고도 한다. 당요도 여기에서 나온 이름이다. 아들 단주丹朱가 못났다 하여 순舜에게 자리를 물려주었다.

[77] 우순虞舜 : 순임금을 말한다. 성은 요姚이고 이름은 중화重華이다. 먼저 우虞에 도읍하였기 때문에 우순虞舜이라 칭한다. 요임금의 두 딸과 결혼한 뒤 그 자리를 물려받았다.

[78] 우禹임금 : 중국에서 가장 오래된 왕조인 하夏 왕조의 시조로 일컬어지는 전설상의 인물이다. 순임금 때 홍수를 잘 다스려 나라를 구하였으며, 그 공으로 순임금의 자리를 물려받아 나라 이름을 '하'로 정하고 중국 전역을 9주州로 나누어 공부貢賦를 정하였다고 한다.

[79] 탕왕湯王 : 성탕成湯 또는 태을太乙이라고도 한다. 하 왕조를 멸망시키고 은殷 왕조를 세운 인물로서 전설상에서는 신화적 인물인 황제黃帝의 후손이라고 한다.

[80] 문왕·무왕 : 아버지와 아들의 관계인데, 은 왕조를 무너뜨리고 주周 왕조를 세운 사람은 무왕이지만 문왕이 그 바탕을 이룩하였으므로 문왕과 무왕을 합하여 한 명의 왕처럼 부르기도 한다.

[81] 설契 : 전설상 상商나라의 선조로 일컬어진다. 제곡의 아들로서 순임금 때 우가 치수하는 것을 도운 공로로 사도司徒로 임명되고 상商 땅에 봉해졌다.

[82] 후직后稷 : 전설상 주나라의 선조로 일컬어진다. 전설에 따르면 어머니 강원姜嫄이 천제天帝의 발자국을 밟고서 임신하여 아들을 낳았는데, 버리고 기르지 않았으므로 기棄라는 이름이 붙여졌다고 한다. 순임금이 농사를 관장하는 관리로 임명하여 백성들에게 농사를 가르치게 하였으며 그 공으로 '후직'이라는 벼슬에 올랐다.

[83] 익益 : 백익伯益을 말한다. 전설에 따르면 백익은 우가 치수하는 것을 도와 공을 세웠으며, 우임금이 자리를 물려주려 하자 이를 피하여 기산의 북쪽으로 가서 살았다고 한다.

[84] 고요皐陶 : 전설상의 인물로 순임금 때 사법관의 직책을 맡았다고 한다.

불어 요임금과 순임금에게 신하가 되어 이 백성들에게 덕을 떨쳤다. 그들이 직분에 충실한 것은 끝과 시작이 같지 않지만 공을 이룬 일의 효과는 끝과 시작이 다르지 않다. 일이란 드러난 자취이고 효과는 과보이다. 자취가 그 시대에 이미 월등하였음은 사람들이 모두 알고 있는 바이지만 과보는 그 뒤에 오는 것이니 끝은 예측할 수 없다.

요임금과 순임금이 세상을 다스림에 사방을 보는 눈을 밝게 하고 사방의 말을 듣는 귀를 밝게 하며, 세상에 어질고 뛰어난 이들을 등용하여 그 재능을 헤아리고 그 덕을 살펴, 저마다 일을 맡겨서 세상의 일을 다스려 이루게 하였다. 우임금에게 "가서 삼가라.(往欽)"라고 한 것[85]은 홍수의 재난을 다스리게 한 것이고, 익이 불을 관장하게 한 것은 짐승과 뱀 등의 해로움을 쫓아내게 한 것이고, 고요에게 명하여 사사士師로 삼은 것은 형벌을 주관하게 한 것이고, 설에게 명하여 사도로 삼은 것은 인륜으로써 가르치게 한 것이고, 후직에게 책무를 맡긴 것은 곡식을 심고 거두는 일이다. 기夔[86]의 전악典樂과 수倕[87]의 공工과 희화羲和[88]가 해와 달과 별들을 본뜬 것이 하나같이 모두 성인이 다스리던 시대에 들어맞으니, 모두 현명한 보필자로서 한 시대에 같은 반열에 서서 세상을 같이 근심하였다.

그러나 그 효과는 꺾인 듯 버려진 듯 죽은 듯 막힌 것도 있고, 젖은 듯 큰 듯 나아가듯 이룬 것도 있다. 그 까닭은 무엇인가? 맡은 임무에 무겁

---

85 『尙書』「虞書」.
86 기夔 : 전설상의 인물로 순임금 때 음악을 관장하였다고 한다. 순임금이 오현금五絃琴을 만들자 이것으로 처음 악곡을 지었다고 한다.
87 수倕 : 전설상의 인물로 기술이 뛰어나서 요임금 때 공사工師의 직책을 맡았다고 한다. 문헌에 따라 황제 때 인물로 보기도 한다.
88 희화羲和 : 희씨羲氏와 화씨和氏를 함께 부르는 이름이다. 전해 오는 이야기에 따르면 일찍이 요임금이 희중羲仲·희숙羲叔 형제와 화중和仲·화숙和叔 형제에게 명하여 사방으로 나누어 나아가 하늘의 모습을 살펴 역법을 제정하게 하였다고 한다. 이 밖에도 해 수레를 모는 신이나 해의 어머니라는 설화도 있으며, 해 자체를 가리키는 경우도 있다.

고 가벼움이 있고 한 일에 좋고 나쁨이 있는데, 어둑어둑한 가운데 속일 수 없는 것이 있어서 그런 것이 아니겠는가?

　그 당시에 세상의 급박한 어려움과 위기를 해결하고 백성들에게 만세에 걸친 이익을 베푼 것은 우임금의 공이 최고였다. 명교明敎는 성현이 중요하게 여기는 것이니, 설의 공이 그다음이었다. 심고 거두는 것은 백성의 근본이니 후직의 공이 다시 그다음이었다. 이는 덕이라고 할 수 있다. 형을 집행하는 데에 필요한 것은 도끼이고, 산림과 천택川澤을 관리하는 이가 필요한 것은 활과 화살이다. 이는 위세라고 할 수 있으나 덕이라고 할 수는 없다. 위세와 덕에 대해 백성들이 사랑하거나 두려하는 것이 어떠하겠는가? 두려워하면 달아나고 사랑하면 좇아오는 것이 백성들의 마음이다. 백성들의 마음은 곧 하늘의 마음이다. 만승천자의 존귀함과 온 세상의 부유함과 억조의 신하와 백성들을 삼대의 임금들에게는 주지만 익과 고요에게는 줄 수 없는 것이 이 때문이다. 그러니 덕을 닦은 과보가 없다고 할 수 있겠는가?

請以世事質之。世之稱善治者。三代也。而三代之兆。起於唐虞之際。是其所謂因也。三代者。夏也商也周也。三代之君者。禹也湯也文武也。湯之祖曰契文武之祖曰后稷。皆與禹益皋陶。爲臣於堯舜。而振德於斯民。其勤於職分則未始不同。而功業之效。則未始不異也。業者迹而效者報也。迹過於當時。則人所共知。而報來於其後。則末者不測也。蓋堯舜之治天下也。明四目達四聰。擧天下之賢俊。量其才能。審其德業。各受其務。以化成天下。使禹伃欽者。治洪水之災也。使益掌火者。驅禽虺之害也。命皋陶爲士師。則主於刑罰。命契爲司徒。則教以人倫。責后稷者。稼穡之功也。若虁之典樂。倕之工。羲和之象日月星辰。一皆盡節於聖世。均是賢輔也。同列一世也。共憂天下也。然及其效也。有摧如棄如死如而沮之者。有濡如賁如晉如而翼之者。其故何歟。得非職任之有重輕。行業之有臧否而冥冥之中。有不

可欺者而然歟。當是時也。救天下倉卒之艱危。惠生民萬世之利澤者。禹之
功極矣。名敎者。聖賢之所重。契之功次矣。稼穡者。生民之本原。則后稷
之功。又其次矣。是則謂之德也。刑之所用者。鈇鉞。虞之所用者。弓矢。是
則謂之威而不可謂之德也。威德之間。生靈之愛懼如何。懼之則走。愛之則
趨。民之心也。民之心。卽天心也。玆其以萬乘之尊。四海之富。億兆之臣
民。付之三代之君。而益與皐陶所不能與也。修德之報。可謂無乎。

　유교에서도 또한 "선조 때 일찍이 백성들에게 공이 있었기 때문에 이처럼 과보를 받았다."라고 하였는데, 이는 바른 말이다. 그렇지 않다고 한다면, 우공于公이 문을 높이고[89] 왕씨가 마당에 회화나무를 심으니[90] 뒤에 반드시 취한 바가 있어서 신표를 맞추듯 분명하게 들어맞았는데, 이는 또한 어찌 된 일인가?

　맹자가 말하기를 활 만드는 사람은 사람을 상하지 못하게 할까 봐 걱정하고, 방패 만드는 사람은 사람을 상하게 할까 봐 걱정하며, 무당과 관짜는 사람 또한 그러하므로 기술은 삼가지 않을 수 없다고 하였는데, 이는 일이 생겨나기 전에 미리 막아야 한다는 말이다.

　또한 밝고 밝은 것이 위에 있으면서 사람에게 있는 선과 악에 대해 화와 복으로 호응하는데, 아래로 어리석은 이들의 작은 생각에 이르기까지 조금도 빠뜨리거나 새는 것이 없어서, 마치 진秦나라의 거울[91]을 마주 보

---

89 서한의 승상 우정국于定國의 아버지인 우공于公이 무너진 마을의 문을 수리한 뒤, 작은 문을 키워서 네 마리 말이 끄는 수레의 높은 덮개도 지날 수 있게 하였으니 자손 가운데 반드시 크게 될 이가 있을 것이라고 하였는데, 아들 우정국이 승상이 되었다는 고사가 『漢書』에 실려 있다.

90 북송 때 병부시랑兵部侍郞을 지낸 왕우王祐(923~986)가 마당에 세 그루의 회화나무를 심고 세 아들 가운데 삼공三公이 될 사람이 있을 것이라 하였는데, 둘째 아들 왕단王旦이 승상이 되었다는 고사가 있다.

91 진秦나라의 거울(秦鏡) : '진경秦鏡'은 진감秦鑑·방경方鏡·함양경咸陽鏡 등 여러 가지 이름으로 불렸다고 하며, 중국의 진시황이 가지고 있었다고 하는 전설상의 네모난 거

고 예쁘고 미운 것을 변별하는 것 같다. 그러나 다만 연업緣業이 무르익는 것이 늦어서 응보가 오는 것은 시간의 차이가 있게 된다. 그런데 사람들은 스스로 살피지 않고서, 오늘 하나의 덕을 닦고 하나의 선을 행하였는데 현생의 과보가 아직 없으면, 곧 이를 들어 말하면서 터무니없다고 여기고 믿지 않으며, 금세 토라져서 도리어 자신이 한 일을 후회하면서 선한 것을 버리고 악한 것을 멋대로 행하니, 어찌 함께 지극한 덕의 문에 오를 수 있겠는가?

　무릇 응보가 자신에게 되돌아오는 것은 멀고 가까움이 같지 않은데, 가깝게는 몇 시간이나 며칠 사이에 있기도 하고, 멀게는 티끌 수처럼 오랜 겁이 지난 뒤로 미루어지기도 한다. 이는 행위에 크고 작음의 차이가 있고 원인에 느슨하고 급함의 차이가 있어서, 이에 응하는 것이 저마다 그 종류에 따르기 때문이다.

儒者亦曰。先世嘗有功德於民故。報之如此。此直言也。不然則于公之崇閭閻王氏之植庭槐。取必於後。若合符契。此又何歟。孟子曰。矢人猶恐不傷人函人猶恐傷人。巫匠亦然故。術不可不愼。此杜漸之言也。且昭昭之在上也。在人之善惡。應之以禍福。下至愚夫念慮之微。無小遺漏。如對秦鏡辨姸蚩然。但遲其緣業之熟。報應之來。至於隔陰。而人自不察。今其修一德行一善。未有現報。即以說者。爲誕而不信。悻悻然反悔其所爲。善者棄而惡者肆焉。烏可與登至德之門乎。夫報應反身。遠近之不齊。近在乎時日之間。遠推乎塵劫之外者。是則業有大小之不等。因有緩急之有殊而應之。各從其類也。

　예의와 겸양으로 다른 사람을 대하면 다른 사람도 예로써 대하고, 나쁜

　　울이다. 이에 비추면 사람 몸의 오장육부도 볼 수 있고, 사람 마음의 옳고 그름도 가릴 수 있었다고 한다.

말로써 다른 사람을 욕하면 다른 사람 또한 욕하는데, 이는 눈으로 볼 수 있는 인과응보이다. 옷을 입으면 따뜻하고 밥을 먹으면 배부르며, 거꾸로 하면 배고프고 추운데, 이는 하루의 인과응보이다. 봄에 밭 갈아 가을에 거두어들이며, 여름에 뽕잎으로 누에를 쳐서 겨울에 옷을 짜는데, 이는 한 해에 할 일의 인과응보이다. 오늘 심어서 내일 거두기를 바란다면 그럴 수 있겠는가? 나무가 우거진 다음에 그늘을 드리우고, 열매가 맺힌 다음에 맛볼 수 있는데, 이는 여러 해에 계속 이어지는 인과응보이다. 조상들이 닦고 자손들이 받는 것이 또한 마땅하지 않겠는가? 이로부터 나아가 보면 끝없는 먼 겁이 지난 뒤라 할지라도 그렇지 않은 것이 없다. 사람이 이에 어두워서 미혹됨 또한 지극하다.

또 나고 늙고 병들고 죽는 것은 마치 네 철과 같다. 되풀이해서 나오고 사라지는 것은 해와 달과 같다. 가령 『역易』에서 음기와 양기를 논할 때 양기와 음기라고 하지 않고 음기와 양기라고 하는 것은 음기가 되고 난 뒤에 되돌아 변하여 양기가 되는 것을 말한다. 신귀라고 하지 않고 귀신이라고 하는 것은 굽힌 뒤에 다시 펴게 되는 것을 말한다. 이는 곧 음기와 양기가 만나고 회복되는 필연적인 이치로서 두 기 사이에 가득 찬 것 또한 모두 그러하다.

또 조상의 정신이 저곳에서 사라졌다가 이곳에서 나오고, 앞에는 빠뜨렸다가 뒤에는 받는다는 것을 어찌 알겠는가? 하물며 사람이 가족이 되는 것은 사랑으로 서로 모이고 은혜로 서로 맺어져 여섯 부류를 거치면서도 떠나지 않고, 티끌 수만큼 많은 겁을 지나면서도 풀어지지 않음이 분명하다면 그 정신이 올 때 어찌 자기의 골육을 버리고 다른 성에게 가겠는가? 그러므로 자손이 잘되기를 바란다면 반드시 덕 닦는 일을 앞세워야 하고, 자신이 잘되기를 바란다면 또한 덕 닦는 일을 급하게 해야 한다.

덕을 닦는다는 것은 무엇인가? 대우大禹와 직稷과 설契이 한 것이 그것으로, 유교의 인仁과 서恕이고, 불교의 대비大悲이다. 사람들에게 이로움과 은택을 베풀고 세상의 급하고 어려운 일들을 해결하는 것이 모두 이것이다.

그러나 하나라의 복은 걸왕桀王에게서 쪼개지고, 은나라의 복은 주왕紂王에게서 그쳤다. 이는 화와 복이 일정하지 않은 것인가? 하늘의 운수가 그렇게 시킨 것인가? 상을 받을 이가 뒤에 있고 천명을 내린 지가 이미 오래되니, 하늘의 뜻에 준거하여 헤아리는 바가 있어서 그런 것이 아니겠는가?

하나라가 400년 동안 왕 노릇을 하였고, 은나라가 600년 동안 왕 노릇을 하였으며, 주나라가 세상을 가진 것은 800년 남짓이니, 이 또한 먼저 온 것은 촉박하고 뒤에 온 것은 늘어나는 것이 어찌 아니겠는가? 빨리 과보를 얻어서 일찍 영화롭고자 하는 이는 이를 경계 삼을 만하고, 나아갈 줄만 알고 겸손할 줄을 모르는 이는 이를 거울로 삼을 만하다.

以禮讓從人。則人亦禮之。以惡口罵人。則人亦罵之。此目擊之因果也。衣則溫食則飽。反是則飢且寒。此一日之因果也。春耕而秋收。夏桑而冬襦。此歲功之因果也。今日而蒔之。明日而穫之。其可得乎。樹茂而後蔭之。果結而後嘗之。此繼世之因果也。祖宗而修之。子孫而受之。不亦宜乎。由是而往。無窮遠劫之外。莫不皆然。人而昧之。惑亦至矣。且生老病死。猶夫四時也。循環出沒。猶夫日月也。如易之論陰陽。不曰陽陰而曰陰陽者。言旣陰而旋變爲陽也。不曰神鬼而曰鬼神者。言旣屈而復致乎伸也。此洒陰陽姤復。必然之理。盈乎二氣之間者。皆然也。抑又安知祖宗精神。沒於彼而出此。遺於前而受於後哉。矧人之爲族也。愛以相聚。恩以相結。經六趣而不離。歷塵劫而不解。固也則其精神之來。豈捨自己之骨肉。而適于他姓哉。故欲厚子孫者。必先乎修德。欲厚自己者。亦急乎修德。修德者何。若大禹稷契之所爲者是也。儒之仁恕也。佛之大悲也。凡有利澤於人。而救物之急難者皆是也。然夏之祚析於桀殷之祚殫於紂。此則禍福之不常歟。天運之使然歟。豈非當賞者在後。錫命者已久。而天意有準量歟。夏之王四百 殷之王六百。周之有天下也。八百餘年。亦豈非先者促而後者延乎。欲速報 而早榮者。于斯乎可戒矣。知笞而不知謙者。于斯乎可鑑矣。

또 선을 행한 과보를 이미 자기에게서 찾았다면 악을 행한 과보가 어찌 다른 사람에게 가겠는가? 인과응보가 서로 잘못될 수 없는 까닭이 이것이다.

『역』에서 "선을 쌓은 집안에는 반드시 남는 경사가 있고, 선하지 않음을 쌓은 집안에는 반드시 남는 재앙이 있다."[92]라고 하였고, 또 "선이 쌓이지 않으면 이름을 이루기에 충분하지 않고, 악이 쌓이지 않으면 몸을 파멸시키기에 충분하지 않다. 소인들은 작은 선이 이롭지 않다고 여겨서 하지 않으며, 작은 악이 잘못될 것이 없다고 여겨서 없애지 않으나, 악이 쌓이면 가릴 수 없고 죄가 커지면 풀 수 없다."[93]라고 하였다. 진실되도다, 이 말이여!

선이 쌓이면 크게는 성인이 되고, 세상을 다스리는 임금이 되며, 다음으로는 현인이 되고 큰 재상이 되며, 또 그다음으로는 또한 부유하고 귀하다는 아름다운 명성을 잃지 않아서 온 세상 사람과 후세의 사람들이 그 아름다움을 함께 칭송하니 경사가 있다고 하지 않을 수 있겠는가? 악이 쌓여서 가릴 수 없게 되면 반드시 감옥에 갇혀서 크게는 뭇 저잣거리에 버려지고[94] 작게는 먼 곳으로 던져져서[95] 온 세상 사람들과 후세의 사람들이 함께 원망하니 재앙이 있다고 말하지 않을 수 있겠는가? 이는 유교에서 말하는 현세의 인과응보이다. 이를 미루어 끝없는 데까지 이르니

---

92 『周易』「坤卦 文言」.
93 『周易』「繫辭下傳」 제5장.
94 처형당하여 시체가 버려진다는 뜻이다.
95 멀리 귀양을 간다는 뜻이다.

이치에 잘못이 없어서 네 철이 있는 것처럼 진실한데, 부처님께서 보이신 가르침이 어찌 터무니없는 것이겠는가?

> 且爲善之報。旣尋乎自己。則爲惡之報。豈適于他人哉。玆其所以因果報應之不可以相賺也。易曰積善之家。必有餘慶。積不善之家。必有餘殃。又曰善不積。不足以成名。惡不積。不足以滅身。小人以小善爲無益而不爲也。以小惡爲無傷而不去也。惡積而不可掩。罪大而不可解。誠哉是言也。夫善之積也。大則爲聖。爲天下之君。次則爲賢爲巨相。又其次則亦不失富貴之令名。天下後世。共稱其美。可不謂之有慶乎。惡積而不掩也。必陷於囹圄。大則棄諸市。小則投遠方天下後世。共怨之。可不謂之有殃乎。此則儒者現世之因果也。推此以至於無窮。而理之不謬也。信若四時。佛之示敎。其可誕乎。

묻겠다 : 위에서 밝힌 것은 선을 쌓았을 때의 인과일 뿐 악을 행하였을 때의 응보에 대해서는 아직 밝히지 않았는데, 이어서 밝혀 주어 뒤에 오는 어리석은 선비들을 깨우쳐 주면 교리가 더욱 자세하게 갖추어지지 않겠는가?

> 曰上之所明。是徒積善之因果。而未有明夫爲惡之報應。續而明之。以曉後來之蒙士。不於敎理尤詳備歟。

답하겠다 : 사려 깊도다, 질문이여! 내가 또한 말하고자 하였으나 아직 그 실마리를 찾지 못하였는데, 지금 그대가 들추니 내 마음을 잘 헤아렸다고 할 만하다.

선은 덕을 쌓는 것보다 더 좋은 것이 없고, 악은 음적陰賊[96]보다 더 나

---

96 음적陰賊 : 숨어서 몰래 해친다는 뜻이다.

쁜 것이 없다. 음적이란 무엇인가? 귀역鬼蜮[97]을 일컫는다. 귀역이 사람은 해치지만 으슥한 곳에 숨어 있어서 사람들이 또렷하게 알지 못한다. 헐뜯는 것 또한 비슷하기 때문에 음적이라고 말한다.

음적이 사람을 해치는 것은 승냥이나 호랑이보다 더 사납고 뱀이나 도마뱀보다 더 끔찍하고 칼이나 도끼보다 더 날카롭고 짐새의 독보다 더 흉악하다. 대개 승냥이나 호랑이의 사나움은 함정을 파서 대비할 수 있고 뱀이나 도마뱀의 끔찍함은 막대기나 회초리로 다스릴 수 있고 칼이나 도끼가 비록 날카로워도 갑옷과 투구로 막을 수 있고 짐새의 독이 비록 흉악하여도 조심하면 피할 수 있지만 음적의 해침은 피할 길이 없다. 그러니 네 가지의 흉악하고 사나움보다 더 심하지 않을 수 있겠는가?

승냥이나 호랑이의 해침은 산이나 숲에 있지만 음적의 해침은 노닐며 즐기는 데서 나오고, 뱀이나 도마뱀의 해침은 풀밭이나 습지에 있지만 음적의 해침은 웃으며 이야기하는 데서 일어나고, 칼이나 도끼의 해침은 자기 몸에서 그치지만 음적의 해침은 가족에게 미치고, 짐새의 독의 해침은 오로지 몸에만 있지만 음적의 해침은 그 체體[98]를 해치니 네 가지의 재앙보다 더 심하지 않을 수 있겠는가?

曰審哉問也。余亦欲言而未求其端。今子發之。可謂忖度乎余心矣。夫善莫善乎積德。惡莫惡乎陰賊。陰賊者何。鬼蜮之謂也。鬼蜮之害人。而在於幽隱。而人不顯知。讒謗者。似之故謂之陰賊。夫陰賊之害人也。暴於豺虎。慘於虺蝎。利於刀斧。凶於鴆毒。盖豺虎之暴。設阱以備之。虺蝎之慘。杖

---

[97] 귀역鬼蜮: 귀신을 뜻하는 귀鬼와 물여우를 뜻하는 역蜮을 함께 칭하는 말이다. 『詩經』「小雅」〈何人斯〉의 "귀신이 되고 물여우가 되니 얻을 수 없다.(爲鬼爲蜮。則不可得)"라는 구절에서 말하는 바와 같이 귀와 역은 모두 보이지 않는 곳에서 사람을 해치는 요괴인데, 뒤에는 마음을 험악하게 써서 몰래 다른 사람들을 해치는 소인배들을 비유하는 말로 사용되었다.
[98] 체體: 맥락으로 볼 때 육체와 대비되는 마음 또는 덕성을 뜻하는 것으로 보인다.

楚以制之。刀斧雖利。甲冑[1]以防之。鴆毒雖凶。謹愼以避之。陰賊之害。無
地而可逃。得非甚於四者之凶暴乎。豺虎之害。在於山林。而陰賊之害。出
於遊宴。虺蝎之害。在於草澤。而陰賊之害。起於談笑。刀斧之害。止其身。
而陰賊之害。及於族鴆毒之害。全在其身。而陰賊之害。忮其體。得非甚於
四者之爲灾乎。

1) ㉔ 갑본에는 '冑'가 '胃'로 되어 있다.

예부터 지금까지 음적에게 해침을 당한 선량한 이들을 이루 다 셀 수가 없는데, 온 세상 사람들과 후세의 사람들이 함께 슬퍼하였다. 해치는 이는 이를 다행으로 여기고 함정에 빠진 이는 이를 괴로워하며, 괴로워하는 이는 그 삶을 해치고 다행으로 여기는 이는 그 세력을 더 성대하게 한다. 그 세력을 성대하게 하고 난 뒤에는 아무도 모른다는 듯이 음적을 뛰어난 술법으로 삼아서 쉴 줄을 모른다. 아아, 이는 진실로 "너에게 나간 것이 너에게 돌아오는 것이다."[99]라는 것을 모르는 것이니, 그 후환을 어찌할 것인가?

또 뱀이나 호랑이의 해로움은 사람들이 모두 싫어하고 미워하여 그들을 치지 못하는 것을 한스럽게 여기지만, 음적인 사람에 대해서는 도리어 뱀이나 호랑이와는 같지 않으니,[100] 하늘이 벌을 내리는 것이 또한 어찌 그러하지 않겠는가?

古今良善。爲陰賊所害者。不可勝數。而天下後世。共悲之。賊者幸之。陷
者苦之。苦者殘其生。幸者熾其勢。旣熾其勢也。憧憧然以陰賊爲勝術。而
不知休。嗚呼。是誠不知出爾而反乎爾者也。其如後患何。且虺虎之爲害

---

99 『孟子』「梁惠王 下」. 원문은 "出乎爾者反乎爾者也."이다.
100 사람들이 음적에 대해서는 뱀이나 호랑이처럼 싫어하고 미워하여 치고자 하지 않는다는 뜻이다.

也。人皆疾而惡之。猶恨不得而攻之。陰賊之爲人。而反爲蚖虎之不若。則 天之施罰也。亦豈不然哉。

　하늘과 사람의 관계는 하나이다. 예컨대 당나라의 이임보李林甫[101]가 아직 세상에 드러나지 않았을 때 괴단槐壇에서 한 도사를 만났는데, 경계하여 말하기를 "그대의 이름은 이미 신선의 명단에 올라 있으니, 신선이 되어 대낮에 하늘로 올라가지[102] 않는다. 또한 반드시 20년 동안 태평성대의 재상이 될 것이다. 뒷날 권력을 손에 쥐었을 때 절실하게 내 말을 기억하여 함부로 음적하는 일이 있어서는 안 될 것이다."라고 하자, 이임보가 그렇게 하겠다고 하였다. 귀하게 된 뒤에는 이를 다시 기억하지 못한 채 오로지 총애만 믿고 해치는 일을 많이 저지른 지가 오래되었다. 다시 꿈에서 도사가 꾸짖어 말하기를 "그대는 어찌 내 말을 잊었는가? 이제 결국 죄를 얻었다."라고 하였다. 이에 명을 맡은 관리[103]가 한 곳으로 끌고 들어가는데, 귀에는 오로지 휙휙대는 바람과 물소리만 들렸다.
　도착하고 난 뒤에는 장엄하게 꾸민 부서府署를 보았는데, 휘장과 탁상이 화려하고 사치스러우니 혼자 스스로 기뻐하며 말하기를 "바로 여기에

101　이임보李林甫(?~752) : 당나라 현종 후기의 재상으로서, 고조(李淵)의 사촌 동생인 장평왕長平王 이숙량李叔良의 증손이다. 19년 동안 재상을 지내고 진국공晉國公에 봉해졌으나 사후에는 관직을 삭탈당하고 관조차 서민용의 작은 관으로 바뀌게 되었다. 음험하고 책략이 많아서 "입에는 꿀, 배 속에는 칼(口蜜腹劍)"이라는 평을 받았다.
102　대낮에 하늘로 올라가지(白日昇天) : 도교에서는 사람이 도를 닦아 얻은 뒤에는 대낮에 하늘로 날아올라 신선이 된다고 말한다. 진晉나라 때 갈홍葛洪이 지은『神仙傳』「陰長生」에는 "뒤에 평도산 동쪽에서 대낮에 하늘로 올라가 사라졌다.(後於平都山東 白日昇天而去)"라는 말이 있고,『魏書』「釋老志」에는 "그 가르침은 모두 삿된 얽매임을 깨끗하게 없애고 마음과 정신을 눈처럼 깨끗하게 씻으며, 행위를 쌓고 공을 세우고 덕을 쌓고 선을 키우며 나아가 대낮에 하늘로 올라가는 데에까지 이른다.(其爲敎 也。咸蠲去邪累。澡雪心神。積行樹功。累德增善。乃至白日昇天)"라는 말이 있다.
103　명을 맡은 관리(命吏) : '명리命吏'는 명을 받은 관리나 조정의 관리를 뜻하지만, 여기에서는 사람의 목숨을 관장하는 저승의 관리라는 의미로 보는 것이 더 알맞다.

머물게 한다면 또한 본디 나쁘지 않다."라고 하였다. 도사가 탄식하여 말하기를 "이는 바로 비늘이나 껍데기가 있는 수중생물들이 머무는 곳으로, 이곳의 괴로운 일은 가장 끔찍하고 독하다. 그런데도 그대는 오히려 나쁘지 않다고 여기니, 어떻게 된 뒤에야 나쁘다고 말하려는가?"라고 하였다. 이임보가 놀라서 땀에 흠뻑 젖어 깨어났다. 이는 선량한 사람들을 음적한 것 때문에 수중생물로 태어날 것이라는 것이다.[104]

후대에 이르러 한 유생이 밭두둑 위를 지나다가 농삿소 한 마리가 벼락을 맞아 죽는 것을 보았다. 이에 그 뿔에다 써서 질책하기를 "옛적 사람 세상에서 오역죄五逆罪[105]를 저지른 이가 아니라면, 무슨 인연으로 밭두둑 위에 농삿소가 되었는가?"라고 하였다. 그러고 나자 벼락이 곧바로 쳐서 또 그 뿔에 써서 답하기를 "세 번의 생애는 창기가 되고 아홉 번의 생애는 소가 되니, 이는 당나라의 이임보이네."라고 하였다. 이는 생애를 거듭하며 소로 태어나서 매번 천벌을 받았다는 것이니, 음적의 과보가 이에 응한 것이다.

어찌 꼭 이임보만 그러하겠는가? 삼대 이후 진나라·한나라 이래로 음적하는 신하가 없는 때가 없어서 나라를 위태롭게 하고 집안을 망하게 하고 후세까지 해독을 끼쳐서, 뒤에 이를 듣는 이들은 분연히 그의 악을 비난하고 그의 망함을 기뻐하며 한 번 죽는 것으로는 충분히 대가를 치르지

---

104 이임보의 이 일화는 지은이를 알 수 없는 『李林甫外傳』에 자세하게 기술되어 있다.
105 오역죄五逆罪 : 무간지옥에 떨어지는 과보를 부르는 다섯 가지 큰 죄를 말한다. 『阿闍世王問五逆經』에서는 "오역죄가 있으니 만일 족성의 남자나 여자가 이 다섯 가지 구제할 수 없는 죄를 저지른다면 반드시 지옥에 떨어질 것이 분명하다. 무엇이 다섯 가지인가? 아버지를 죽이는 것, 어머니를 죽이는 것, 아라한을 해치는 것, 뭇 승려들과 싸우는 것, 여래 계신 곳에 대해 악한 생각을 일으키는 것이다.(有五逆罪。若族姓子。族姓女爲是五不救罪。必入地獄無疑。云何爲五。謂殺父。殺母。害阿羅漢。鬪亂衆僧。起惡意於如來所)"라고 하였다. 또 『觀無量壽經』에서는 "어떤 중생이 선하지 못한 업을 지어 오역죄나 십악을 저지르고 뭇 선하지 못한 것을 갖춘다면 이러한 어리석은 사람은 악업으로 말미암아 마땅히 악도에 떨어질 것이다.(或有衆生作不善業。五逆十惡。具諸不善。如此愚人以惡業故。應墮惡道。)"라고 하였다.

않았다고 여기지 않는 이가 없었으니, 진실로 온 세상 모든 시대의 사람들로부터 벌을 받는 것이라고 할 수 있다.

> 天人之際一也。如唐之李林甫。未顯時。在槐壇遇一道士。戒曰君名。已列仙籍。縱不白日上昇。亦必爲二十年大平宰相。異日事權在手。切記吾言不得妄有陰賊。林甫諾之。旣貴。不復憶記。一味恃寵。多所賊害久之。復夢道士責曰。君豈忘吾言乎。今果獲罪矣。於是命吏。引入一處。耳中唯聞蕭蕭風水聲。旣至則見府署嚴飾。帳榻華侈。私自喜曰。正令居此。亦自不惡。道士歎曰。此迺鱗介之所居。其間苦事。最爲慘毒。君尙以爲不惡。欲如何而後謂之惡乎。林甫駭然汗洽而寤。此以陰賊良善。而將生水族者也。至于後季。有一儒生。過於壠上。見一農牛。遇震而死。迺書其角而責之曰。不向人間五逆人。何緣壠上打農牛。旣而雷電驟至。又書其角而答曰。三世娼兒九世牛。此是唐家李林甫。此則世世爲牛。而每被天罰者也。陰賊之報。于是乎應矣。豈特林甫爲然哉。自三代之後秦漢以來。陰賊之臣。無世無之。危其國喪其家流毒於後世。而後之聞者。莫不奮然罵其惡而喜其亡。不以一死爲足償。誠可謂受罰於天下萬世之人也。

이 또한 놀라기에 충분한 것이지만 뒤에 이러한 국면을 맞은 이들이 눈을 흘기며 그 행적을 바꾸려 하지 않고 도리어 저 술법을 스승으로 삼아 마음에 새기고 해치기를 좋아한다. 이는 다른 것이 아니라 사사로이 복수하려는 마음이 공정함을 가리고 이익을 도모하는 마음이 의로움을 가라앉히며, 다투고 시샘하고 꺼리는 일이 마음의 술법에 번갈아 횡행하여 못난 마음이 이르지 못하는 곳이 없기 때문이다.

이 사람은 살아서는 나라 법률의 엄한 형벌에 빠져서 그 집안을 망하게 하고 그 가족을 멸절시키며, 죽어서는 여러 생애 동안 주륙을 당하고 여러 부류를 거치며 혹독한 괴로움을 받는다. 설령 한 시대의 간웅의 계책일 뿐이라 하여도 오래도록 이러한 근심을 주니 애달파하지 않을 수 있겠는가?

또 허문규許文規 같은 이는 붙잡혀서 명부에 이르러 착한 일을 한 기록을 살펴보니 일찍이 한 사람을 살려 준 적이 있어서 살날을 12년 더 늘리고 돌아왔다. 명부를 나선 뒤에 멀리 문이 하나 보이는데 매우 삼엄하게 지키고 있었다. 허문규가 관리에게 물으니, 관리가 말하기를 "여기는 모두 지옥이다. 세간에 있을 때 충성스럽고 어진 사람들을 헐뜯고 선량한 사람들을 훼방하여 망치면서 언제나 음해를 일삼던 사람들은 죽고 난 뒤에 높고 낮고를 따지지 않고 모두 이 지옥으로 들어가서 한량없는 죄를 받는다."라고 하였다.

이로 보자면 음사陰司[106]가 이 무리들을 다스리는 것이 또한 매우 혹독한데, 비유를 들어 풀어 보겠다. 밭에 곡식이 있는데 강아지풀 같은 것이 해치고, 채소밭에 채소가 있는데 잡초가 막는다면 곡식 농사 짓는 이나 채소 농사 짓는 이가 밭이나 채소밭을 다스릴 때 이 두 가지 가운데 어떤 것을 택하겠는가? 그 채소와 곡식을 기르고 해치고 막는 것을 없애는 것이 곡식 농사 짓는 이나 채소 농사 짓는 이의 직분이다.

하물며 현명하고 어진 이들이 세상을 아름답게 하여 거처하는 곳마다 잘 다스리지 않음이 없는 것이 어찌 밭과 채소밭에 채소와 곡식이 있는 것과 같을 뿐이겠는가? 음적이 세상을 해쳐서 거처하는 곳마다 어지럽히지 않음이 없는 것이 어찌 밭과 채소밭에 잡초와 강아지풀이 있는 것과 같을 뿐이겠는가? 또 하물며 하늘이 덮고 있는 것[107]을 김매고 다스리는 것이 이 둘[108]보다 더 사려 깊은데 어찌 이른바 아름답게 하는 것을 없애고 도리어 해롭게 하는 것을 심겠는가? 위에서 말한 저잣거리에서 형벌

---

106 음사陰司 : 저승을 다스리는 기관을 말한다.
107 하늘이 덮고 있는 것은 하늘 아래 모든 존재를 말한다.
108 곡식 농사 짓는 이와 채소 농사 짓는 이를 말한다.

을 받고 짐승에게 벼락이 내리고 저승에서 괴로움을 받는 것은 진실로 어쩔 수 없는 것이다.

是亦足爲可驚。而後之當是局者。盻盻然不改其轍。反以彼術爲師。刻於心而樂其賊也。此無他私讎之念。弊於公。圖利之心。汩於義。爭競妬忌。交橫心術。而不肖之心。無所不至矣。斯人也。生則陷王法之¹⁾嚴刑。亡其家而滅其族。死則受多生之誅戮。歷諸趣而受楚毒。縱一期奸雄之計。永貽厥患。可不悲歟。又如許文規。被攝至冥司。考其善簿。以曾活一人。得延一紀而還。旣出望見一門。守衛甚嚴。許以問吏。吏曰此都獄也。但在世間。讒譖忠良。毁敗善類。常行陰害之人。死後無問尊卑。皆入此獄受罪無量。以此觀之。陰司之治是輩。亦已酷矣。請以喩解之。田有穀而莨莠害之。園有疏而無穢塞之。則農圃之治田園。斯二者。何擇焉。養其疏穀而除其害塞者。農圃之職也。況賢善之美天下。隨所處而無不治。不啻若田園之有疏穀也。陰賊之害天下。隨所處而無不亂。不啻若田園之有無穢莨莠也。又況天之鋤治乎所覆也。其審愈於斯二者。安得獨殲其所謂美者。反植其所謂害者哉。上之所謂刑於市。震於畜而苦於陰府。誠不得已也。

1) ㉮ 갑본에는 '法之'부터 다다음 단락의 '厥喪'까지가 결락되어 있다.

묻겠다 : 그대의 말은 진실로 나를 격동시킨다. 그러나 선을 행하고 악을 행하는 것이 어찌 이런 것에서 그치겠는가?

曰子之言。誠激我矣。然爲善爲惡。豈止如是而已哉。

답하겠다 : 하나를 들으면 열을 아는 이는 유교의 아성亞聖[109]이다. 하

---

[109] 공자의 제자인 안연顔淵을 말한다.

나를 들으면 천 가지를 아는 이는 불교를 배우는 이들 가운데 높은 근기의 사람이다. 위에서 논한 것은 선과 악의 큰 벼리이다. 이로 미루어 보면 선으로써 선한 것은 아무리 작아도 버릴 수 없고, 악으로써 악한 것은 아무리 작아도 취할 수 없으니 또한 이것이 몸을 세우고 이름을 떨치며 업을 닦고 덕을 증진하는[110] 하나의 실마리이다.

가령 『응험록應驗錄』에서는 이렇게 말하였다.

"근세에 어떤 사람이 어버이를 일찍 여의고 오직 숙부만 있었는데, 숙부에게는 일곱의 자식이 있었다. 관례를 치르게 되자 숙부가 조카에게 말하기를 '내가 너하고 호적을 나누어야겠다.'[111]라고 하니, 조카가 '재산은 어떻게 처분하시겠습니까?'라고 물었다. 숙부가 '둘로 나누겠다.'라고 하니, 조카가 '여덟으로 나누고 모든 형제들에게 골고루 주어서 다 같이 하나씩 차지하는 것이 옳습니다. 둘로 나눈다면 진실로 차마 그럴 수 없습니다.'라고 하였다. 숙부가 굳게 사양하였지만 조카가 강하게 우겨서 마침내 여덟으로 나누어 가졌다.

열일곱 살이 되자 천거에 참여하기 위해[112] 서울로 들어갔다. 그때 같은 객관에 묵은 사람이 스물 남짓이었는데, 어떤 술사가 있어 이들을 두루 살펴보고서 말하기를 '남궁南宮[113]에 높이 급제할 사람은 오직 이 소년이다.'라고 하였다. 과거 보러 온 선비들이 모두 술사를 비난하며 말하기를 '그대는 어찌 잘못을 저지르는가? 우리들은 모두 뛰어난 글솜씨를 지니고 오래도록 과거장을 거쳤는데 어찌 젖비린내 나는 한 아이만 못하겠는가?'라고 하였다. 술사가 말하기를 '문장은 내가 알 바 아니다. 다만 이 소년은 얼굴에 음덕의 기운이 가득하니 반드시 선을 쌓아서 그렇게 된 것

---

110 업을 닦고 덕을 증진하는(修進) : '수진修進'은 덕을 증진하고 업을 닦는다는 뜻의 '진덕수업進德修業'을 줄여서 표현한 것이다.
111 관례를 행하여 어른이 되었으므로 독립하여 분가시킨다는 뜻이다.
112 관리를 뽑는 과거 시험을 보러 갔다는 뜻으로 보인다.
113 남궁南宮 : 예부회시禮部會試 곧 진사고시進士考試를 말한다.

이 분명하다.'라고 하였다. 과거 합격자 명단을 발표할 때가 되니 과연 혼자만 명성을 이루었고 나머지는 모두 낙방하였다."

겸양으로 이익을 얻는다는 것이 이것이다. 또 하물며 송효宋效는 개미를 구해 주고 과거에 장원으로 뽑혔고, 두씨는 사람을 살려 주고 과거에 급제하였으며,[114] 꾀꼬리를 구해 주고 대대로 관직을 누리고, 흰 거북을 놓아주고 양자강에서 목숨을 살렸으니, 선이 비록 작을지라도 버릴 수 있겠는가?

曰聞一知十。儒家之亞聖也。一聞千悟。學佛之上根也。上之所論。善惡之魁綱也。由是而推之。則善之爲善。雖微而不可遺。惡之爲惡雖小而不可取。亦是立身揚名修進之一端也。如應驗錄云。近世有人。夙喪父母。唯叔父存焉。叔有七子。及冠。叔謂姪曰。吾當與汝析籍。姪曰如何處其產業。叔曰分之爲二。姪曰可爲八分與諸兄弟。共一分。若分爲二。誠不忍也。叔固辭。姪強之。遂作八分分之。才十七歲。預薦入京師。時同舘者。二十餘輩。有術士徧示之曰。南宮高第。獨此少年。諸貢士咸斥術者曰。汝何謬耶。吾等皆大手筆。久歷場屋。豈不如一乳臭兒。術者曰。文章非我所知。但此少年滿面陰德之氣。必積善之所致。及放牓果獨成名。餘皆下第。此謙之所以受益也。又況宋效救蟻。預狀元之選。竇氏活人。得折桂之榮。救黃雀而官爲累世。放白龜而命活長江。善雖微而其可遺乎。

또 가령 옛적에 어떤 벼슬아치 한 사람이 여러 곳을 돌아다니며 시찰하였는데 지나는 절들마다 하나같이 어지러웠다. 어떤 원院에 이르니 말끔하게 소제하였고, 목욕물을 찾으니 말소리에 응하여 "목욕물이 마련되

---

114 과거에 급제하였으며(折桂) : '절계折桂'는 계수나무 숲에서 가지 하나를 꺾는다는 뜻으로서, 과거에 급제한다는 뜻으로 쓰인다.

었습니다."라고 하였다. 달을 넘겨 다시 가 보았는데 또한 앞서와 같아서, 벼슬아치가 찬탄하며 상을 주었다. 뒷날 다시 왔는데 이에 어지러운 모습이 보이고, 목욕물을 찾았으나 한참 시간이 지나도 얻을 수가 없었다. 벼슬아치가 성내며 주지승을 꾸짖어 말하기를 "이전에는 그토록 근면하였는데 오늘은 왜 이처럼 게을러졌는가?"라고 하였다. 승려가 말하기를 "옛날 나리께서 오실 때에는 제가 미리 꿈을 꾸었는데, 흰 옷을 입은 신비한 사람이 '내일 상공이 올 것이니 있을 곳을 물 뿌려 비질하고, 목욕물을 준비하라.'고 일러주었습니다. 오늘 나리께서 오실 때에는 제가 꿈을 꾸지 못하였습니다. 그래서 어지러운 것이지 감히 게을리한 것이 아닙니다."라고 하였다.

벼슬아치가 그 신비한 사람의 모습을 물어보니 곧 본청의 토지신이었다. 이에 곧바로 승려의 말을 취하여 관아로 돌아가 상제에게 아뢰는 문장을 갖추었는데, "제게 과연 상공의 지위가 있다고 한다면, 세 번째에는 어찌하여 알리지 않았습니까?[115] 제게 결국 없다면, 신이 저를 속이고 다른 사람들을 현혹시킨 것은 합당하지 않습니다."라고 하였다. 문장을 아직 아뢰기 전에 갑자기 잠이 들어 꿈을 꾸었는데, 그 신이 말하기를 "신선계의 기록을 가만히 살펴보고서 나리에게 상공의 분수가 있음을 알았기 때문에 기록에 의거해서 알려 주었습니다. 그런데 나리께서 근래에 법을 굽혀 죄 없는 보통 사람을 때려죽이게 하였기 때문에 음덕이 손상되어서 기록을 관리하는 이가 하늘의 명을 받아 이미 상공의 지위를 지워 버렸습니다. 마땅히 잘 살펴서 괜히 나에게 죄를 씌우면서 아뢰지 말기를 바랍니다."라고 하였다. 가득 차서 도리어 손해를 부르는 것이 이것이다.

또 하물며 은혜를 잊고 저민 고기를 받아먹어 두 팔이 떨어진 것도 곰

---

[115] 그가 처음 두 번 절에 갔을 때에는 그를 '상공'이라고 부르며 올 것을 알려 주었는데 세 번째 갔을 때는 '상공'이라는 말로써 알려 주지 않은 것을 두고 말한 것이다.

이 팔을 자른 것이 아닌데, 의리를 등지고 살아 있는 것을 죽이니 창자와 위가 함께 무너진 것이 어찌 사슴이 한 일이겠는가? 이는 모두 보이지 않게 이루어지는 필연적인 감응이다. 나락 다섯 알을 훔쳐서 한 생애 동안 소가 되고, 열 냥의 금을 받아서 여러 해 동안 복록이 끊어졌으니 악이 비록 작을지라도 멋대로 할 수 있겠는가?

세상에서 부유하고 귀한 지위에 있는 이들이 분수가 정해진 것이라고 여기며 의리를 따르지 않는 것은 화와 복이 마음에 따라 변하고 바뀌어 오래도록 보존하기 어렵다는 것을 전혀 알지 못하기 때문이다. 아아, 삼가지 않을 수 있겠는가?

又如昔有一尉巡歷。經由寺宇。例皆狼籍。到一院見屛除潔淨。索浴。隨聲應云湯辨矣。踰月再到亦如前。尉嗟賞之。後日復來。酒見狼籍。索湯。移時莫得。尉嗔叱[1]主院僧曰。向來其謹如彼。今來何其慢如此。僧曰昔尉之來某預得夢。白衣神人報曰。明日相公至洒掃所在。與辨湯水。今日尉來。某不得夢。所以狼籍非敢怠也。尉問其神狀酒本廳土地之神。卽取僧詞。歸廨具章奏上帝曰。以某果有相位。則第三廻何不亦報。某若果無。則神不合誣我惑人。章未奏。遽就眠且夢。其神曰。窃窺上界錄籍。知尉有相公分也。故按籍以報。尉近領枉法。戕殺平人。損陰德而司錄籍者。禀天命已。削去相位。幸宜見察。勿徒罪我而事章奏。此滿之所以招損也。又況忘恩受饊而雙臂落。非熊之所斫也。背義殘生而腸肚俱崩。豈鹿之所爲哉。是皆宾宾感應之必然。竊粟五粒而爲牛一世。受金十兩而絶祿多年。惡雖小而其可縱乎。世之處富貴之地者。便謂分之。不循義理。殊不知禍福隨心變易難保久長。嗚呼。可不愼歟。

1) ㉈ 갑본에는 '嗔叱'이 '眞化'로 되어 있다.

묻겠다 : 불교에서 음식을 베풀 때 "일곱 알로 온 누리에 두루 베푼

다."¹¹⁶라고 하는데, 이 말은 일의 이치로 보아 터무니없으며, 더욱이 유교인들은 감히 믿을 수 없다. 또한 신주가지법神呪加持法을 행하면서는 반드시 세 번, 일곱 번, 마흔아홉 번으로 한도를 삼는 것은 또 왜 그러한가?

> 曰佛敎之施食。七粒遍十方之語。事理荒唐。尤爲儒者之不敢信也。又以神呪加持法事者。亦必以三遍七遍七七遍爲限者。此又何歟。

답하겠다 : 줄여서 3인 것은 삼재三才의 수이다. 삼재가 갖추어지면 만물이 생겨난다. 이것은 작은 변화이다. 중간으로 하여 7로 하는 것은 칠요七曜의 수이다. 칠요가 갖추어지면 변화가 생겨난다. 이것은 중간의 변화이다. 다 갖추어서 49로 하는 것은 하늘과 땅의 수이다. 하늘과 땅이 자리를 잡으면 조화가 끝이 없다. 이것은 큰 변화이다.

또 하늘과 땅의 수는 55인데 5를 빼는 것은 그 아버지를 높이는 것이고, 1을 비우는 것은 그 임금을 높이는 것이다. 49의 수로 변화가 끝이 없는 것은 하늘과 땅의 큰 작용인데, 바로 부처님의 묘한 작용이다. 위에서 말한 본체가 바로 태극이고 작용이 바로 하늘과 땅이라는 것이 이것이다.

하늘이 이를 얻어서 빽빽한 모든 변화가 끝이 없고, 땅이 이를 얻어서 만물의 변화가 끝이 없고, 성인¹¹⁷이 이를 얻어서 『역』의 도의 변화가 끝이 없고, 뭇 부처님께서 이를 써서 신통한 변화가 끝이 없고, 주문을 지닌 이는 이를 얻어서 가지加持¹¹⁸의 변화가 끝이 없으니, 주체는 비록 다르지만 큰 작용은 하나이다. 그러므로 작게는 일곱 알의 미미한 데에 이르고 크

---

116 〈出生偈〉의 세 번째 구절이다. 전체는 다음과 같다. "너희 귀신의 무리여, 내가 이제 너희에게 음식을 베푼다, 일곱 알로 온 누리에 두루 베푸니, 모든 귀신들은 함께하라.(汝等鬼神衆。我今施汝供。七粒遍十方。一切鬼神共。)"
117 하도와 낙서에 기반하여 주역을 만들고 체계화하고 발전시킨 복희씨를 비롯한 중국의 성인들을 말한다.
118 가지加持 : 부처의 큰 자비가 중생들에게 입혀지고 유지되는 것을 말한다.

게는 49휘에 이르기까지, 사물을 만드는 원리를 타고 변화하며 마음의 헤아림에 호응하여 끝이 없어서 온 누리 모든 부류의 중생들 앞에 두루 퍼지니, 배고픈 이는 배부르게 되고, 굶주린 이는 먹게 되고, 목마른 이는 마시게 되고, 헐벗은 이는 입게 되고, 힘든 이는 쉬게 되고, 괴로운 이는 (괴로움이) 그치게 된다. 불교도들의 큰 베풂이 허공계를 다하고 온 법계에 두루 미쳐 이르지 않는 곳이 없다는 것이 이것이다.

중생에게 베푸는 것이 이미 저와 같은데, 여러 부처님께 공양하는 것 또한 어찌 이와 다르겠는가? 이로 인해 생겨나는 공덕을 어찌 다 헤아릴 수 있겠는가? 이 선근을 이어받으면 어떤 죄인들 없애지 못하고 어떤 복인들 낳지 못하고 어떤 것을 구한들 마치지 못하고 어떤 것을 바란들 이루지 못하겠는가? 그러므로 이로써 (저승으로) 가는 이를 천도하면 가는 이가 맑게 (극락이나 하늘로) 올라가고, 이로써 살아 있는 이를 보호하면 살아 있는 이들이 건강하고 편안하게 되고, 이로써 복을 구하면 복의 바다가 더욱 깊어지고, 이로써 목숨을 구하면 목숨의 산이 더욱 높아진다. 이 또한 선한 일에 복을 주는 자연의 이치이니 괴이하게 여길 것이 없다.

하늘에 칠정七政[119]이 있는 것은 하늘이 이 수를 쓴 것이고, 땅에 일곱 귀신이 있는 것은 땅이 이 수를 쓴 것이고, 부처님께 일곱 분의 부처님이 계신 것은 부처님께서 이 수를 쓰신 것이며, 주문을 일곱 번 쓰는 것 또한 이 수에 맞춘 것이다. 이는 곧 온 세상에 크게 통하는 수이고 변화의 기틀이니 어찌 이상하게 여길 수 있겠는가?

> 曰略而三者。三才之數也。三才具而萬物生。此小變也。中而爲七者。七曜之數也。七曜具而變化生焉。此中變也。備而爲七七者。天地之數也。天地

---

119 칠정七政 : 칠요七曜와 같은 말로서 하늘에서 빛나는 일곱 가지 사물인 해·달·금성·목성·수성·화성·토성을 말한다. 이 밖에 하늘·땅·사람·봄·여름·가을·겨울을 가리키는 경우도 있고, 북두칠성의 일곱 별을 가리키는 경우도 있다.

位而造化無窮。此大變也。且天地之數。五十有五而除其五者。尊其父也。虛其一者。尊其君也。四十九數而變化無窮者。乾坤之大用也。即佛之妙用也。上之所謂體則太¹⁾極。用則乾坤者是也。天得之而森羅之變化無窮。地得之而萬物之變化無窮。聖人得之而易道之變化無窮。諸佛用之而神通之變化無窮。持呪者得之而加持之變化無窮。主者雖殊而大用則一也。故小至七粒之微。大至七七之斛。乘造物而變化。應心量而無窮。普遍十方。諸趣群生之前。而飢者得飽。餓者得食。渴者得飲。裸者得衣。勞者得歇。苦者得息。此佛氏之大施盡虛空遍法界而無所不至也。施衆生者。旣如彼也。供養諸佛者。亦豈異於斯乎。所生功德可勝量哉。承此善根則何罪而不滅。何福而不生。何求而不遂。何願而不成。故以是薦徃則徃者淸昇以是保生則生者康寧。以是求福則福海彌深。以是求壽則壽山增峻。此亦福善。自然之理。無足恠也。天有七政者。天用是數也。地有七鬼者。地用是數也。佛有七佛者。佛用是數也。呪用七遍者。亦合是數也。是酒天下大通之數。變化之機。何異之有哉。

1) ㉑ 갑본에는 '太'가 '大'로 되어 있다.

묻겠다 : 세상에서 정토 신앙을 닦는 이들은 그 부처님께 절하면서 반드시 열 가지 모습을 나누고 열 가지 이름을 읊으며 염주로 세는데, 염주의 수가 반드시 108에 그치는 그 이치는 무엇인가? 어찌하여 가르침이 드러난 모습이 이처럼 번거로운가?

問世之修淨土者。禮其佛而須分其十相。誦其十號。而以數珠計之。數珠之數。須止於百八。其理何歟。何敎迹之若是其煩乎。

답하겠다 : 그렇지 않다. 마음은 만 가지 모습의 모범이니, 깃 달린 것이나 털 난 것이나 비늘 있는 것이나 껍데기 있는 것이나 몸을 옆으로 하

는 것[120]이나 (몸을) 세운 것[121]이나 날아다니는 것이나 물속에 가라앉아 있는 것 모두 마음에서 그 형체를 받지 않는 것이 없는데, 진실로 하늘과 땅이 시켜서 그렇게 된 것이 아니다. 그 마음이 선하고 악하고 삿되고 바르고 물들고 깨끗하고 좋고 추악한 것 등 갖가지 연이 되는 행위에 따라 온갖 종류의 모습과 빛깔이 저마다 그 부류에 따라 호응한다. 이것이 네 가지 중생[122]과 아홉 가지 중생,[123] 범부와 성인이 나뉘는 까닭이다.

이미 마음이 모범이 되어 만물에게 모습과 빛깔을 명하니, 마음이 부처에게 있으면 반드시 부처님의 모범이 될 것이다. 그러므로 마음에 보존하고 눈으로 보고 절하며 생각하는 사이에 그 상호를 분명하게 보고 그 모범을 자세하게 밝혀서, 장래에 부처가 되어 얻게 될 상호의 바른 원인을 삼고자 하는 것이니 어찌 일 만들기를 좋아해서 그런 것이겠는가?

하물며 마음이 정토에 있으면 마음의 땅 또한 스스로 깨끗해지고, 마음이 부처에게 있으면 마음의 부처가 스스로 나타나서, 저곳과 이곳의 부처와 땅이 하나로 녹아들어 둘이 없게 되고 정토의 일이 이루어지게 되며, 이와 거꾸로 하면 삼계에서 과보를 낳는 원인인 행위가 되어 나고 죽는 윤회에서 해탈할 길이 없다. 경에서 말하기를 "남자를 좋아하면 남자가 되고, 여자를 좋아하면 여자가 된다."라고 하였는데 또한 이 때문이다.

또 염주로 세면서 부처님의 이름을 부르는 것은 이 또한 부처님의 방편이니, 일에 나아가 그 이치를 밝혀서 배우는 이들이 가까운 데서부터 먼 데까지 이르게 하기 위한 것이다.

세상에서 말하는 삼계는 하늘 중생과 지옥 중생과 아귀와 축생과 아수

---

120 몸을 옆으로 하는 것 : 네 발로 기어 다니는 보통의 짐승들을 말한다.
121 몸을 세운 것 : 두 발로 서서 다니는 사람을 말한다.
122 네 가지 중생 : 태어나는 방식에 따라 중생을 분류한 것으로, 태에서 나는 것, 알에서 나는 것, 습기에서 나는 것, 변화하여 생겨나는 것을 말한다.
123 아홉 가지 중생 : 앞의 네 가지 중생에다 형태가 있는 것과 없는 것, 생각이 있는 것과 없는 것과 있지도 않고 없지도 않은 것의 다섯 가지로 분류한 중생을 더한 것이다.

라와 사람의 부류이다. 그 높고 낮은 품류는 108등급에 이르기까지 많이 있는데, 하나의 마음에서 만들어지지 않은 것이 없다. 마음에 차별이 있기 때문에 만들어진 것 또한 차별이 있다. 마음은 원인이고 만들어진 것은 결과이다. 108개의 구슬은 마음속에 있는 108가지 번뇌를 가리킨다. 구슬은 서로 다른 것이고, 끈은 습기習氣의 끈이다. 마음의 번뇌가 서로 이어지는 것은 모두 습기의 끈으로 말미암아 잃지 않기 때문이다. 빙빙 돌아 끝이 없는 것은 윤회가 그치지 않는 것을 나타낸다. 그러므로 부처님께서 이 염주를 지녀서 마음이 어둡지 않게 하여, 백팔번뇌가 일어나는 것을 없애게 하셨다. 하나같이 염불로써 다스리고, 염주를 빙빙 돌리며 잡된 마음이 없게 하면 이른바 번뇌라고 하는 것이 깨달음으로 변하는 것이 손바닥을 뒤집는 것과 같아서 삼계에서 원인이 되는 행위가 저절로 없어지고 깨달음의 묘한 과보를 그날로 이룰 수 있다.

부처님께서 염불에 힘쓰게 하신 것은, 이 한 번의 과보[124]가 끝난 뒤에 내 마음의 바람이 저 부처님의 서원의 힘과 서로 젖어들어 바람을 탄 가벼운 날개나 물 흐름을 탄 한 척 돛배처럼 순식간에 곧바로 갈 것에 의심이 없으니, 누가 이를 막을 수 있겠는가? 부처님의 가르침이 깊고 묘하고 자세히 다 갖추어져 있음이 이와 같으니 힘쓰지 않을 수 있겠는가?

> 曰不然也。心者。萬形之模範。羽毛鱗介。橫堅飛沉。無不受形於其心。固非天地使之爲然故。隨其心之善惡邪正染淨好醜種種緣業。而形色萬品。各以其類應之。此四生九類凡聖之所以分也。旣心爲模範而命形色於萬品也。心存乎佛。則爲佛之模範必矣。故心存目覩。禮念之間。分明其相好。細詳其模範。而欲作將來成佛相好之正因也。豈好事而爲之哉。況心存乎淨土。而心土自淨。心存乎佛。而心佛自現。彼此佛土融乎無二。而淨土之

---

[124] 이 한 번의 과보 : 현생에서 과보를 받아 살고 있는 것을 말한다.

業成矣。反是則爲三界之業因。生死之輪廻。無由解脫矣。經云樂男卽爲男。樂女卽爲女。亦由是也。又以數珠。計誦佛號者。是亦佛之方便。卽事而明其理。使其學者。自近而至遠也。夫世之所謂三界。天獄鬼畜修羅人道也。其品之高下。至有一百八級之多。無不因於一心而所造也。心有差別故。所造亦差別。心者因而所造者果也。百八珠者。指心中百八煩惱也。珠者。殊也。繩者。習繩也。心中煩惱相續者。盖因習繩而不失也。環轉無窮者。表輪廻之不息也。故佛令其持是珠而不昧。伐其百八煩惱之起。一以念佛制之。循環往復。無雜用心。則其所謂煩惱者。變成菩提。猶若反掌。三界業因自消。而菩提妙果日就。佛之勉念。盡此一報之後。吾之心願與彼佛之願力相涵。如乘風之逸翩。順水之孤帆。斯須之頃。直往無疑。誰得而沮之哉。佛之爲敎。深妙而詳悉如此。可不勉乎。

묻겠다 : 그대가 증명하고 보여 준 가르침은 매우 자세하여 진실로 높일 만하다. 그렇다면 어떻게 배워야 이를 수 있겠는가?

曰爾證示之敎甚詳。誠可尙也。則學之若爲其有至戒。

답하겠다 : 도는 땅과 같아서 가면 갈수록 더욱 멀어진다. 도는 바다와 같아서 들어가면 들어갈수록 더욱 깊어진다. 그러나 그 (들어가는) 문을 찾는 것은 계율, 선정, 지혜에서 시작한다. 계율이란 무엇인가? 도적을 붙잡는 것을 말한다. 선정이란 무엇인가? 도적을 묶는 것을 말한다. 지혜란 무엇인가? 도적을 죽이는 것을 말한다. 붙잡고서 묶지 않으면 도망가게 하는 잘못을 범할 수 있다. 묶고서 죽이지 않으면 시샘과 의심으로 곤경에 빠질 수 있다. 이 세 가지를 다 마친 뒤에야 비로소 대장부가 할 일을 다 마치게 된다.

또한 하물며 (중생의) 의식意識이 법신을 해치고 혜명慧命을 죽이는 것이 도적보다 더욱 심해서 오랜 겁에 걸친 어려움과 괴로움은 참으로 이로 말미암은 것이다. 만일 이 세 가지로써 징계하고 제어하고 끊지 않으면 이른바 법신과 혜명이 온전할 수가 없으므로, 계율의 그릇이 원만히 이루어지고, 선정의 물이 흔들림 없고 맑으며, 지혜의 달이 비로소 나타나면 도를 닦는 공이 여기에서 드러날 것이다. 불교를 공부하는 순서가 본디 이와 같다.

계율을 그릇이라고 한 것은 세 가지 행위를 말한다. 세 가지 행위란 몸과 입과 마음이다. 몸이 하나의 그릇이고 입이 하나의 그릇이고 마음 또한 그릇이다. 세간에서 이 그릇을 쓰는데, 마음에 담아 두는 것은 탐욕과 성냄과 시샘과 어리석음과 오만함 등의 번뇌의 행위이고, 몸에 담아 두는 것은 죽이고 훔치고 사음하는 행위이고, 입에 담아 두었다가 퍼뜨리는 것은 번지르르한 말, 거짓된 말, 이간질하는 말, 욕하는 말이고, 빨아들이는 것은 냄새나는 채소와 술과 중생의 살이다. 이것들은 윤회의 근원이고 온갖 괴로움의 근본이다.

비유하자면 그릇에 먼지와 똥 같은 온갖 더러운 것들이 있는데, 만일 씻어 없애지 않고 먹을거리를 담아 둔다면, 얼음이나 눈이 비록 깨끗하다 하여도 뒤섞여 혼탁해져서 물로 씻어 내는 공이 나타날 길이 없고, 음식이 비록 훌륭해도 냄새나고 더러운 것들이 배어들어서 공양하거나 제사상에 올려 흠향케 하는 데 쓸 수가 없다.

이것이 부처님께서 참회로써 재로 닦아 내듯이 문질러 없애고, 깨끗한 마음을 물로 삼고 진실된 마음을 수건으로 삼으며, 서원으로 완전하고 굳건하게 하여, 그릇에 담긴 것은 물건마다 맑고 깨끗하고 가운데 들어 있는 것은 법마다 번뇌가 없게 된 까닭이다.

선정을 물이라고 한 것은 하나에 멈추는 것을 말한다. 마음은 물과 같아서 치고 흩뿌리면 그 작용이 흩어지고, 그치게 하고 멈추게 하면 그 작용이 온전하다. 온전하면 맑고 고요하여 하늘의 마음에 도장 찍히듯 들어맞게 되고, 움직여 물결이 일면 비친 그림자들이 흐릿하고 어지럽게 된다. 이것이 부처님께서 한 찰나로 만 년을 삼아 잡되게 마음 쓰는 일이 없어서, 마음을 어지럽히는 밖의 대상들이 침범할 수 없고, 이에 본래의 모습이 드러나는 까닭이다.

지혜를 달이라고 한 것은 바른 깨달음을 말한다. 한밤중에 높이 떠올라 치우침과 바름을 묘하게 겸하였음을 말한다. 사람들이 삼계에서 오래도록 잠들어 지혜의 눈이 없는 것을 일컬어 빛이 없이 깜깜한 한밤중이라고 한다. 태어나도 오는 줄을 모르고 죽어도 가는 줄을 모르며 가시덤불 속을 내달리면서 길을 알지 못하는 것이 중생의 모습이다. 지혜의 눈을 밝게 뜨면 바른 길이 앞에 있다. 이른바 깜깜한 한밤중이란 도리어 바른 자리가 되는 것이니, 어두움은 밝음을 떠나지 않고 밝음은 어두움을 떠나지 않아서, 막고 비추는 것이 한꺼번에 이루어지는 것이 본래의 도이다. "보살의 맑고 시원한 달, 언제나 법성의 허공에 노니니, 중생의 마음의 물이 깨끗해지면, 깨달음이 그림자처럼 그 안에 비치리."라고 한 것이 이를 말하는 것이 아닌가? 이것이 세 가지 배움이 서로 기대면서 도를 배우는 시작과 끝이 되는 까닭이다.

또한 선정이 없는 지혜를 말하자면 그 지혜는 미친 것이고, 지혜가 없는 선정을 말하자면 그 선정은 어리석은 것이다. 어리석은 선정은 근원이 없기 때문에 말라 없어져 버릴 것이니 이른바 그림자가 비치는 물이 아니다. 미친 지혜는 멋대로 날아다니는 살별 같은 것이니 이른바 본성의 공적한 달이 아니다. 어리석음과 미침은 이보다 더 심한 병이 없다. 그러므로 배우는 이들은 이들을 동등하게 지니는 것을 절묘하게 해야 한다. 만일 동등하게 지닌다면 마치 수레에 두 바퀴가 있고, 새에게 두 날개가 있어서 허공을 날고 땅에 굴러가는 데 자유롭지 않음이 없는 것과 같을 것이니, 이는 불교를 공부하는 지름길이다.

曰道如地。愈行而愈遠。道如海。愈入而愈深。然求其門者。自戒之惠始。
戒者何。捉賊之謂也。ⴰ者何。縛賊之謂也。惠者何。殺賊之謂也。捉而不
縛。則或失於逋逃。縛而不殺。則或困於猜嫌。能盡三者而後。丈夫之能事
畢矣。且況意識之戕法身。殺慧命尤甚於賊。而多劫艱辛。眞所致也。若不
以斯三者。懲之制之斷之。則所謂法身慧命。無得而全故。戒器圓成。ⴰ水
凝淸。慧月方現而修道之功。於是著矣。學佛之序。固如是也。以戒而謂之
器者。言乎三業也。三業者。身口意也。身爲一器。口爲一器。而意根亦器
也。夫世俗之用是器也。貯於意者。爲貪嗔嫉妬癡慢等煩惱之業。貯於身
者。殺生偸盜邪淫之業。貯於口而揚者。綺妄兩舌惡口。吸者。葷酒衆生之
肉。此輪廻之源而衆苦之本也。比之則如器之有塵糞衆穢也。若不洗除。而
貯於食物。則氷[1]雪雖淨。而混於渾濁。無以呈漑滌之功。肴饍雖美而熏於
臭穢。無以供養薦享之用。此佛之所以懺以去之。悔以灰之。淨心以水之。
誠心以巾之。誓以完之。願以固之而盛乎器者。物物淸淨。納乎中者。法法
無漏矣。以ⴰ而謂之水者。言乎止一也。心猶水也。皷之澳之。其用即散。
停之止之。其用即全。全而澄湛。則印契乎天心。動而波興。則昏迷乎影像。
此佛之所以一念萬年。無雜用心而外塵之擾。無得而侵。本地風光。于斯乎
發現矣。以慧而謂之月者。言乎正覺也。昇乎夜半。妙兼偏正之謂也。夫人
之長眠三界。無有智眼者。是謂無明暗黑大夜也。生不知來。死不知去。奔
馳榛棘未識道路者。衆生之態也。慧眼開明則正路在前。夫所謂黑暗大夜
者。反爲正位。暗不離明。明不離暗。遮照同時。本之道也。如云菩薩淸涼
月。常遊法性空。衆生心水淨。菩提影現中。非是之謂歟。此三學之所以相
須而爲學道之終始也。又況無ⴰ之慧。其慧即狂。無慧之ⴰ其ⴰ即癡。癡之
則無源死涸耳。非所謂影現之水也。狂慧則飛流彗孛耳。非所謂性空之月
也。癡之與狂。病莫甚焉。故學者之於斯。等持爲妙。若能等持則如車之具
二輪。如鳥之有兩翼。飛空運陸。無不自由。是學佛者之捷徑也。

1) ㉮ 갑본에는 '氷'이 '水'로 되어 있다.

묻겠다 : 지금 불교를 배우는 이들은 반드시 화두를 참구하는 것으로써 도에 들어가는 방편을 삼는데, 선정과 지혜를 닦는다는 논변은 어찌하여 이와 다른가?

曰今之學佛者。必以叅話爲入道之方便。定惠之論。何異於是乎。

답하겠다 : 이는 서로 다르지 않다. 결과로는 선정·지혜라 하고, 원인으로는 지관止觀[125]이라 한다. 지관이란 참화參話[126]의 방법이다. 참화라고 하는 것은 하나만을 드는 것을 첫걸음으로 하고, 전체를 드는 것을 자량資糧[127]으로 삼는다. 자량은 걸음의 바탕이 되고, 걸음은 자량의 공효가 된다. 이 두 가지가 갖추어진 뒤에야 비로소 이를 곳에 이를 수 있다. 하나만을 드는 것은 하나로써 모든 것을 제어하는 것을 말하니 지止를 이르는 것이 아니겠는가? 전체를 드는 것은 의심을 일으켜서 참구하는 것을 말하니 관觀을 이르는 것이 아니겠는가? 하나만을 드는 것을 통해서 움직이지 않음이라는 궁극에 이르면 이것이 선정이다. 전체를 드는 것을 통해서 훤하니 크게 깨달으면 이것이 지혜이다. 이름은 다르더라도 뜻은 하나이니 어찌 다름이 있겠는가?

曰不異也。在果則謂之定惠。在因則謂之止觀。止觀者。迺叅話之法也。叅話者。以單提爲初步。以全提爲資粮。粮爲步之資。步爲粮之效。二者備而後。能至乎其所至矣。單提者。以一制萬之謂也。非止之謂乎。全提者。起疑叅究之謂也。非觀之謂乎。由單提而極於不動則定也。由全提而豁然大

---

125 지관止觀 : 불교의 수행법 가운데 하나로서, 산란한 마음의 작용을 멈추고(止) 존재의 본질을 꿰뚫어 보는 것(觀)을 말한다.
126 참화參話 : 화두話頭를 참구하는 선종의 간화선看話禪을 말한다.
127 자량資糧 : 의지할 식량이라는 뜻으로서 수행의 바탕이 되는 것을 말한다.

悟則慧也。名雖殊而義則一也。夫何異之有哉。

묻겠다 : 부처님께서 도를 배우는 이들에게 경계하며 말씀하시기를 "털끝만 한 것에서 어긋나고, 한순간에 잘못된다."[128]라고 하셨는데, 이는 불교를 배우는 이들의 큰 요체이다. 지금의 선사들은 대부분이 "내가 불법을 깨달았다."라고 하는데, 바라건대 어떻게 하면 그들의 삿되고 바름을 변별할 수 있는가?

曰佛之戒學道則曰。差之毫釐 失之須臾。是學佛者之大要。今之禪師太多。皆曰我會佛法。欲如何而辨其邪正耶。

답하겠다 : 슬기롭도다, 이 질문이여! 이는 진실로 배우는 이들의 지침이다. 말하기를 "우리 종문宗門(선종)의 법은 가섭迦葉에게 따로 전한 데[129]에서 시작한 뒤로 등불과 등불이 서로 이어 타오르고 깨달음의 인가印可와 인가가 서로 전해져 28대를 거친 뒤에, 달마대사가 동쪽으로 중국에 와서 곧바로 사람의 마음을 가리켜 그 본성을 보아 부처를 이루게 하였고, 육조대사(혜능) 이후로 오파五派[130]로 나뉘었는데, 파는 비록 같지 않지만 도는 하나이다."라고 한다.

이 도의 전승은 마치 물이나 불을 주는 것과 같아서 그 사람을 얻으면 전하지만 그 사람을 얻지 못하면 그친다. 비록 아비 자식과 같이 가깝고

---

128 『四十二章經』.
129 선종의 설화에 따르면 석가모니가 대중에게 설법을 할 때에 단지 연꽃 한 송이만을 가만히 들어 올리자 다른 사람들은 그 뜻을 몰랐는데 오직 가섭존자만이 그 뜻을 알고 빙그레 웃었다고 한다. 이는 말로 표현할 수 없는 진리를 마음에서 마음으로 전한 것으로서 경전에서 문자로 전하는 것과는 다르다고 한다.
130 오파五派 : 혜능의 가르침을 이어받은 남종선은 뒤에 임제종臨濟宗·법안종法眼宗·위앙종潙仰宗·조동종曹洞宗·운문종雲門宗의 다섯 파로 나뉘었는데 이를 가리킨다.

오랜 벗처럼 친밀하며 신통과 삼매를 갖추고 덕이 넓고 행위가 높다고 하여도, 으뜸가는 바른 눈을 갖추지 못하였으면 모두 아랫자리로 물리는 것은, 그 도가 가장 존귀하고 가장 묘하며 크게 공정하고 사사로움이 없어서 함부로 주는 것을 감당할 수 없는 것이니, 생선 눈알과 밝은 구슬처럼 본디 서로 헷갈릴 수 없는 것이다. 만일 서로 헷갈린다면 세상 사람들의 눈을 멀게 할 뿐 아니라 스스로도 눈이 없게 되는 것이다. 이것이 바로 조사들이 인가하여 법을 전할 때 반드시 그 사람을 기다린다는 것이다.

그러므로 옛날에 도를 배우는 이들은 스승을 찾고 도를 구하여 천리만리를 멀다 여기지 않고 강과 바다를 건너고 산과 내를 넘어 핏줄이 분명한 밝은 눈의 종사를 분명하게 택하여 예를 올리고 스승으로 삼아 법을 위하여 몸을 잊고서 묻고 두드리고 참구하고 청하였으며, 진실로 이로운 한마디 말을 얻으면 나고 죽는 뿌리를 결연히 끊어 버렸다.

그러므로 대혜大慧 선사[131]가 말하기를 "계율을 수미산처럼 많이 범할지언정 삿된 스승이 하나의 삿된 생각이라도 훈습케 하지 말라. 만일 겨자씨만큼이라도 생각 속에 들어오면 기름이 국수에 들어간 것처럼 끝내 나가게 할 수 없다."[132]라고 한 것이 이것이다. 그러니 살피지 않을 수 있겠는가?

하물며 위음왕불威音王佛[133]의 뒤로는 스승 없이 스스로 깨친 이는 자연히 외도外道[134]이다. 그러므로 대도를 꿰뚫어 깨친 이는 반드시 종장宗匠에게 물어 삿되고 바름을 결택하여 인가를 받은 뒤에 비로소 크게 입을

---

131 대혜大慧 선사(1089~1163) : 송나라 때의 고승으로서 법명은 종고宗杲이다. 기존의 선수행법과 당시에 유행하던 묵조선默照禪을 통렬하게 비판하면서 일상 속에서 수행할 수 있는 간화선看話禪을 주창하여 새로운 선법을 열었다.
132 『大慧語錄』「答李參政別紙」. 대혜 자신의 말이 아니고 '선성先聖'의 말을 인용한 것이다.
133 위음왕불威音王佛 : 『法華經』에서 말하는 최초로 깨달은 부처이다.
134 외도外道 : 불교 전통에 속하지 않는 수행자와 사상가들을 말한다.

열어 크게 말하고, 강령을 들어 사방에서 온 수행자들을 제접하여 사람과 하늘의 눈이 될 수 있는 것이다. 만일 아직 그렇지 못하여 비록 스스로 깨달은 바가 있다고 하여도 또한 아직 감히 입 밖에 낼 수 없는 것은 삿되고 바름을 아직 결택하지 못하였기 때문이다. 예부터 지금까지 온 세상에서 스스로 종장이라고 하는 이가 없는 것은 억지로 그렇게 시킨 것이 아니라 법이 이러하기 때문이다.

지금 선사라고 칭하는 이들은 조사의 명령을 숨긴 채 그저 입과 귀로 배운 것을 가지고 겉모양에만 의지하여 고양이만 그리고 있으면서,[135] 멋대로 도를 어지럽히면서 '선을 말한다'고 하는데, 그것이 무엇을 말하는 것인지 모르겠다. 이를 일컬어 '큰 지혜를 비방함'이라 하고 또한 일컬어 '무간지옥無間地獄[136]에 떨어질 업'이라고 하는 것이다. 아아, 두려워하지 않을 수 있겠는가?

曰睿哉斯問也。是誠學者之指南也。曰我宗門之法。始自迦葉別傳之後。燈燈續焰。印印相傳。歷二十八代。達摩大士東來此土。直指人心見性成佛。自六祖而下。分爲五派。派雖不同。道則一也。夫是道之相傳也。如水火之相與也。得其人則傳。不得其人則止。雖父子之親。交舊之密。神通三昧德廣行高者。若不具頂門正眼。則皆退下風者。以其道之最尊最妙。大公無私。不堪妄授而魚目明珠。固不可以相賺也。苟或相賺則不唯瞎却天下人眼目。亦自爲無眼。此祖印之傳。必待其人也。故古之學道之士。尋師訪道。不遠千里萬里。遊江海涉山川。必須決擇明眼宗師血脉端的者。投禮爲師。爲法忘軀。咨扣叅請。苟得一言之益。決斷生死之根。故大惠禪師云。寧可

---

135 그려야 할 호랑이는 정작 그리지 못하고 고양이만 그리고 있다는 뜻으로 보인다.
136 무간지옥無間地獄 : 여덟 가지 뜨거운 지옥 가운데 하나로서, 괴로움이 잠시 멈추는 사이도 없이 계속 이어지기 때문에 이렇게 불린다. 부모나 아라한을 죽이거나 교단의 화합을 깨뜨리거나 부처의 몸에 상처를 내거나 탑이나 절을 파괴하는 이들이 죽고 나서 이곳에 떨어진다고 한다.

破戒。如須彌山。不令邪師。熏一邪念。如芥子許。在情識中。如油入麵。永不可出是也。可不察歟。又況威音王之後。無師自悟者。天然外道。故悟徹大道者。必須質之宗匠。決擇邪正承受印可而後。可以開大口說大話。提綱擧令。接引方來。爲人天之眼目也。如其未然。雖或自有悟門。亦未敢發於口外者。以其未決邪正也。天下古今。無有自許底宗師。不是强爲。法如是故也。今之稱禪師者。潜行祖令。徒以口耳之學。依樣畫猫兒。恣意亂道。謂之說禪。未知其何謂也。是謂之謗大般若。亦謂之墮無間業。嗚呼。可不懼歟。

묻겠다 : 지금 그대가 가르침을 증험한 것은 잘 갖추어졌으니, 이를 써서 윤회를 벗어나고 본성을 보아 부처를 이루는 배움은 가능하겠지만, 그 도와 그 가르침이 어찌 땅의 이치에 관여하겠는가?

앞 왕조(고려)의 왕씨가 나라를 세워서는 그 백성들을 수고롭게 하고 그 재물을 쓰게 하여, 나라에 폐해를 일으키면서 곳곳에 수천 수백의 절들을 세우고 비보사찰이라 하였는데, 그 까닭이 무엇인가? 불교 안에 이러한 이치가 있는가?

曰今爾之證敎也備矣。用是而爲超脫輪廻。見性成佛之學則可矣。其道其敎何預於地理。而前朝王氏之創業也。勞其民費其財。作蔽於國家。區區立數千百之伽藍。號爲裨補。其故何歟。佛敎之中有如是之理乎。

답하겠다 : 진실로 그러한 이치가 있다. 부처님께서 펴신 가르침에는 지극한 따뜻함이 있어 사랑할 만하고, 지극한 선이 있어 드러낼 만하고, 지극한 영험이 있어 두려워할 만하고, 지극한 신통함이 있어 공경할 만하고, 지극한 묘함이 있어서 멋대로 할 수 없고, 지극한 밝음이 있어서 속일 수 없다. 이를 일컬어 삼계의 각황의 가르침이라 한다. 그 명령이 이르는

곳은 어두운 곳이나 밝은 곳이나[137] 모두 복종하니 누가 감히 업신여기는 이가 있겠는가? 그래서 『금강경』에서 말하기를 "이 경이나 네 구절의 게송 등이 있는 곳은 모든 세간의 하늘 중생과 사람과 아수라 모두가 부처님의 탑묘처럼 마땅히 공양하며 절하고 돌고 온갖 꽃과 향을 그곳에 흩뿌리리라."라고 한 것이 이것이다.

그러므로 그 가르침의 묘함은 베풀어 안 되는 곳이 없으니, 약에 비유한다면 만 가지 병에 듣는 영단靈丹[138]과 같기 때문에 또한 부처님을 위대한 의사의 왕(大醫王)이라고도 부른다. 이로써 몸을 다스리면 재액과 병이 없어지고, 이로써 마음을 다스리면 번뇌가 없어지고, 이로써 산과 내와 땅을 다스리면 흉하고 해로운 것이 변하여 길하고 이롭게 된다. 그러니 비보사찰을 세우는 것이 어찌 근거가 없는 것이겠는가?

또 쑥은 세상의 훌륭한 약이지만, 병이 없는 이는 더러운 흙처럼 여겨서 비록 집 뜰에 있어도 캐는 일이 없다. 하지만 병이 있는 이라면 그렇지 않아서, 훌륭한 의사를 만나 뜸을 뜨면 오래된 병이 단번에 낫는 것이 그림자나 메아리보다도 빨라서, 비록 만금이 중하다고 하여도 이에 견줄 수가 없는 것은 그 효과가 신통한 효험이 있기 때문이다.

중원 지역이 제하諸夏[139]로 나뉘어 있는데 그 땅이 평탄하다. 요임금 때에는 홍수의 재해가 있자 신묘한 우임금이 다스렸는데, 저마다 땅의 이치에 알맞게 좇았으니 어찌 흉하고 나쁜 해로움이 있었겠는가? 우리나라는 그렇지 않아서 뭇 산들이 그 험준함을 자랑하고 뭇 물길들이 그 내달림을 다투어, 용과 호랑이가 서로 다투는 듯한 것도 있고, 날짐승이나 들짐승이 날고 달리는 듯한 것도 있고, 저곳으로부터 와서 공격하는 것도 있고,

---

137 보이지 않는 세계와 밝게 드러난 세계, 저승과 이승을 말한다.
138 영단靈丹 : 고대에 도사들이 연성하던 단약의 일종으로서 온갖 병을 다 낫게 하고 불로장생할 수 있게 한다고 한다.
139 제하諸夏 : 중국을 가리킨다. 주나라 때에는 봉건제를 채택하여 제후들에게 땅을 나누어 주어 각자 다스리게 하였기 때문에 이렇게 부른다.

근원을 떠나 등지고 도망가는 것도 있고, 근원을 지나쳐서 제어하기 어려운 것도 있고, 조그맣게 잘려서 미치지 못하는 것도 있다. 이러한 것들은 다 갖추어 서술하기도 어려운데, 동쪽 군에 이로운 것이 서쪽 마을에 해가 되는 경우도 있고, 남쪽 읍에 좋은 것이 북쪽 현에 흉한 경우도 있다.

　산이 높이 솟은 것은 바꿀 수 없고 물이 멋대로 내달리는 것은 막을 수 없는데, 비유하자면 병이 많은 사람이다. 그러므로 사람이나 사물이 태어날 때 이 산과 내의 기운을 감득한 이는 그 마음과 그 기세가 서로 비슷하지 않은 경우가 없는데, 사람의 마음이 합하지 않으면 이에 따라 구역이 나뉘어 구한九韓이 되기도 하고 삼한三韓이 되기도 하여, 서로 침략하고 정벌하여 전쟁이 그치지 않으며 도적들이 멋대로 날뛰어도 금하고 제어할 수 없었으니 다 유래가 있는 것이다.

　전 왕조의 왕씨가 통합할 때에는 다행스럽게도 성모聖母와 도선道詵이 남긴 당부를 받들어 달게 받으니, 마치 어두운 동굴 속에서 현명한 이가 이끄는 듯하였다. 짐짓 불법을 쑥으로 삼아서 산과 내의 아프고 가려운 곳에 의술을 베풀어 모자란 것은 메워 주고, 지나친 것은 억누르고, 달리는 것은 멈추게 하고, 등 돌린 것은 부르고, 해치는 것은 막고, 다투는 것은 금하고, 좋은 것은 심고, 길한 것은 드날려서 비보사찰로 지은 것이 삼천에 이르고 선원을 지은 것이 오백을 채우니 산과 내의 병과 허물이 숨어 복종하지 않는 것이 없었다.

　비보는 병을 치료한다는 말이고, 선종 사찰은 마음을 고요히 한다는 말이다. 병이 없고 마음이 편안한 것은 백성들의 복이고 나라의 이익이다. 그러므로 도적들이 없어지고 백성들의 마음이 화합하고 순종하여 삼한의 안이 뒤섞여 하나의 집안이 되니, 왕업을 일으키는 것이 물동이를 세우듯 하고,[140] 나라의 복이 500년에 이르도록 이어졌다. 이는 삼보라는 의학의

---

[140] 지붕 위에 물동이를 거꾸로 세우면 물이 거침없이 흘러내려 막힘이 없다는 뜻이다.

쑥을 잘 사용한 효험이다.

　병이 아직 다 낫지 않았는데 갑자기 약을 없애면 나라의 땅의 강녕함을 보존하지 못할까 나는 두렵다. 이것이 비보사찰을 세우는 일을 우리나라에서 없앨 수 없는 까닭이다. 만일 "이전의 왕들이 태평하게 다스리는 정치를 알지 못하여 헛되이 아무 이익도 없는 일로 나라를 번거롭게 하였는데, 우선 없애고 나서 좋고 나쁨을 관찰하는 것만 못하다."라고 한다면, 병든 이가 의사의 치료를 꺼리면서 "이 의사는 헛되이 효과도 없는 약을 써서 나를 괴롭히니, 우선 없애고 나서 병이 낫는지 어떤지를 관찰하는 것만 못하다."라고 말하는 것과 무엇이 다르겠는가? 그 급한 위험에 닥쳐서 후회한들 미칠 수 있겠는가?

　뒤에 임금이 되어 앞선 왕의 나라를 지키는 이가 앞선 왕의 법도를 없애지 않고 예전 그대로 하는 정치는 믿어 펼쳤기 때문에 유신의 명을 이룰 수 있었는데, 이는 한 사람에게 경사가 있는 것이고 억조의 백성들이 의지하는 바이다. 『상서尙書』에서 말하기를 "은나라의 거울이 멀지 않으니 하나라 임금의 시대에 있었다."[141]라고 하였는데, 이 말이 가깝다.

曰誠有是理也。佛之爲法也。有至慈可愛。有至善可旌。有至靈可威。有至神可敬。有至妙而不可慢。有至明而不可欺。是謂三界覺皇之敎。其令所至。幽明服從。誰敢有侮焉者。故經云隨說是經。乃至四句偈等。一切世間天人阿修羅皆應供養。如佛塔廟。作禮圍繞。以諸花香。而散其處是也。故其法之妙無施不可。比之藥則萬應靈丹也。故佛亦號大醫王。以之治身則灾病消。以之治心則煩惱亡。以之治山川土地。則凶害變爲吉利。裨補之設。豈無稽哉。且艾者。爲世之良藥。無病者。見之如糞土。雖在家園。無事於採也。若有病者。則不然。得善醫者。而灸之則沉痾之頓愈。捷於影響。

---

[141] 이 구절은 『詩經』「大雅」〈蕩〉에 나온다. 저자의 착오가 있는 듯하다.

雖有萬金之重。無得而比焉者。以其效之有神驗也。盖中原之分諸夏也。其地平坦。當堯之時。洪水爲灾。神禹治之。各順地理之宜。安有凶咎之害哉。我國則不然。群山競其險衆水爭其犇。或有如龍如虎之相鬪者。或有如禽如獸之飛走者。或有自彼而來攻者。或有離源而背走者。或有過元而難制者。或有斷微而不及者。如斯等類。難可具述。利於東郡者。或有害於西鄕。吉於南邑者。或有凶於北縣。山之峻峙不可轉也。水之犇放不可遏也。比則多病之人也。故人物之生。感是山川之氣者。其心其勢。無不相類。人心不合。區域隨分。或作九韓。或作三韓。互相侵伐。兵革不息。盜賊橫行。無能禁制者。有自來矣。粤有前朝王氏之統合也。幸承聖母道詵之遺囑甘受。洞中如哲之指揮。假以佛法爲艾。而醫之於山川痛痒之地。缺者補之。過者抑之。走者止之。背者招之。賊者防之。爭者禁之。善者樹之。吉者揚之。裨補之設至於三千。禪院之作。盈於五百。而山川病咎。無不潛伏。裨補者。療病之謂也。禪利者。靜心之謂也。無病而心安。生民之福而國家之利也。故盜賊潛消。民心和順。三韓之内。混爲一家。王業之興。若建瓴然。國祚之長。至於半千。此善三寶醫艾之效驗也。余恐病未弭而藥遽去。則國土之康寧不可保也。之其所以裨補之設。在我國而不可廢也。若曰先王不知治平之政。妄爲無益之事。以煩家國。不如姑去之。以觀其吉凶。何異乎病者之忌其醫療曰。是醫妄用無效之藥。以殘吾生。不如姑去之。以觀其痊否歟。及其危沒而悔之何及。後之人君。守是先王之器者。不廢先王之法。允敷仍舊之故。克就惟新之命。此一人之有慶。兆民之所賴也。書曰殷鑑不遠。在夏后之世。近矣。

『유석질의론』끝
儒釋質疑卷終。

법사 묵신.

박시형, 박유정, 천비, 옥섬, 능회, 윤매, 자훈, 혜욱, 법정, 박영종, 천집, 성월, 육해, 정행, 지보, 윤호, 맹걸, 사보, 천리, 세륜, 세린, 원형, 순기, 미건, 유륜, 삼월, 지전, 신휘, 지승, 계묵, 혜호, 사익, 인전, 도연, 김언보, 숭묵, 정숙손, 철우, 숭은, 신은, 배석동, 서윤치, 조승, 춘이, 계금, 지우, 이배, 김환, 선민, 조보석, 돌덕, 낵덕, 계안, 현수, 지정, 정희, 혜순, 우비, 한신충, 상오, 오중동, 옥련, 도문, 선근, 각심, 두리동, 오승하, 혜명, 사휘, 혜암, 육행, 법희, 법사 인천, 영수, 석웅.

간수刊手 신미.   연판鍊板 혜윤.

공양주供養主 요원, 설준.   화사化士 담화.

가정 16년 정유년(1537)에 간행함.

法師默信。

朴時亨。朴有井。千非。王[1]暹。能會。閏梅。字薰。惠旭。法淨。朴英宗。天絹。性月。六海。正行。至寶。閏湖。孟傑。泗寶。千里。世輪。世轔。元亨。舜基。美健。有輪。森月。智全。信輝。智承。戒默。惠浩。思益。印全。道衍。金彦輔。崇默。鄭叔孫。哲牛。崇隱。信闍。裴石同。徐允致。祖承。春伊。戒今。智牛。李培。金煥。禪敏。曹寶石。乭德。㐗德。戒安。賢首。智正。正熙。惠淳。牛鼻。韓信忠。尙悟。吳仲同。玉連。道文。善根。覺心。豆里同。吳承夏。惠明。思暉。惠岩。六行。法熙。法師印泉。靈修。釋雄。刊手信眉。鍊板惠允。供養主了圓。雪峻。化士曇華。

嘉靖十六年。丁酉歲。縣。[2]

1) ㉠ '王'은 '玉'의 오기인 듯하다. 2) ㉯ 갑본의 간기刊記는 다음과 같다. "大施主崔元濕。連非。大施主□從華兩主。吳莫孫兩主。李豆智兩主。䚷分里。朴枝碩兩主。金銀兩主。鄭元弼兩主。朴弼終兩主。朴希連兩主。金万壽兩主。持音尙均。比丘法雲。李淑景。莫之。戒仪。莫。□□甘。大木ᅩ心。刊字。祖英。德□。供養主印悶。幹善道人化士敬心。萬曆壬午。五月。日。龍仁地瑞鳳寺開板。"

찾아보기

가란迦蘭 / 152
가리왕歌利王 / 133
가섭迦葉 / 157, 267
가섭마등 / 179
가섭迦葉보살 / 170
가섭불迦葉佛 / 140
가지加持 / 257
각황覺皇 / 157, 206
감로화왕甘露火王 / 169
감택闞澤 / 224
강순예姜筍猊 / 180
거류서佉留書 / 144
거사居士 / 140
걸왕桀王 / 243
겁劫 / 194
계율 / 200
고요皐陶 / 237
고행 / 153
곡신谷神 / 189, 221
곤鯤 / 111
공구孔丘 / 170
공봉관供奉官 / 179
공왕恭王 / 142, 173
공자孔子 / 114
『공적소문경空寂所問經』 / 170
공처空處 / 152
『광성자廣成子』 / 178
교진여憍陳如 / 150

구궁九宮 / 212
구양수歐陽脩 / 137
구오효九五爻 / 141
귀역鬼蜮 / 246
『금강경金剛經』 / 134
『금강반야경金剛般若經』 / 179
금구金口 / 180
금단천자 / 140
기氣 / 189
기夔 / 238
길상吉祥 / 154
길상吉祥보살 / 170

나계螺髻 / 172
난타바라難陀婆羅 / 153
날줄 / 217
남궁南宮 / 253
남섬부주南贍部洲 / 139
남쪽 문 / 145
네 가지 중생 / 260
노공盧公 / 136
노담老聃 / 170
노장사상 / 111
녹야원 / 156
『논어』 / 179
『능가경楞伽經』 / 157
『능엄경楞嚴經』 / 112, 119, 157

ㄷ

다섯 가지 계율 / 201
다섯 가지 악한 행위 / 122
다섯 천축 / 139
다지바라문多智婆羅門 / 169
단견斷見 / 234
달마대사 / 182
당요唐堯 / 237
『대방광불화엄경大方廣佛華嚴經』 / 161
대범천왕大梵天王 / 156
대본大本 / 189
대비大悲 / 242
대우大禹 / 196
대천세계大千世界 / 116
대혜大慧 선사 / 268
데바닷다 / 133
도道 / 111, 189
도리천 / 228
도선道詵 / 272
도솔천兜率天 / 140
도솔천궁兜率天宮 / 140
동쪽 문 / 145, 146
두보杜甫 / 136

ㅁ

마군魔軍 / 133
마야부인 / 193
만자卍字 / 172
만종萬鍾 / 129
망종芒種 / 216

맹자孟子 / 118
명부冥府 / 123
명색名色 / 155
명을 맡은 관리 / 248
명제明帝 / 136, 172
『모시毛詩』 / 178
목왕穆王 / 141
몽산蒙山 / 160
『묘법연화경妙法蓮華經』 / 179
무간지옥無間地獄 / 137, 269
무극無極 / 166, 208
무명無明 / 155
무소유처無所有處 / 152
무여열반無餘涅槃 / 134
무왕武王 / 132, 237
무우수無憂樹 / 140, 193
문왕文王 / 217, 237

##

『반야경般若經』 / 157
반야다라般若多羅 / 182
발가선인跋伽仙人 / 150
『방등경方等經』 / 157
배휴裵休 / 136
백낙천白樂天 / 136
백마사白馬寺 / 178
백팔번뇌 / 261
범서梵書 / 144
법계法界 / 116
법신法身 / 166
『법화경法華經』 / 157
보광명전普光明殿 / 199

보리도량 / 199
보신報身 / 116, 166
보처보살 / 140
복희씨伏羲氏 / 170, 196
부처님의 세 가지 몸 / 219
북쪽 문 / 148
붕鵬 / 111
비상비비상非想非非想 / 152

사대四大 / 145
사라쌍수 / 157
사무소외四無所畏 / 155
사상四象 / 166
사생四生 / 115, 165
사서인士庶人 / 140
사자후 / 140
사지四肢 / 202
사천하四天下 / 197
사취四取 / 155
삼강三綱 / 190
삼계三界 / 114
삼교三敎 / 189
삼대三代 / 114
『삼례三禮』 / 179
삼세인과三世因果 / 233
삼승三乘 / 120
삼십이상三十二相 / 143
삼십칠조도품三十七助道品 / 155
삼악도三惡途 / 225
삼유三有 / 155
삼재三才 / 189, 203, 206, 257

『삼전三典』 / 179
삼제三際 / 112
상견常見 / 234
『상서尙書』 / 178
상제上帝 / 115
상투 속의 구슬 / 138
생수生數 / 158
서恕 / 124, 242
서쪽 문 / 147
선왕先王 / 135
설契 / 237
성性 / 112
성모聖母 / 272
성수成數 / 158
세 가지 행위 / 113
세 명의 무武 자 들어가는 임금 / 191
소동파蘇東坡 / 136
소소유蘇少游 / 141
소승小乘 / 192
소왕昭王 / 141
손권孫權 / 224
송상宋庠 / 180
수倕 / 238
수受 / 155
『수미사역경須彌四域經』 / 170
수미산 / 228
스물네 가지의 기氣 / 209
스물넷의 기氣 / 168
스물여덟 개의 별자리 / 159
스물한 살 / 163
승니僧尼 / 127
식識 / 155
식처識處 / 152
신광神光 / 183

신문신新文信 / 176
신信의 단서 / 200
신주가지법神呪加持法 / 257
실달다 / 143
십신통력十神通力 / 155
십팔계十八界 / 163
십팔불공법十八不共法 / 155
씨줄 / 217

아라라阿羅邏 / 152
아성亞聖 / 252
아阿 자 / 144
『아함경阿含經』 / 157
아홉 가지 중생 / 260
앙굴리말라 / 133
애愛 / 155
야수다라 / 150
양무제 / 182
양의兩儀 / 209
여섯 가지 식識 / 190
여와女媧 / 170
여혜통呂惠通 / 180
『열반경涅槃經』 / 157
열반묘심涅槃妙心 / 160
『열자列子』 / 178
염부나무 / 154
염부제 / 140
영가 현각永嘉玄覺 / 116
영단靈丹 / 271
예禮의 단서 / 200
오랑캐 / 117

오상五常 / 190, 200
오상五常의 단서 / 201
오성五星 / 195
오악五岳 / 176
오역죄五逆罪 / 249
오음五陰 / 164
오파五派 / 267
오행五行 / 167, 205
왕준王遵 / 173
외도外道 / 268
용녀龍女 / 117
우다이 / 147
우순虞舜 / 237
우유죽 / 153
『원각경圓覺經』 / 113, 157
원교圓敎 / 120
원돈圓頓의 가르침 / 197
위음왕불威音王佛 / 268
유교儒敎 / 227
유동儒童보살 / 170
유루有漏 / 113
『유마경維摩經』 / 179
유자후柳子厚 / 136
유정천 / 199
육근六根 / 163
육식六識 / 163
육입六入 / 155
육조대사 / 267
육취六趣 / 116
은나라 / 243
음사陰司 / 251
음장陰藏 / 159
음적陰賊 / 245
응보應報 / 233

응성應聲보살 / 170
『응험록應驗錄』 / 253
의義 / 124
의義의 단서 / 200
이고李翶 / 136
이백李白 / 136
이십팔수二十八宿 / 195
이임보李林甫 / 248
익益 / 237
인仁 / 124, 242
인仁의 단서 / 200
인의예지仁義禮智 / 119
일곱 알 / 256

종심從諗 / 125
죄복罪福 / 124
주공周公 / 132
『주서기周書記』 / 173
『주역』 / 178
주왕紂王 / 243
중도제일의제中道第一義諦 / 163
『중용』 / 118
지관止觀 / 266
지옥 / 225
지智의 단서 / 200
진공眞空 / 189
진秦나라의 거울 / 240

자량資糧 / 266
장자長者 / 140
장천각張天覺 / 136
저선신楮善信 / 176
전륜성왕轉輪聖王 / 143
전악典樂 / 238
전의傳毅 / 173
정情 / 129
정거천인淨居天人 / 145, 147
정반왕淨飯王 / 143
정법안장正法眼藏 / 120
제2선禪 / 152
제3선禪 / 152
제4선禪 / 152
제석천帝釋天 / 228
제하諸夏 / 271
종문宗門 / 267

차익車匿 / 150
참화參話 / 266
천당 / 225
천도天道 / 204
천사千駟 / 129
천사天使 / 174
천제闡提 / 192
천축 / 139
체體 / 246
초선初禪 / 152
촉觸 / 155
축법란 / 179
출가 / 149, 193
충忠 / 124
칠요七曜 / 159
칠정七政 / 258

카필라 / 139

탕왕湯王 / 132, 237
태극太極 / 166, 208
태산泰山 / 111
태상노군 / 176
태소太素 / 166, 209
태시太始 / 209
태자太子 / 147
태전太顚 / 137
태허太虛 / 223
통사사인通事舍人 / 180

파순波旬 / 154
팔괘八卦 / 167, 217

하나라 / 243

하얀 코끼리 / 194
『학혜자學惠子』 / 178
한유韓愈 / 114, 137
행行 / 155
허공의 꽃 / 113
허문규許文規 / 251
현겁賢劫 / 203
현빈玄牝 / 221
혜명慧命 / 262
호일다扈逸多 / 142
화두話頭 / 266
화산華山 / 111
화신化身 / 116, 166
『화엄경華嚴經』 / 157
활대소滑大素 / 176
황극皇極 / 234
회화나무 / 240
『효경』 / 179
후직后稷 / 237
후천後天의 학學 / 196
희준犧樽 / 225
희화羲和 / 238

99억의 천자天子 / 140
108등급 / 261

한글본 한국불교전서

조·선·출·간·본

조선1 작법귀감
백파 긍선 | 김두재 옮김 | 신국판 | 336쪽 | 18,000원

조선2 정토보서
백암 성총 | 김종진 옮김 | 4X6판 | 224쪽 | 12,000원

조선3 백암정토찬
백암 성총 | 김종진 옮김 | 4X6판 | 156쪽 | 9,000원

조선4 일본표해록
풍계 현정 | 김상현 옮김 | 4X6판 | 180쪽 | 10,000원

조선5 기암집
기암 법견 | 이상현 옮김 | 신국판 | 320쪽 | 18,000원

조선6 운봉선사심성론
운봉 대지 | 이종수 옮김 | 4X6판 | 200쪽 | 12,000원

조선7 추파집·추파수간
추파 홍유 | 하혜정 옮김 | 신국판 | 340쪽 | 20,000원

조선8 침굉집
침굉 현변 | 이상현 옮김 | 신국판 | 300쪽 | 17,000원

조선9 염불보권문
명연 | 정우영·김종진 옮김 | 신국판 | 224쪽 | 13,000원

조선10 천지명양수륙재의범음산보집
해동사문 지환 | 김두재 옮김 | 신국판 | 636쪽 | 28,000원

조선11 삼봉집
화악 지탁 | 김재희 옮김 | 신국판 | 260쪽 | 15,000원

조선12 선문수경
백파 긍선 | 신규탁 옮김 | 신국판 | 180쪽 | 12,000원

조선13 선문사변만어
초의 의순 | 김영욱 옮김 | 4X6판 | 192쪽 | 11,000원

조선14 부휴당대사집
부휴 선수 | 이상현 옮김 | 신국판 | 376쪽 | 22,000원

조선15 무경집
무경 자수 | 김재희 옮김 | 신국판 | 516쪽 | 26,000원

조선16 무경실중어록
무경 자수 | 성재헌 옮김 | 신국판 | 340쪽 | 20,000원

조선17 불조진심선격초
무경 자수 | 성재헌 옮김 | 신국판 | 168쪽 | 11,000원

조선18 선학입문
김대현 | 성재헌 옮김 | 신국판 | 240쪽 | 14,000원

조선19 사명당대사집
사명 유정 | 이상현 옮김 | 신국판 | 508쪽 | 26,000원

조선20 송운대사분충서난록
신유한 엮음 | 이상현 옮김 | 신국판 | 324쪽 | 20,000원

조선21 의룡집
의룡 체훈 | 김석군 옮김 | 신국판 | 296쪽 | 17,000원

조선22 응운공여대사유망록
응운 공여 | 이대형 옮김 | 신국판 | 350쪽 | 20,000원

조선23 사경지험기
백암 성총 | 성재헌 옮김 | 신국판 | 248쪽 | 15,000원

조선24 무용당유고
무용 수연 | 이상현 옮김 | 신국판 | 292쪽 | 17,000원

조선25 설담집
설담 자우 | 윤창호 옮김 | 신국판 | 200쪽 | 13,000원

조선26 동사열전
범해 각안 | 김두재 옮김 | 신국판 | 652쪽 | 30,000원

조선27 청허당집
청허 휴정 | 이상현 옮김 | 신국판 | 964쪽 | 47,000원

조선28 대각등계집
백곡 처능 | 임재완 옮김 | 신국판 | 408쪽 | 23,000원

조선29 반야바라밀다심경략소연주기회편
석실 명안 엮음 | 강찬국 옮김 | 신국판 | 296쪽 | 17,000원

| 조선 30 | 허정집
허정 법종 | 성재헌 옮김 | 신국판 | 488쪽 | 25,000원

| 조선 31 | 호은집
호은 유기 | 김종진 옮김 | 신국판 | 264쪽 | 16,000원

| 조선 32 | 월성집
월성 비은 | 이대형 옮김 | 4X6판 | 172쪽 | 11,000원

| 조선 33 | 아암유집
아암 혜장 | 김두재 옮김 | 신국판 | 208쪽 | 13,000원

| 조선 34 | 경허집
경허 성우 | 이상하 옮김 | 신국판 | 572쪽 | 28,000원

| 조선 35 | 송계대선사문집·상월대사시집
송계 나식·상월 새봉 | 김종진·박재금 옮김 | 신국판 | 440쪽 | 24,000원

| 조선 36 | 선문오종강요·환성시집
환성 지안 | 성재헌 옮김 | 신국판 | 296쪽 | 17,000원

| 조선 37 | 역산집
영허 선영 | 공근식 옮김 | 신국판 | 368쪽 | 22,000원

| 조선 38 | 함허당득통화상어록
득통 기화 | 박해당 옮김 | 신국판 | 300쪽 | 18,000원

| 조선 39 | 가산고
월하 계오 | 성재헌 옮김 | 신국판 | 446쪽 | 24,000원

| 조선 40 | 선원제전집도서과평
설암 추붕 | 이정희 옮김 | 신국판 | 338쪽 | 20,000원

| 조선 41 | 함홍당집
함홍 치능 | 성재헌 옮김 | 신국판 | 348쪽 | 21,000원

| 조선 42 | 백암집
백암 성총 | 유호선 옮김 | 신국판 | 544쪽 | 27,000원

| 조선 43 | 동계집
동계 경일 | 김승호 옮김 | 신국판 | 380쪽 | 22,000원

| 조선 44 | 용암당유고·괄허집
용암 체조·괄허 취여 | 김종진 옮김 | 신국판 | 404쪽 | 23,000원

| 조선 45 | 운곡집·허백집
운곡 충휘·허백 명조 | 김재희·김두재 옮김 | 신국판 | 514쪽 | 26,000원

| 조선 46 | 용담집·극암집
용담 조관·극암 사성 | 성재헌·이대형 옮김 | 신국판 | 520쪽 | 26,000원

| 조선 47 | 경암집
경암 응윤 | 김재희 옮김 | 신국판 | 300쪽 | 18,000원

| 조선 48 | 석문상의초 외
벽암 각성 외 | 김두재 옮김 | 신국판 | 338쪽 | 20,000원

| 조선 49 | 월파집·해붕집
월파 태율·해붕 전령 | 이상현·김두재 옮김 | 신국판 | 562쪽 | 28,000원

| 조선 50 | 몽암대사문집
몽암 기영 | 이상현 옮김 | 신국판 | 348쪽 | 21,000원

| 조선 51 | 징월대사시집
징월 정훈 | 김재희 옮김 | 신국판 | 272쪽 | 16,000원

| 조선 52 | 통록촬요
엮은이 미상 | 성재헌 옮김 | 신국판 | 508쪽 | 26,000원

| 조선 53 | 충허대사유집
충허 지책 | 성재헌 옮김 | 신국판 | 296쪽 | 18,000원

| 조선 54 | 백열록
금명 보정 | 김종진 옮김 | 신국판 | 364쪽 | 22,000원

| 조선 55 | 조계고승전
금명 보정 | 김용태·김호귀 옮김 | 신국판 | 384쪽 | 22,000원

| 조선 56 | 범해선사시집
범해 각안 | 김재희 옮김 | 신국판 | 402쪽 | 23,000원

| 조선 57 | 범해선사문집
범해 각안 | 김재희 옮김 | 신국판 | 208쪽 | 13,000원

| 조선 58 | 연담대사임하록
연담 유일 | 하혜정 옮김 | 신국판 | 772쪽 | 34,000원

| 조선 59 | 풍계집
풍계 명찰 | 김두재 옮김 | 신국판 | 438쪽 | 24,000원

| 조선 60 | 혼원집·초엄유고
혼원 세환·초엄 복초 | 윤찬호 옮김 | 신국판 | 332쪽 | 20,000원

| 조선 61 | 청주집
환공 치조 | 성재헌 옮김 | 신국판 | 416쪽 | 23,000원

| 조선 62 | 대동영선
금명 보정 | 이상하 옮김 | 신국판 | 556쪽 | 28,000원

신·라·출·간·본

| 신라 1 | 인왕경소
원측 | 백진순 옮김 | 신국판 | 800쪽 | 35,000원

| 신라 2 | 범망경술기
승장 | 한명숙 옮김 | 신국판 | 620쪽 | 28,000원

| 신라 3 | 대승기신론내의약탐기
태현 | 박인석 옮김 | 신국판 | 248쪽 | 15,000원

| 신라 4 | 해심밀경소 제1 서품
원측 | 백진순 옮김 | 신국판 | 448쪽 | 24,000원

| 신라 5 | 해심밀경소 제2 승의제상품
원측 | 백진순 옮김 | 신국판 | 508쪽 | 26,000원

| 신라 6 | 해심밀경소 제3 심의식상품 제4 일체법상품
원측 | 백진순 옮김 | 신국판 | 332쪽 | 20,000원

| 신라 7 | 해심밀경소 제5 무자성상품
원측 | 백진순 옮김 | 신국판 | 536쪽 | 27,000원

| 신라 12 | 무량수경연의술문찬
경흥 | 한명숙 옮김 | 신국판 | 800쪽 | 35,000원

| 신라 13 | 범망경보살계본사기 상권
원효 | 한명숙 옮김 | 신국판 | 272쪽 | 17,000원

| 신라 14 | 화엄일승성불묘의
견등 | 김천학 옮김 | 신국판 | 264쪽 | 15,000원

| 신라 15 | 범망경고적기
태현 | 한명숙 옮김 | 신국판 | 612쪽 | 28,000원

| 신라 16 | 금강삼매경론
원효 | 김호귀 옮김 | 신국판 | 666쪽 | 32,000원

| 신라 17 | 대승기신론소기회본
원효 | 은정희 옮김 | 신국판 | 536쪽 | 27,000원

| 신라 18 | 미륵상생경종요 외
원효 | 성재헌 외 옮김 | 신국판 | 420쪽 | 22,000원

| 신라 19 | 대혜도경종요 외
원효 | 성재헌 외 옮김 | 신국판 | 256쪽 | 15,000원

| 신라 20 | 열반종요
원효 | 이평래 옮김 | 신국판 | 272쪽 | 16,000원

| 신라 21 | 이장의
원효 | 안성두 옮김 | 신국판 | 256쪽 | 15,000원

| 신라 22 | 본업경소 하권 외
원효 | 최원섭·이정희 옮김 | 신국판 | 368쪽 | 22,000원

| 신라 23 | 중변분별론소 제3권 외
원효 | 박인성 외 옮김 | 신국판 | 288쪽 | 17,000원

| 신라 24 | 지범요기조람집
원효·진원 | 한명숙 옮김 | 신국판 | 310쪽 | 19,000원

| 신라 25 | 집일 금광명경소
원효 | 한명숙 옮김 | 신국판 | 636쪽 | 31,000원

| 신라 26 | 복원본 무량수경술의기
의적 | 한명숙 옮김 | 신국판 | 500쪽 | 25,000원

고·려·출·간·본

| 고려 1 | 일승법계도원통기
균여 | 최연식 옮김 | 신국판 | 216쪽 | 12,000원

| 고려 2 | 원감국사집
충지 | 이상현 옮김 | 신국판 | 480쪽 | 25,000원

| 고려 3 | 자비도량참법집해
조구 | 성재헌 옮김 | 신국판 | 696쪽 | 30,000원

| 고려 4 | 천태사교의
제관 | 최기표 옮김 | 4X6판 | 168쪽 | 10,000원

| 고려 5 | 대각국사집
의천 | 이상현 옮김 | 신국판 | 752쪽 | 32,000원

| 고려 6 | 법계도기총수록
저자 미상 | 해주 옮김 | 신국판 | 628쪽 | 30,000원

| 고려 7 | 보제존자삼종가
고봉 법장 | 하혜정 옮김 | 4X6판 | 216쪽 | 12,000원

| 고려 8 | 석가여래행적송·천태말학운묵화상경책
운묵 무기 | 김성옥·박인석 옮김 | 신국판 | 424쪽 | 24,000원

| 고려 9 | 법화영험전
요원 | 오지연 옮김 | 신국판 | 264쪽 | 17,000원

| 고려 10 | 남명천화상송증도가사실
□련 | 성재헌 옮김 | 신국판 | 418쪽 | 23,000원

| 고려 11 | 백운화상어록
백운 경한 | 조영미 옮김 | 신국판 | 348쪽 | 21,000원

| 고려 12 | 선문염송 염송설화 회본 1
혜심·각운 | 김영욱 옮김 | 신국판 | 724쪽 | 33,000원

※ 한글본 한국불교전서는 계속 출간됩니다.

현정론

득통 기화得通己和
(1376~1433)

속성은 유劉씨이고 본향은 중원中原이며, 1376년(고려 우왕 2)에 태어나, 1396년(태조 5) 관악산 의상암에서 출가하였다. 처음 법명은 수이守伊, 법호는 무준無準이었는데, 후에 기화己和와 득통得通으로 바꾸었다. 여기에 당호인 함허당涵虛堂을 더하여 '함허당 득통 기화'라 부른다. 양주의 회암사에서 무학 자초無學自超의 가르침을 받았으며, 공덕산 대승사, 천마산 관음굴 등에서 영가추천법회와 강설을 행하였다. 1433년(세종 15) 4월 1일 희양산 봉암사에서 세상을 떠났다. 저술로는 『금강반야바라밀경오가해설의』, 『금강반야바라밀경윤관』, 『대방광원각수다라요의경설의』, 『선종영가집과주설의』, 『현정론』, 『함허당득통화상어록』이 있다.

유석질의론

지은이 미상

『유석질의론』은 권상로의 「불교결의佛敎決疑」(1928년) 이후 기화의 저술로 보는 경향이 있으나 확실한 전거는 없다. 대체로 내용과 체계가 『현정론』과 비슷하다 하여 기화의 저술로 보려는 견해가 있지만, 기화의 저술로 보기 어려운 내용이 들어 있다. 그러므로 저자에 관한 믿을 만한 자료가 발견될 때까지는 『유석질의론』의 저자를 비워 두는 것이 올바른 태도일 것이다.

옮긴이 박해당

서울대학교 대학원 철학과에서 동양철학 전공으로 철학박사 학위를 받았다. 태동고전연구소(지곡서당)에서 3년의 한문연수 과정을 마친 뒤 월운 스님의 봉선사 불경서당에서 1년간 불교한문을 배웠다. 현재는 서울과학기술대학교에서 강의하는 한편 불교한문 강좌를 운영하고, 동국대학교 불교학술원의 한국불교전서 역주 사업에 참여하고 있다. 번역서로 『중국불교』(상·하), 『함허당득통화상어록』 등이 있다.

증의
『현정론』 – 이미숙(현욱, 동국대학교 사범대학 부속고등학교 교법사)
『유석질의론』 – 윤찬호(동국역경원 역경위원)